［英］丹尼尔·米勒 著

段采薏 丁依然 董晨宇 译

脸 书 故 事

北京大学出版社
PEKING UNIVERSITY PRESS

著作权合同登记号 图字：01-2017-3238

图书在版编目（CIP）数据

脸书故事 /（英）丹尼尔·米勒著；段采薏，丁依然，董晨宇译. —北京：北京大学出版社，2020.9
（沙发图书馆）
ISBN 978-7-301-31436-4

Ⅰ.①脸… Ⅱ.①丹… ②段… ③丁… ④董… Ⅲ.①互联网络-影响-社会生活-通俗读物 Ⅳ.① C913-49

中国版本图书馆 CIP 数据核字（2020）第 120842 号

TALES FROM FACEBOOK by Daniel Miller
ISBN-13: 978-0-7456-5209-2
ISBN-13: 978-0-7456-5210-8(pb)
Copyright © Daniel Miller 2011
This edition is published by arrangement with Polity Press Ltd., Cambridge
First published in 2011 by Polity Press
Simplified Chinese translation copyright © 2020 Peking University Press
All rights reserved.

书　　　名	脸书故事 LIANSHU GUSHI
著作责任者	[英]丹尼尔·米勒 著　段采薏　丁依然　董晨宇 译
责任编辑	延城城
标准书号	ISBN 978-7-301-31436-4
出版发行	北京大学出版社
地　　　址	北京市海淀区成府路 205 号　100871
网　　　址	http://www.pup.cn　新浪微博:@北京大学出版社
电子信箱	pkuwsz@126.com
电　　　话	邮购部 010-62752015　发行部 010-62750672 编辑部 010-62750577
印　刷　者	三河市北燕印装有限公司
经　销　者	新华书店
	650 毫米 ×980 毫米　16 开本　10.25 印张　190 千字 2020 年 9 月第 1 版　2022 年 12 月第 2 次印刷
定　　　价	59.00 元

未经许可，不得以任何方式复制或抄袭本书之部分或全部内容。
版权所有，侵权必究
举报电话：010-62752024　电子信箱：fd@pup.pku.edu.cn
图书如有印装质量问题，请与出版部联系，电话：010-62756370

序言

在脸书诞生的第六年，它取代谷歌，成为世界上访问量最大的网站。根据脸书公司公布的统计数据[1]，它在全球范围内拥有大概 5 亿活跃用户，其中一半人每天都会登陆。用户每月会上传 300 万张图片、更新 6000 万条状态。每位用户平均拥有 130 位好友，每天在这里花费将近一小时时间。虽然摆出这些数据已经足够让我们惊讶不已，不过，这本书想要探求的却是光谱的另一端——使用脸书的具体个人，以及他们的朋友、家庭。我们将展开一次人类学的历险，考察社交网络如何影响这些普通用户。他们的生活如何因为使用脸书而改变？脸书如何影响了他们所珍视的社交关系？脸书真的近似于社群吗？脸书如何改变了我们看待自己的方式？为什么用户

---

[1] www.facebook.com/press/info.php?statistics（访问时间 2010 年 7 月 27 日）。

facebook
脸书故事

面对自己隐私的终结，却看起来如此无动于衷？

  有些人倾向认为，一个网站的起源将会影响它的未来。这种观点是站不住脚的。我们知道脸书来自一群大学生的奇思妙想。不过，这却并没有对本书将要探讨的问题产生丝毫影响。从 2010 年起，我们渐渐发现，脸书对那些足不出户、没有其他有效社交手段的老年人产生的影响，要更甚于学生群体。在这本书中，我们要关注的是脸书的未来而非开端。因为脸书最早成立于美国，大部分考察其影响力的研究也同样聚焦于这里。不过今天，它已经成为一个全球性网站，超过 70% 的用户散居海外，研究者需要重视这种越发明显的多样性。

  通过人类学的视角来考察脸书有其优势所在。毕竟，有人认为人类学的与众不同之处，是将人视为更广泛的关系中的一部分，而非像其他领域那样将人视作个体。实际上，在互联网发明之前，人类学便将个体放置在社交网络的场所中进行理解。因此，当社交网站真的出现时，人类学家便立刻对它产生了兴趣。2010 年 4 月 21 日，脸书创始人马克·扎克伯格（**Mark Zuckerberg**）在 F8 会议上宣布，这个网站迎来了它的历史新阶段。他的原话是"我们正在建立一个默认为社交的网络"[1]。一个世纪以来，我们经常认为社群参与度和

---

  [1] http://news.bbc.co.uk/2/hi/technology/8590306.stm（访问时间 2010 年 4 月 22 日）。

序言

社交关系都处于萎缩态势，如今有人试图扭转这一趋势，这听起来既令人惊讶，同时也与人类学的前提和未来息息相关。

人类学以一种独特的方式参与到全球现象之中。随着脸书的扩张，它也变得越来越多元化。因此，从一个人类学家的视角来看，也可以说，并不存在一个叫作"脸书"的东西，只有在不同民族和地区发展出来的、特定的使用风格。这本书扎根在特立尼达，我之所以选择这里，是为了驳斥这样一个假设——并非只有英国人和美国人使用的脸书才是脸书。特立尼达足够独特，促使我们去比较脸书中逐渐浮现的异质面向。大多数读者可以跟随这本书的脚步，离开自己习以为常的生活世界，保持一种更远的思考距离，来理解脸书对他们的生活产生的影响。虽然我们把田野定在了特立尼达，关注的却是那些怀有与我们相似的困境和忧虑的特定个体。借助他们的经历，我们得以重新评估脸书对一段婚姻的影响、理解青少年每天都在忙些什么、判断另一个人在脸书上表现的是真实的自己抑或仅仅只是其中一个侧面而已。

特立尼达是一个紧邻委内瑞拉的加勒比小岛，也是特立尼达和多巴哥共和国的一部分。我们的研究仅限于特立尼达，因此，本书只会聚焦特立尼达人，而不会考察那些特立尼达和多巴哥人共同的地方性表达。特立尼达面积还不到5000平方公里，如果开车的话，一天便可绕岛一周。这里的土著人口大部分已经被西班牙殖民者赶了出去。在经历了法国人和英国人的相继统治之后，它于1962年取得独立。如今，特立尼达大约有130万人口，其中大约40%是之前非洲奴隶的后裔，另有40%是之前南亚契约劳工（indentured labourers）的后裔，剩下的人口成分相对比较复杂，他们来自中国、马德拉群岛和黎巴嫩等地。

我在特立尼达的田野工作断断续续持续了超过20年，此前也出版了三本关于这个小岛的作品。这本书是我对特立尼达人使用脸书长达一年观察的结果，除此之外，我还花费两个月的时间，从2009年12月到2010年1月，在特立尼达进行了田野研究。这其实是另一个大型研究项目的衍生品。在那个项目中，我和剑桥大学的米尔卡·马蒂安诺（Mirca Madianou）教授一起合作，考察新媒体对于远距离传播的影响。最新的数据表明，脸书在特立尼达的渗透率为26%，使用者中54%为女性[1]。如果计算脸书用户占所在国接入互联网全部用户的比例，那么，特立尼达紧随巴拿马，名列世界第二[2]。在田野研究的过程中，我发现脸书在特立尼达高中生和大学生群体中非常流行，当然，那些收入水平极低的地区可能是个例外。

---

[1] www.facebakers.com/countries-with-facebook/TT/（访问时间2010年8月2日）。

[2] http://thekillerattitude.com/2008/06/facebook-statistics-and-google-motion.html（访问时间2010年3月29日）。

序言

　　本书第一部分包含了十二个用户肖像。这些故事都是基于研究所得，只不过，我在细节上做出很多修改，并把不同受访者的特征结合在一起，这也是为了保护他们在研究中的匿名性。本书的写作风格与其说充满了学术味道，不如说从短篇小说中借鉴了许多灵感。它包含了旅行见闻的元素，希望可以让人读起来更加享受。对于那些出于学术目的阅读本书的读者，这可能需要花费一些耐心。本书第二部分更具分析性，它基于第一部分中收集的材料，得出了更具学术意味的结论。不过，我希望在这一部分同样可以保持可读性，对于学术界之外的读者，也同样具有吸引力。第二部分首先讨论了脸书的特立尼达性。接下来，我会通过十五个实验性的线索，从更普遍的、全球性的层面来探讨脸书可能会成为什么样子[1]。最后，本书在结尾处会踏上一段更理论性的旅程，将脸书和一个在新几内亚附近岛屿进行的经典人类学研究加以对比。可以想见，作为一只社交网络的野兽，脸书在未来也会进化，甚至是被取代。这样一来，总有一天，我们的观察也会显得过时。不过，将人放置在社交网络场所中进行研究的人类学，却会得以永存。

---

[1] 本书会聚焦脸书用户。如果读者对脸书公司本身和脸书历史感兴趣，至今最权威的作品为 Kirkpatrick, D. (2010), *The Facebook Effect*. London: Virgin Books。

facebook
脸书故事

为什么是特立尼达？

偶然翻到这本书的读者，如果发现我研究的是特立尼达岛上的脸书，恐怕难免假定这本书一定是在探讨某个版本的全球化或美国化问题。毕竟，特立尼达只是个偏僻小岛，难免会被那些强大势力卷起的风暴所冲击。因此，在脸书的诞生地美国，我们会发现"正宗""恰当"的脸书，而在其余地方，不过都是些虚假的仿造。这种观点在文化研究和社会学中尤其普遍，此时，人类学总能帮我们从不同视角来看待这一问题。

我在之前一些有关特立尼达的书中已经表明了自己的立场。最明显的先例是一本关于互联网的人类学研究[1]。我的出发点是根本没有一个叫作互联网的东西，人们只是将不同元素组合在一起使用，其中包括浏览器、电子邮件、即时通讯工具等。这样一来，互联网就不过是不同特定群体用户组装出来的不同事物，并没有一群人比另一群人更加"恰当"或"正宗"。对于研究特立尼达的人类学者而言，互联网本身就是特立尼达人在线上创造出来的东西。只有从这个角度，我们才能试图理解，为什么每个地方都会生产出不同的互联网。我的另一个出发点是，特立尼达是世界的中心，而不

---

[1] Miller, D. and Slater, D. (2000), *The Internet: An Ethnographic Approach*. Oxford: Berg.

是一个不"正宗"的边缘之地。我曾发表过一篇论文,名为《可口可乐:一种特立尼达的黑色甜饮料》("Coca-Cola: A Black Sweet Drink from Trinidad")。我之所以这样说,是因为这种饮料的意义和内涵,它如何与朗姆酒混搭、如何同红色甜饮区分并反映当地的民族差异——正是这些问题,而非它的原产地美国,凸显出可口可乐对于特立尼达的独特价值。这一取向的优势在于,首先,它避免了一种过度泛化。在另一本书中,我发现在特立尼达做生意的方式并不能被商学院的模型准确预测[1]。不过,这也表明,我们对资本主义一词的使用往往太过不假思索。不同形态的生意和金融运作方式常常彼此矛盾。这本书同时也提出,特立尼达最大的跨国公司实际上是特立尼达式的,它统摄着大部分加勒比海的贸易活动,甚至出口到了佛罗里达州。

在本书中,我有时不会使用脸书一词,而是使用另一个当地习惯的称呼:Fasbook。这其中并非没有原因。马克·扎克伯格也许创立了一个叫作脸书的界面,不过,特立尼达人却在上面创造了Fasbook。我经常会因此赞叹特立尼达人的创造力和智慧。特立尼达人之间的交谈也会时不时震撼到我,在我到访过的国家中,恐怕没有人像他们那样,拥有如此强的表达力、幽默感和思想性(特立

---

[1] Miller, D. (1997), *Capitalism: An Ethnographic Approach*. Oxford: Berg.

尼达人并不谦虚，很多人自己都会这么说）。最近几十年，当特立尼达人移民到英国，他们总是会从事律师、医生和其他一些专业性工作。他们期望自己能够比当地人更加成功，而且他们也经常能做到这一点。不过，为了避免误解，我必须要澄清一点，在特立尼达存在两类人。一部分特立尼达人在年少时通过了竞争严酷的考试，进入颇具声望的高中学习。这些孩子普遍在考试中表现很好，如果他们想要拿到中意的美国大学提供的全额奖学金，通常也都没什么问题。大多数享誉国际的特立尼达知识分子，例如 C. L. R. 詹姆斯（C. L. R. James）或 V. S. 奈保尔（V. S. Naipaul），都是来自这样的学校。当然，正如这两个名字所暗示的，他们分别是非洲和印度后裔。不过，大部分特立尼达人却没有机会进入这些学校，也没有获得同样的人生机遇，他们往往大部分时间都在寮屋社区中从事着低薪工作。不过，即便如此，我仍认为，比起我所知的其他任何国家同一阶层的人来讲，他们在综合知识和经营活动方面的能力都要更加令人印象深刻。

我希望研究特立尼达的新型传播技术，同样也是有原因的。我认为，特立尼达人使用这些科技的方式不仅是独特的，在很多方面还是领先的。脸书作为底层结构的创新，当然来自脸书公司内部。不过，用户使用脸书的创意，却往往首先来自特立尼达这样的地方。特立尼达为何能抓住机会实现现代化，也是有其历史根源的。

序言

其中一个原因,便是奴隶制和契约劳工带来的断裂,创造出了一种自由意识。这种自由意识有别于其他一些地区,并非一种在农民身份与阶层的渐变中浮现出的保守主义。除此之外,特立尼达不仅是世界一流的石油生产国之一,而且还将盈利投入建造教育基础设施之中。本书扎根于特立尼达,描绘了许多在那里已经非常明显的趋势。从田野研究到书籍出版,难免会经历漫长的过程,因此我相信,在那些脚步慢一些的地区(例如伦敦和洛杉矶),也会开始显现出一些相似的特质。事情究竟如何,让我们拭目以待。

目录

第一部分　故事

故事一　走向尽头的婚姻 003

故事二　社群 021

故事三　丧钟为谁而停 038

故事四　真相之书 054

故事五　培育《开心农场》 073

故事六　虚拟化身 091

故事七　时间盗贼 108

故事八　向外发声 123

故事九　仅仅是性关系 138

故事十　这个人你认识 158

故事十一　选择黑莓 172

故事十二　见证历史的女人 195

附篇　豆夹馍的哲学 207

第二部分　理论

一　Fasbook 的诞生 223

二　关于何为脸书的十五个命题 232

　　脸书与个体 233

　　脸书与社群 257

　　脸书进一步的后果 272

三　脸书之名 292

译后记　不如暂且放下理论，我们讲个故事 307

第一部分

故事

故事一 走向尽头的婚姻

一时间,我的目光离开屏幕,望向窗外。在不远的地方,有一只红色的野鸟喂食器,就像是一架小型太空飞船。黄色肚皮的蕉林莺上下翻飞,吸引了我的注意力。随后飞来一群亮绿色的蜜旋木雀。在特立尼达,这些野鸟喂食器非常普遍。如果你足够幸运,在清晨,也许还可以发现蓝紫色光芒的蜂鸟。这些鸟的身躯五颜六色、竞相飞舞,宛如一簇珊瑚礁。有时候,我很难将精力聚焦在我面前的屏幕上,因为这间办公室位于特立尼达岛中部的一片可可种植园里。透过办公室巨大明亮的玻璃,周围的环境尽收眼底。这一天早些时候,我看到了一只鬣蜥蜴,前一天是一只刺鼠,它长得有点像老鼠,又有点像小猪。

这些日子里,我更像是坐在伦敦的家中,对着电视机的屏幕,观赏这些野生生物。但是,在大自然节目中,上演的画面通常要么是一种动物吞食另一种动物，要么是两只动物进行交配。今天，我眼前的大自然却异常温和、安静。不过，我坐在电脑屏幕前，将会见证另一种撕扯。我会见证脸书是如何毁掉一个人的婚姻。随着时间流逝，我逐渐被坐在我身旁的这个人所说服，脸书不仅仅揭露或描述了这场灾难，脸书本身就是灾难。它将这个男人从他孩子母亲的身边带走。

在那天早上的访谈开始前，我根本没有预料到这一切。这次谈话的主题本来是脸书在可可种植园的市场营销中扮演了何种角色。马文（Marvin）在这家公司赚到足够的钱去雇用一位全职市场经理之前，一直负责这个项目的推广工作。他一直在向我解释，在过去两年里，这个运行多年的项目网站是如何逐渐被脸书取代的。这并不仅仅是一种简单的进步，因为脸书也有其局限。比如说，脸书并不适合阅读业务通讯，因为你不能上传 PDF 文件。所以如今，他还是需要将这些脸书上的客户引流到他的网站，再从那里下载文件。但是，至少对于特立尼达的朋友来说，他们越来越习惯通过脸书进行交流。如同他解释的，对于特立尼达人来说，脸书看起来已经取代了整个互联网，成为他们进行沟通的唯一媒介，不管是商业事务还是私人事务。

这对马文没什么影响。他甚至对此很满意，因为他为这个项目建立了一个脸书群组，当一个人"关注"了这个群组，就会立即在他的电脑上记录下来。之后，他可以迅速一对一地回复，发送信息，看看这个新朋友是不是愿意和他简单聊聊。马文是位年纪三十上下的男性，很有吸引力，所以将个人和工作结合起来，经常是他推广这项生意的最有效的方式。我并不是一个善于判断男人外貌的人，但是我可以想见，大多数女性都会觉得他充满魅力。他的脸上既有友善的一面，也有认真的一面。当他和一位脸书新"朋友"联系时，尤其当这位好友是女性时，他就会展示出自己最好看的头像照片，并通过脸书的即时通讯工具，或者MSN，和她们开始交流。对于那些对巧克力充满兴趣并加他好友的国外友人，马文会建议他们亲自来这里看看，向他们解释住宿、旅行装备的问题。在可可产品之外，旅游也逐渐开始成为重要的生意。即使他们从没有来过特立尼达，这些旅游信息也让这些人与产品本身产生了联系。马文已经上传了六个相册和一段视频，还鼓励游客们上传他们最喜欢的照片。

所以……我在这里做什么？我来到特立尼达是为了进行一项研究，研究的主题是新媒体对于跨国沟通，尤其分居两地的家庭成员间的沟通产生了何种影响。之前，我和我的同事米尔卡·马蒂安诺博士一起去了菲律宾，考察在英国工作的菲律宾人如何教育他们留在祖国的孩子。特立尼达是我们的对比田野。我们最感兴趣的问题，是人们是如何使用多种传播渠道——我们称之为"复媒体"

(polymedia),以及这些渠道之间的关系。但如今,我被另一个独立的研究项目打动了,决心专注于考察脸书。其中一个原因是,我最近多次听说,脸书已经开始成为服装零售等经济活动的一个重要组成部分。我和马文的谈话看起来已经证实,这个观点在特立尼达是成立的。我回想起自己十年前来到特立尼达。当时,无论你身处经济食物链的哪个层级,大家都认为,你应该使用互联网。否则,你就会与现代社会的一个重要标志失之交臂。在公众的想象中,一家成功的公司一定会不断地为未来铺路。今天,脸书看起来拥有着同样的特质。你需要身处其中,它是特立尼达人首先关注的地方。

我来到这里当然还有其他的理由。这里毕竟是一家可可种植园,我对高档巧克力情有独钟。恰好,特立尼达中部被誉为世界上最高质量的可可产地之一,尤其是附近的大库瓦(Gran Couva),更是法国高档巧克力法芙娜的原料产地。为了提升特立尼达可可的口感,通常需要混入少量的添加物。纯可可价值不菲。虽然多年来,我一直对这东西情有独钟,但实际上仍然不能在特立尼达买到高质量的巧克力,因为最后的加工过程都在法国这样的销售国完成。在这里,你只能看到可可的生产过程,比如采集和烘烤。其中有一道工序叫作"让可可跳舞",目的是去除可可的外壳。这有点类似于我们更熟悉的地中海人踩踏葡萄。拍摄一小段"让可可跳舞"的视频是当地可可商重要的营销亮点之一。虽然我没办法在那里买到巧

故事一 走向尽头的婚姻

克力，但是出于对另一种食物的热爱，我回到了这座可可种植园。可可周围豆荚中的白色果肉是这个世界上我最喜欢的水果，据我所知，它还未曾被命名。这种水果的味道有一点酸，类似于山竹。我为它着迷，而找到它的唯一方式，就是来到一座可可种植园，撬开一个新鲜的豆荚。在整个可可生产的过程中，它都被视为废品，视为采集可可过程中的累赘，视为一种应该被"跳舞"跳出去的东西。

吃饱了可可果肉，我便回到研究中，毕竟这才是我来到这里的真正理由。我很高兴可以和马文谈论这么多关于脸书和营销的事情。如果说我决定在这里多待一些日子，仅仅是一个意外的话，那么我在这段时间里观察到的事情，同样出乎预料。我逐渐注意到，马文在谈话中看起来越来越心不在焉，仿佛另有难言之隐。即使是面对这样一个完全陌生的人——这样一个来到他办公室，推动并鼓励交流的访问者，马文最终还是不吐不快，决定和我聊聊最近发生的事情。

很多人开通脸书账号就是为了工作，马文也是其中之一。傍晚回到家中，他需要陪伴两个孩子，所以没什么时间上网，但是他的工作十分看重在线营销，这意味着不论什么时候，不管是在办公室使用台式电脑，还是在其他地方使用笔记本电脑，或者甚至在通勤路上，抑或在可可种植园周边，他都在工作。这要多亏了他的黑莓手机。只要他在工作，他就有理由让自己永远在线。当他在线时，脸书总是会在前台或者后台运行。他有 620 个朋友，其中很少一部分是他的家人，这对于一个特立尼达人来说并不常见。部分原因是他出生在附近的一个村庄，并且是村庄中第一个考上大学的人。他的大多数家人都没有台式电脑，更不用提笔记本和黑莓手机了。在当时，黑莓手机可是特立尼达富人才会拥有的装饰品。在众多朋友中，他最常和一些经历相仿的女性交流，他与她们是好几所学校的校友。他断言，这是因为相比特立尼达男性来讲，女性更加热衷于使用脸书。当然，这一点在我的研究中已经得到了证实。

不过，既然女性更加热衷于使用脸书，那么马文使用脸书的频率就显得非常奇怪了。他似乎从不用手机通话，而是总在发送信息。同样，他电脑上最活跃的软件就是 MSN，我看到上面大概有 50 人同时在线。他也不发短信。我很少看到对即时通讯媒介如此热衷的人。这让我有点摸不着头脑，直到谈话快结束的时候，一切才水落石出。

无论马文在脸书上花费多少时间，都比不上另一个他熟识的人，这就是他的妻子。更重要的是，她不仅花时间查看她自己的账号，事实上，她更多时间都在查看她丈夫的账号。她监视着他的一举一动。她想知道他的新朋友是谁，他是怎么认识她的，以及他们俩是什么关系。马文当然会在她们的照片下留言，每一个特立尼达人都会这样做，但是妻子会拿这些留言质问他。问题是，因为工作

故事一　走向尽头的婚姻

需要，他一天大部分时间都要待在脸书上，也经常要和女性交流，几乎每一个这样的举动都是一处痕迹，一个可供妻子追查、质问、焦虑的事情。在他看来，这无异于被他的妻子日夜追踪、不断指控、反复辩解、无穷无尽。这已经成为他极大的困扰，不断残酷地折磨着他。最近他严肃考虑是否应该结束这段婚姻，离开这个让他心神不宁的女人，无论他有多爱她。但是今天，她却首先提出了离婚要求。

马文曾试图通过各种方式对付妻子的跟踪。有时候他故意翻看妻子的电话通讯记录，让她也可以换位思考一下，这样做有多么伤害人。但这种方法并不奏效。"我没什么可以隐藏的。"妻子轻蔑地说。他则回答："好吧，我也没什么可隐藏的。"这种方法根本不行。改变隐私设置和密码也没用。这些躲避她窥探的举动不仅没用，反而成为妻子指正马文的证据：他的确有所隐藏，他们的婚姻也的确存在危机。毫无意外，这样做只能让事情变得更糟糕。

马文对于这件事情的看法也很明确。他有两个孩子。一个是和之前的保姆生的，另一个是和他的妻子生的。他不希望就此终结这段婚姻。他声称自己仍旧爱着她。他坚信技术，更准确地说，就是脸书，毁掉了两人之间的关系。在特立尼达，爱人之间强烈的嫉妒心并不少见，事实上，爱人也会经常有理由保持怀疑。特立尼达人将这种恐惧和焦虑称为"按喇叭"（horning），这是特立尼达人关系中的一部分。他们总是如此,根本没有什么新奇之处。但这并不是重点:当一个人类学家说这是文化的一部分时,就等于没做任何判断。这仅仅是承认它一直都是人们生活的一个侧面,也将会在未来继续传承下去。但问题是,在脸书出现之前,这种怀疑仅仅潜藏在人们模糊的意识中。但如今,一切都变得显而易见,比如那些颇具挑衅意味的照片、评论中或隐晦或直白的调情。看了他们的页面,跟踪就是顺理成章的事情。如今,成百上千的鲜花"礼品"、意味深长的状态和消息,都像谜题一般将你包围。脸书将其他女性摆到你面前,让你不再只是停留在怀疑的阶段,而是可以对那些让你怀疑的人展开简单、快捷的围捕,查阅她们的个人资料,寻找她们与你爱人之间的关系线索。这太容易,也太残酷。只要点击一下鼠标,就可以把你从你的朋友那里带到他的朋友那里。并且,你绝不会得到安心的结果,也绝不会消除你的焦虑。屏幕上任何一处疑点都会让你更加恼怒,让你想要挖得更深。在你周围,群峰四起,处处都是威胁。

  我完全可以理解马文妻子的担忧。我已经熟悉了马文在营销中推广巧克力的方法。是的,在他的即时通讯工具上,有非常多的女性客户来自瑞典、加拿大和英国。她们都向马文询问巧克力,或者关于旅行和住宿的问题。我不敢说也不知道之后会发生什么。在临近的多巴哥岛,旅游业将之前色情服务的性别关系倒转过来,白人

故事一　走向尽头的婚姻

女性寻找黑人男性的色情旅游业几乎尽人皆知且无处不在。但是当时，我也许仅仅是顺着他向我描述的细节，思考着他妻子头脑发热的逻辑？我并不知道这里面有多少性的层面或者目的存在，也不知道这些外国女性对他有什么企图。我只能说，我可以理解为什么他的妻子总在纠缠这件事情。

他的特立尼达"好友"中究竟存在着什么潜在问题，倒是更加明显，因为这就发生在我眼前。不论马文对他的工作和婚姻多么关心，在我们谈话的过程中，他仍旧一直在不断查看即时通讯软件上跳出来的好友消息。和我预料的一样，那时他最主要的一个谈话对象是一位迷人的年轻女性——事实上，这并不是那个与他同校的女士。这是一位正在纽约换机间歇的空姐，她在酒店里和马文聊天，言语中带有明显的挑逗意味。纽约现在好冷。她想要再次见到马文。她需要温暖。她嘲弄马文说："噢，我下个月回到特立尼达的时候，恐怕你不会有时间吧。"

即便如此，他仍然坚称自己是无辜的，反而责备特立尼达女性：

> 是的……因为她的确一直要我带她出去；她要求我去接她。因为这种关系，我并不想去。但是同时，我又不想把她彻底激怒。因为很多女孩，如果你不能成为她们喜欢的男性，她们就会完全断绝关系。她们不会……满足于只做朋友。如果她们喜欢

你，是那种喜欢；如果她们不仅想要你做她们的朋友，那么只做朋友，或者试图和她们做朋友就根本没用。这种事总会发生在我身上，她们觉得我很有魅力。她们想要和我交往。她们想要至少试试看。如果我一直拒绝她们，我也是一直这样做的，那么我也不认为这是长久之计，因为她们想要知道——我在干什么？我什么时候可以看到你？什么也没发生。我的意思是，我们就不能只做朋友吗？但是我其实也是想要见她的。但我不想损害我和我妻子的关系。

问题在于，尽管他花了很长时间为自己的行为辩护，但显然，他就是在和她们调情。直到他向我坦白，我才明白为什么他不通过手机语音和别人交流。即时通讯工具和语音电话、短信或者脸书新鲜事的登录方式不同，是唯一不会被他的妻子监视的媒介。

一个至关重要的问题盘旋在我的脑海，让我一时难以轻下结论。与所有其他国家相比，特立尼达在某种程度上注定要承受脸书产生的这一恶果，这是否仅仅是纯粹的偶然，或者语义的巧合？有没有可能是词汇的混淆本身造成了这些关系的破裂？麻烦正在于"交友"（friending or to friend）一词的含义。因为在特立尼达，"交友"是一个历史悠久、广为使用的词汇，在脸书诞生之前的一个世纪就已经存在。在特立尼达方言中，"交友"意味着与某人发生性关系，

故事一 走向尽头的婚姻

并且主要特指婚姻之外的性关系。使教会担忧的是，和其他加勒比群岛一样，这里的人们很少在具备买房能力之前结婚。在这之前，女孩往往要通过生育彰显自己已经成年，出于大体相同的理由，男人也必须为人父。这些自己也还是孩子的人生下孩子后，通常把婴儿交给长辈抚养，一般而言就是这些婴儿的祖父母或姑婆。这一社会系统一直运转良好。年纪尚轻、生理健康的女孩负责生育；而老一辈的女性过了玩乐的年纪，负责照看小孩；在英国，人们假定生物意义上的母亲也必须是文化意义上的母亲，相比之下，特立尼达的方式在某种程度上更为合理。但人们通常以"交友"关系描述这种未婚的年轻伴侣。

然而，婚姻开始，并不必然意味着交友结束。特立尼达有一套丰富的词汇描述法国人所称的情妇——特立尼达人称她们为"副手"或"外面的女人"。脸书的主要问题倒不是让这种多人之间的复杂关系更加普遍，而是让这些关系浮出了水面。读小说家爱弥尔·左拉（Emile Zola）的书便很容易发现，即便是在法国历史上，拥有秘密情妇和公然把她接入家中也是性质截然不同的两件事。

我怀疑对于生活在城市、更为见多识广的特立尼达人来讲，如今已经不存在这种歧义了。他们基本不再用那种方式使用"交友"一词。不过，马文和他的妻子都来自于可可种植园附近的乡村，代表了极少数从乡村地区出人头地的成功者。在他们生活的社会环境中,"交友"一词仍保留了传统的含义。每当他的妻子发现有女性在脸书上将他加为"好友",这种语言本身的歧义就产生了。

脸书上还有另一种与之对应的语言歧义。这种歧义不在于"交友"一词,而在于"关系"一词。两者内涵的转变方向几乎截然相反。相对来讲,"关系"一词在从前尚且无伤大雅——但是现在呢?想表达某人与另一个人有"关系",可能不带有性意味吗?这个词是不是也变成了含蓄表达你与某人之间存在性关系的一种方式呢?每个脸书账号都附带个人资料,其中关系状态一栏的位置十分显眼。特立尼达人在浏览他人资料时,总是留心关系状态的任何更动,这还有什么奇怪的吗?

所以,我遇到马文之后发生的戏剧性故事可以用一件事总结,这件事恰好发生在我走进他办公室之前。马文发现妻子刚刚修改了自己脸书账号的关系状态。虽然仍旧显示她正处于一段关系之中,却不再显示对方是谁。他因此愤怒不已,并且移除了自己所有的关系状态信息,用他的话说,这叫以牙还牙。了解到这些情况后,我倍感惊讶,起初他竟然还能心平气和地与我谈论巧克力和脸书营销。不过最终,他为了解释眼前的两难困境,还是暂且放下了其他事情。在我们交谈的时候,他和妻子各自的朋友开始在脸书留言。他知道这只是开始,后面还会有潮水般的评论袭来。这些评论有的出于真正的关心,有的可能只是简单的鼓励或出于窥私欲。未曾料到的是，他逐渐开始认为自己或许真的需要离开妻子，因为这是逃离她每日审问的唯一方式。然而，她一举扭转了形势，掌握了主动权。

正如他所说的：

> 这正是脸书危险的地方，因为每个人都在看。我们的好友列表上的每个人都在看。每个人，都在看。几小时前她有799个好友。我告诉她，她做这些事就是想让好友回复她。而一些嫉妒我们的好友，自然也会喜欢评论这些不利于我们关系的消息。

此时，马文对脸书的怒气甚至超过了他对妻子的怒气。这不仅仅是因为脸书使他的好友列表变得一目了然，进而让他的妻子饱受煎熬，更重要的是，妻子的反应无异于将他们的感情像一块肮脏的亚麻布一样公开抖落出来。原本能在私下传播、揭露、调解然后就置诸脑后的事，现在却被明明白白地呈现于公共领域之中。一旦事情被放在了脸书上，他们两人加起来拥有的一千多个好友就全都知道了。

对马文来说，脸书已经把所有事情都变成了一团乱麻，变成了公众的闲言碎语，变成了无休止的解释与自证。在正常情况下，世间的愤怒和争吵都可以是转瞬即逝的、随风而散的，可以被浪漫的姿态或优质的性爱所抹平的。但如今却不再是这样了。它们被烙印在脸书之上，这里可以看到你的生活、命运、痕迹、历史和自传。

即使最后结局不错，人们也还是会记得发生过的一切；它被深深地存在电脑中、刻进硬盘里，腐蚀着这段关系。关系不再被亲密性和共享的隐私所保护。你无法确知，谁、在何时、面对谁，会再一次把这件事翻出来。它使人烦恼不已、疲惫不堪，为赶快逃离这段关系的愿望添加了动力，于是，在彻底分手以求摆脱指责与自责的无尽循环中，这次争吵就成了最后一次。

要为脸书辩护，使其免遭破坏了马文婚姻的指控，其实不难。毕竟，这是一个一边批判技术、一边情不自禁地跟远在纽约的女人调情的男人。他公开同我讨论一个充满性意味的性别领域，并不假思索地表示，不管是男是女，不管当下的情感状态如何，在浏览异性的个人资料时，用他的话说，总是幻想着"换种活法"。但是我也能理解，他对脸书的指控并非没有道理，因为他所揭露的两性关系其实不是什么新鲜事。我刚开始研究特立尼达时，事情就已经是这样。人们幻想着其他选择，但是这种"换种活法"的幻想、拥有一个情人的可能，更多时候也只是停留在幻想的层面。这种幻想也不是特立尼达独有的。它同一个坐在伦敦的办公室中的男人对正在帮他复印文件的秘书所抱有的想法、同这位秘书在回家的地铁上对她眼前的年轻人所怀有的想象，没有太大区别。不过，我在特立尼达接触到的大多数夫妻的关系，其实同伦敦人一样稳定，他们出于对孩子的爱而抱有强烈的责任感，关心自己的长期伴侣，希望在双方的大家庭之间建立更宽广的纽带，也希望随着信任的建立和时间的流逝，双方的情感会不断加深，哪怕有时因为在一起久了，彼此失去了一些最初的浪漫。

当脸书入侵这一领域时，它介入到男人和一个又一个的女人之间，事情就变得不同了。至少在一些情况下，例如在马文的例子中，脸书彻底的可见性和显在性导致了上述的差别。曾经让人苦恼但总归可以承受的事情，如今也变得无法容忍和承受了。日复一日地怀疑每个名字、每个举动、每句意味不明的话，让他们两人都精疲力竭。后来我又遇到了对脸书抱有同样感受的女性。例如，我在完全不同的情境下认识了卡琳，她在谈到自己的感情关系的破裂时，向我表露说：

> 就好像在这世界上能和他做朋友的只有女性，在他的留言墙上，他们之间好像总有聊不完的话题。他好像永远都划不清界限，比如对她们说"事实上我已经有女朋友了，所以我们这种对话可能不合适"。所以，嗯是的，我想这就会使你变得更加多疑。因为这一切都在你眼皮底下，你就会开始想：好了，他跟这个人是怎么认识的？她为什么说谢谢昨晚的晚安？那到底是什么

意思……你简直会走火入魔。

如果你读报，你就会知道这还不算最坏的。英国《每日邮报》（2010年2月19日版）报道了一起特立尼达谋杀案。凶手叫保罗·布里斯托，25岁，是一位在特立尼达和多巴哥共和国行政部工作的信息技术工程师。他长途颠簸到了伦敦，疯狂袭击了他的情人卡米尔·马图拉辛格，捅了她20刀。后者死在了厨房地板上。据说这一切都是因为他在脸书上看到她和另一个男人在一起。特立尼达的媒体还报道了其他据说也是因脸书而起的谋杀和斗殴。妒火中烧之下的情杀久已有之，将之归咎于脸书，似乎失之草率，有过于简化问题之嫌。但是，马文所经历的事情的确说明，作为一种技术的脸书在这里确实扮演了某种角色，如果对这一点视之不见，则同样把问题看得过于浅显和简单了。毫无疑问，总有一天，某些律师会极尽逻辑混乱之能事，对此喋喋不休，并赚上一大笔钱。

当然，马文把自己关系的破裂归咎于脸书的同时，也意识到它不只是一项纯粹的技术，只以机械的方式发挥作用。脸书受到具体状况的影响，而他自己的状况将脸书化友为敌。因为工作的缘故他必须保持脸书在线，这是事实。他自己坐在办公室中，没能抗拒诱惑，同其他女人没完没了地聊天，这也是事实。这种诱惑将他和切瑞牵到了一起，后者独自待在纽约的宾馆里，除了调情也没有别的更好的事可做。如果他一直使用即时通讯,事情可能也不会变得这么糟,因为正如你我所知,别人是看不到即时通讯的内容的。但是就在我们交谈的时候,马文发现自己刚刚通过了阿德莱德的好友申请,并因此懊恼不已。他根本不知道这个女人是谁。不同寻常的是,他们并没有共同好友,她看起来也不像是对种植园很感兴趣。这些都意味着,如果他的妻子问起这位新朋友是谁,他根本给不出任何解释——而那本身就是所有解释中最糟糕的一种。她总是为此发怒。然而,他也根本控制不住自己通过她的好友申请,原因有很多:好奇心、她是女性、他添加好友的条件并不苛刻。技术的强迫与欲望的失控熔接在一起。这是一个致命的组合。在从早上到下午的这段时间里,我只看到了这些片段,但也已经足够领略到技术的毁灭性力量。如果他的妻子不是这样,而是性格更为被动和顺从呢?但就像他自己说的,这样的女人对他而言毫无魅力可言。他喜欢她的强势和固执。但是问题又一次从个性绕回到了技术,因为他最后说道,凡事需要有个度,"你不能一生我的气就跑去互联网上宣泄"。脸书或许不是问题之源,但很显然,它既能够放大性格上的小缺陷,也能够提炼性格中好的一面。这会扰乱感情的平衡,使脸书的受害者从天平上滑落,并坠入毁灭。脸书是压倒这对伴侣的最后一根稻草。

他们今天在脸书上公开修改自己的关系状态,就是导致他们分手的最后一根稻草,我知道这只是迟早的事。马文会永远把这件事归咎于脸书。当时他说希望能够结束自己的关系,不是指和妻子的关系,而是指和脸书的关系。但他也知道自己做不到。在他的工作中,脸书是带给他最多益处的东西之一。而这份责任重大的工作更是一份显见的证据,让他可以向邻里亲友、更不要说脸书主页上的620个好友炫耀自己的成功。在这场各种关系的拉锯战中,脸书取得了胜利。或许他应该将个人资料更改为"处于一段关系之中——与脸书"。似乎最终技术才是所有人的拥有者,他或她总是醋意大发,绝容不下其他人,这割毁了马文和妻子的关系——而他说自己还爱她,原本可以找到和解的办法……最终,我们已经无法将通过脸书维持的关系和与脸书建立的关系区分开来。

突然间所有的对话都终止了。一阵剧烈而尖锐的声音使我们无法继续交谈。高空中,另一双眼以毁灭性的热切注视着一切。这里的人们每天都会把鹰放出来两次,鹦鹉都会因此惊惧不已,爆发出阵阵尖鸣。鹦鹉和我有一个共同点:永远吃不够包裹着可可豆的不知名白色果肉。但是想吃到它们,鹦鹉就要啄开豆荚,糟蹋作物。种植园不希望使用药物除害,就需要找到一个与生态旅游不冲突的解决办法,所以通过放鹰来抑制鹦鹉的取食行为。而在脸书新世界中,将一切尽收眼底的鹰们,支配着芸芸众生的命运。

故事二　社群

　　我在教人类学的过程中，遇到过的麻烦事之一，便是很多人选择学习这个专业，都是因为看了一些关于浪漫田园生活的描写，这些描写中刻画着亲情、村庄或社群生活。在人们的想象之中，这种浪漫的田园生活是某种仅属于人类学家研究范畴的失乐园。很多时候，这种浪漫的他者都被当作一根敲打我们自己的大棒。我们生活的社会充满了各种问题与缺陷，但这些浪漫的失乐园都是完美无瑕的。我奔波于伦敦、马尼拉、印度和特立尼达岛开展研究的目的之一，便是来为人们的想象去魅。所有人都活在当下。那些人类学家笔下、居住在村庄和部落中的居民们，并非活在过去的、历史进化的遗留者。不过，学者本身却可能只在无关紧要的主题上钻牛角尖，或者只为了批判而批判。大众普遍认为，人类学只该被应用于悲叹和惋惜，如果将它用于证实现世成就，就好像异端邪说一般。

facebook
脸书故事

然而，这正是我的愿望和初衷。

我们现在进入正题。尽管我对故事的主人公阿兰娜（Alana）还不甚了解，但身处这座静谧的村庄，我确实感到自己很难从浪漫的氛围中挣脱。多愁善感的情绪爬上我的脊背，柔软着我的内心，任我尽力摆脱也无济于事。我只能责怪那些棕榈树在作怪吧。不过，其实如果我稍作放松，就会发现这其实是因为阿兰娜的魅力使然。她身上散发出一种温暖文静、体贴迷人的气息。虽然她芳龄二五、相貌甜美，但绝不会让人想入非非。你会感觉，她更像一位母亲，抚慰你受伤的心灵、支撑你内心深处的信念、保护你免受侵害。

她的家人们简直和她如出一辙。在照顾别人这件事情上，每个人都有一套成熟的见解，懂得如何平衡秩序与自由，也明白何时要表达关切、何时要放任自主。这些都是为人父母所必不可少的品质，但这种感觉往往既难解释，也难获得。这一家人遵守着传统的性别分工，母亲做饭、父亲高谈阔论着世界未来与本地政治。对于特立尼达人来讲，这种恰当的性别分工让彼此发挥着各自的优势。我必须坦诚地讲，我更喜爱女人们的世界，尤其是当我发现阿兰娜的母亲正在调制一款我钟爱的圣诞饮品奶油潘趣酒时。我不大会在家里自制这款饮料，因为家人对于在酒里放生鸡蛋这件事有点看不惯，不过，这个步骤对制作可口的调味汁来说，可是至关重要的。奇妙的是，阿兰娜的母亲的配方中，加入的却是熟鸡蛋。大致来

故事二 社群

讲,她会混合六罐浓缩牛奶和四罐炼乳,加入豆蔻、三个酸橙皮和其他调料(此处略过——我不能透露她的秘密配方),然后加热,接着往热牛奶中加入一打鸡蛋进行搅拌,最后加入2.5升烈性朗姆酒,再放上一整宿。能享用这些真是太幸运了,但诚实地讲,那三杯奶油潘趣酒并不是阿兰娜家让我感到亲切的唯一原因。他们所有人都体现出一种关心他人幸福的道德感,这并非抽象空洞的大道理。这种道德感裹挟着一丝幽默,还肯包容现实中的种种缺陷和不完美。

阿兰娜和家人的魅力又让人回想起对社群的浪漫想象,因为他们所住的地方是特立尼达岛少见的聚居区。现代特立尼达社会的流动性很高,很少人会在自己出生的地方待一辈子。不过,如果沿着大部分岛民居住的东西主路一直前行,便会发现一些向北伸展的道路,沿着这些道路再走一会儿,你就会听到森林中的回声,这是岛上最后一群原始美洲印第安人发出的声响。在那里,你才能感受到历史的延续。

圣安娜(Santa Ana)是一个"西班牙村"。在特立尼达,"西班牙"是一个有趣的词,它可以用来指代完全没有西班牙血统的人。或者说,它也代指一种混合血统,而且往往是非常复杂的混合血统,里面包含着一点中国血统、叙利亚(其实是黎巴嫩)血统、葡萄牙(其实是马德拉群岛)血统,或者印度、非洲、法国克里奥尔(一些是来自英国）血统。这些血统混在一起，会让你很"西班牙"。有些人对此存有异议，但以我对特立尼达历史的阅读，如今岛上早已没有殖民前人口的正统后裔。长期以来，特立尼达在名义上受西班牙统治，尽管这里只稀疏地居住着少量的美洲印第安人和正统西班牙人，疾病的侵袭让他们所剩无几。后来，法国和英国殖民基本消灭了这两个族群。如今，在特立尼达中部，有委内瑞拉移民建立的西班牙裔聚居区，但其他大部分地区，"西班牙"确实只意味着混杂和古老。

圣安娜村很小，大约有25座房屋，坐落在丘陵中一处山脊的两侧，顺着山脊的方向，蜿蜒至北方的群山之中。房屋中住的大多是三到四个核心家族的后代，只有两栋除外。所以，现在村里几乎所有人都是亲戚。当一些重大事件发生时，比如婚礼或丧葬，不论关系亲疏，大家都会参加。实际上，这个村庄就是一个家族，这又会让人很容易联想到关于社群的浪漫田园生活。圣安娜村确有这样一种感觉，这里的人们互有认同感、团结一心、互相帮助。这种风气同样由上至下，贯穿于阿兰娜的模范家庭和她本人身上。

不过，这并不意味着村里的一切都是和平和善意的。阿兰娜一家与邻居已经多年不和，每当关系稍微缓和时，又会发生关于孩子不该在哪里玩耍、狗不该在什么时候吠叫的争论。他们甚至会针对两个房子的边界究竟在哪儿、谁之前趁天黑挪动了栅栏位置这些老

故事二 社群

问题争论不休。如果在村里八卦一晚消磨时间，一准会听说谁又睡了谁、他们真的不应该这么做的闲言碎语。这就是个真实的村子。世界上真的有一个情比金坚的社群能免于婚外情丑闻的破坏吗？就连修道院都会定期传出类似的报道，又何必对一个特立尼达村庄抱有这类希望呢？

在这个真实的村庄里，虽然有各种各样的麻烦，甚至可能患上幽闭恐惧症，但阿兰娜仍然茁壮成长着，她没有去读那些精英中学，要知道，这些中学可是走出这座小岛的通行证。不过，阿兰娜在当地学校依然表现优秀、学习刻苦，获得了全优成绩，并考取了特立尼达和多巴哥大学（UTT）。这是一所新大学，成立于六年前，旨在扩大高等教育的范围。它取代了西印度大学一枝独秀的地位。如今看来，西印度大学的确不怎么热门了。特立尼达和多巴哥大学没有那么自命不凡，更加倾向于应用学科，这非常适合阿兰娜。她在那里发展得很好，顺利取得了学士学位，现在正要开始职业心理学专业的硕士学习。

在交谈中，阿兰娜没有提到任何关于自己的事，也没有表达什么只属于自己的想法。在她看来，一切关于她的事情都和她居住的社群紧密相连。一开始，她并不愿意使用脸书，但表亲们带来的压力让她屈从了。结果刚开始用，她就一下子爱上了脸书。现在，她使用脸书的方式基本围绕日常生活进行。脸书平台尤其适用于集体教育，也对她的职业心理学课程起到了重要作用，因为这些课程都有很强的社会心理学和家庭理疗背景。很典型的例子就是，课程的一部分评分取决于小组作业表现，老师本来是希望学生以群博客的形式开展合作，但是阿兰娜和同学们觉得如果把任务整合进社交网络之中，一定会有不错的效果，所以他们选择通过脸书完成小组作业，老师也同意了。围绕脸书，整个互联网被整合在一起。在过去一年里，这样的例子在特立尼达屡见不鲜。

阿兰娜的个人社交也围绕脸书展开。她有大概两百个脸书好友，其中有四十个左右是亲戚，在特立尼达以外居住的好友不到十个，这在特立尼达不太常见，因为特立尼达人通常拥有很多跨国联系。在此前的研究中，我发现大多数特立尼达人都是这样，甚至在核心家庭层面也如是，要么就是父母在国外，要么就是孩子、兄弟姐妹在国外。阿兰娜的绝大多数联系人都来自学校，基本是班上的同学。每天早晨上课前，她都会登录脸书，大多数午休时间也在上面度过。当她没课时，就用学校的电脑刷一个小时的脸书。不过，她真正的时间投入其实是在更晚的时候，她经常都会在晚上八点左右上床睡觉，等家人入睡后，再起床，凌晨零点到三点是她的脸书时间。

她给出的理由很简单：这段时间最安静，她可以全神贯注地学习，不会受到家人打扰。但这里还有别的原因——班上所有的同学都采用相同的作息，他们就像脸书上成群栖息的鸟群，占下枝桠便

故事二 社群

开始无休止地啁啾。作为一位研究生导师,我在很早以前就发现,学习过程越有趣,社交性越强,学生学到的东西就越多。我曾拯救过几个学得面目苍白的美国学生,在他们的学校里,只要不埋头苦干就是差生。实际上,学生们需要漫长的周末和夜晚,将论文抛之脑后,发现最好的学术讨论往往发生在酒精味十足的酒吧里。毕竟,这是人类学。如果你不喜欢社交,不喜欢交朋友,那你就选错了行。

即便没有我这样的老师来教,阿兰娜的小组也愉快地明白了这个道理。他们不去理会学习就是竞争之类的鬼话,每个人都互相帮助。大家在脸书上,将学术研究和社交活动无缝衔接。比如,本来在聊关于男朋友的话题,你突然想起课堂上一个没弄懂的术语,并提出来问大家。反过来讲,一个男孩能够耐心、清楚地讲解某个烂熟于胸的 19 世纪职业心理学的研究方法时,你也在慢慢了解他此前不为你所知的一面。待他解释完毕,你就有理由在下次一起上课时,进一步向他讨教。对整个小组来说,脸书提供了一种让人心安的同在感。阿兰娜说道:"嗯,就是这样,如果我们同时都在学习,就会登录脸书,让彼此知道,当你突然有弄不明白的东西,就可以提问,必要的时候还可以打电话。"

然而,也不能否认这种方式可能会让人分心。阿兰娜承认,他们的讨论大概只有 20% 是关于作业的。大多数时候只是公开的交流,不过也不全是,有一些事必须更秘密地私下讨论,这通过脸书内部的即时消息功能就可以实现。不过，如果你每晚到最后都像阿兰娜一样，跟三个最好的朋友私聊，那也不一定是什么秘密的讨论，只是因为你们关系最好罢了。

在脸书上，人们会有很多不同的社交圈，这些圈子彼此大多并不相关。阿兰娜对《开心农场》(*FarmVille*)这个游戏恐怕并不感兴趣，但是因为很多兄弟姐妹都在玩，并需要她作为游戏邻居帮个忙，让他们更快升级，阿兰娜也就干脆时不时在上面消遣一下。虽然她每天加起来要花两个小时来玩这个游戏，但是这既能增强兄弟姐妹之间的联系，也能巩固阿兰娜的大家庭。阿兰娜的家庭圈子和同学圈子基本没什么交集，在某种程度上，可以说正是阿兰娜使用的脸书作息帮她保持了这种两个圈子无交集的状态。她经常在六到八点和兄弟姐妹们一起玩《开心农场》，然后等他们入睡后再和同学们联系。也有一些网上活动是她不愿意参与的，比如，一些朋友经常在脸书上讨论政治，她觉得这很可能会引发争执，所以从不掺和。

在脸书共享联系人也是人们扩大交友圈的方式之一。班上总有一些同学（虽然不是全部）认识一些大家都想认识却没有渠道认识的人。比如，一个女孩是索卡乐（Soca）[1]当红歌星邦治·格尔林

---

[1] 索卡乐（soca），一种由灵乐和卡利普索民歌混合成的加勒比海地区的音乐风格。——译者注

故事二　社群

(Bunji Garlin) 的亲戚，另一个是位著名拉斯塔 (Rasta) 歌星的老同学，还有一个认识英俊潇洒的国家板球队队员。那 80% 无关作业的讨论基本可以归于八卦，所以，这些趣闻和跟这些半名人的熟人关系，便在为晚间烘烤的八卦面包上，撒了不少酵母。

我再次强调，研究从不会被局限于学术疆界。一个人在课上表现好，这是因为他知道如何找到最新的期刊文章，或是关于考试话题的最新网络讨论。同样一个人，很可能也精通时尚或好玩的地方。这些知道如何最快获取信息的能力，都是研究。这里说的获取信息，也不一定指新信息。阿兰娜最近就在了解从塔法里教 (Rastafari) 中衍生出来的意识形态群体，名叫波波香提 (Bobo Shanti)，是由伊曼纽尔·查理斯·爱德华兹 (Emmanuel Charles Edwards) 王子于 1958 年建立的。同是黑人，他和马科斯·加维 (Marcws Garvey)、海尔·塞拉西 (Haile Selassie) 一起组成了一个三人团体。在特立尼达，他们比大多数塔法里教人更加极端，不管是衣着还是生活方式。他们也有一些倾向于采纳犹太人的风俗，比如周六安息日。阿兰娜只是对这些东西有点好奇，在脸书上和认识这个群体成员的人聊天，很大程度地满足了这种好奇心。她不喜欢对任何事情一无所知，这样的聊天没有任何紧迫目标，也很难分辨它到底是好奇还是研究。

八卦的另一面便是丑闻，在特立尼达尤其如此，甚至会引发

**facebook
脸书故事**

"寻欢作乐"（bacchanal）。他们小组中有一位摄影师，专门拍摄人们吵架的"场景"，比如在夜店吵架的情侣，他还发过一张警察辱骂司机的照片，大家觉得这没什么问题。但现在看，那对普通情侣，仅仅是因为几杯酒后吵了几句，他们的照片就这样无意间流入公共空间，这合适吗？如果他再把照片发到脸书或是 YouTube 上呢？理论上讲，这显然是有问题的。这几天，还是这个摄影师，拍了另一张照片，是阿兰娜的一位女同学在和一个男人跳舞，但是大家都知道，这位女同学已经和另一个男人订婚了。我们不是在讨论一个订了婚的女人能否和别的男人跳舞，而是说，当这张照片出现在脸书上时，就注定会为这对情侣的关系带来问题，并且变成一种影射意味更强的负面八卦。关于女人之间恶意中伤的例子简直数不胜数，最近还有一个女生，她本来从不担心自己在脸书主页上写什么，反正她男朋友也不用脸书。不过，另一个女生突然跳出来，发帖说了一些"我本来觉得你已经有男朋友了"之类的言论，便被那个女生解除了好友关系。特立尼达人大都认为，在和男人的关系方面，女人之间会普遍拥有某种程度的怨恨和竞争，这大概是因为这个国家的女人本来就比男人多。

阿兰娜充分认识到了脸书的这个问题。用她的话来说，你可能信任十个朋友，但是他们又有十个信任的朋友，这些朋友的朋友却并不会对你担负相同的信任和承诺。所以，在不知不觉间，不该流

故事二 社群

传开的事情就流传开了。通常来讲，这种事情不会经常发生在她这个年龄段的人身上，就算发生了，也不会导致太坏的结果。虽然她发现自己经常被标记在别人的照片里，之前好几次，她都迅速采取行动，取消了标记。毕竟，她的大多数亲戚都是脸书好友。从那之后，她就很注意自己在公共空间的言行，因为她知道这样的事还会发生。在她眼里，脸书造成的巨大破坏主要发生在青少年身上。一方面，青少年还不具备这个技术平台所要求的自律能力，另外，青少年是喜欢冒险玩火的人，比如很多女孩会互相竞争，比谁更性感，这个年龄的女生之间完全可能撕破脸皮，特别是知道你所有秘密的闺蜜，转眼就变成了你最可怕的仇人。

以上讨论完全可以跟任何脸书用户展开，但是对阿兰娜进行访谈，对这个研究项目至关重要——比起她这样本身就居住在一个紧密社群中的人来说，还有谁能把脸书的社群意义说得更清楚呢？听她讲述夜里和好友们使用脸书的体验，让我认定了这样的结论：脸书确实创建、维系和组成了某种社群，无论这个社群有何意义。通过这个共同的网络生命体，也产生了某种让社群与众不同的价值。一方面，共处于这个社群中的人们随着了解加深、经历增多，逐渐滋生出对彼此的关爱和担忧、友谊和互助，简而言之，就是一种道德上的感知力。不过，另一方面，这里也会产生入侵、摧毁隐私，每个人都知道了更多别人的信息。八卦和流言以极快的速度在网络中奔涌，如同肮脏的泡沫溢出自家大门，浸湿别家的地毯。在这样的社群中，有争吵和质疑，也有像第一个故事中展现的感情破碎。这看起来和之前谈到的道德感完全相悖，它没有将人们团结起来，而是离间他们，让他们互相报复、彼此质疑。

如果试图理解其中的矛盾，就需要更加深入探究脸书的社群意义。不管是学者还是其他普通人，都会很轻易地使用"社群"这个词，不过，其实他们几乎没人有过同时居于线上线下社群的体验。所以我们研究的意图就是分析阿兰娜这样身居现实社群又处于脸书社群的人，这种并置关系对她蕴含着何种意义。这也是为什么，我与她的大多数对话并不止于脸书，还涉及她更广泛的生活体验。例如，在圣安娜长大并且继续生活是什么样的感受？作为一个大学生，她已经惯于抽象地思考这些概念并进行比较。那么，她如何看待社群这一概念，社群又可能会导致什么后果？她很容易就理解了这个问题的意义和重要性，给出的答案不仅清楚明了，还直击要害。她不仅认可我的每一点研究结论，同时也深有感触。没错，脸书创造了比期待中的同学关系更加深入的联系。没错，脸书也有导致寻欢作乐和丑闻泛滥的倾向。阿兰娜还跟我讲了一些故事来支持这些观点。但是，即便考虑正反两面，脸书社区的残酷程度也远远比不上现实世界。

阿兰娜认为，不管大家怎么埋怨脸书滋生了恶意八卦和不明谣

故事二 社群

言,它跟圣安娜村这种小地方的常态比起来,也不过只是小菜一碟罢了。她告诉我,在圣安娜这样的社群,人们总会密切观察朋友孩子的成长,并对村里的年轻人评头论足。他们根本不会花时间了解他们,坐下来就说,哪家的孩子又没人理了,哪个年轻人又吸毒了。阿兰娜的原话是:

> 嗯,现实会糟糕很多很多。我觉得人们在脸书上还是有起码的尊重,至少与我来往的人是这样,他们很少会公然说带有攻击性的话。但是,当你在现实中聊天时,他们会悄悄告诉你对别人的看法……年纪较大的长辈,可能就是嚼嚼舌根而已,但是年轻人一开始可能是聊天,聊着聊着就会打起来。最近村里来了个新人,我觉得他可能当时是出来跟一个女孩约会的,那个女孩挺年轻,她经常跟村里另一个男的聊天,就随便聊聊那种。然后那个男的刚好路过他们,女孩说了几句;她男朋友就朝那个男的去了,朝他挥刀子。那个男的就抓住刀,想从她男友手里抢过去,结果把自己的韧带全割断了。三天前他出院,右手伤了,现在什么事都做不了。手上缝了很多线,尝试恢复……嗯,太可怕了。

对于阿兰娜而言,脸书相对安全多了,远不如现实社群那样残酷和邪恶。

不过，这个道理也可能是反过来的。大家一起上网，只是互相帮忙完成作业。但现实中，村里人互相帮助的方式不仅如此。在圣安娜这样的地方，你可能会花一整天时间，帮一个举办公共集会的邻居准备餐食。最近村里就有一个一周年忌辰的守丧礼，很多邻居一起准备吃的，大家一起打牌到深夜。在这样的村里，不管彼此间有怎样的内部争吵，在对待外部威胁时，都有一种深厚、延续的团结基础。当有人生病或遇到危难时，你就会本能地感受到社群的意义，还有它赋予你的责任和约束。

阿兰娜也提到说，圣安娜人的线下关系基本都转移到脸书上了。她和兄弟姐妹们依然会到祖母家一起玩，大多数时间里，他们都在谈论《开心农场》这个游戏，然后很快各自回家，继续投入其中。即使大家线下见面确实变少了，不过考虑到《开心农场》这个游戏的目的就是彼此协作和友好竞争，我们大可不必深究大家是否因此变得更加个人主义而排斥公共活动。无论如何，脸书主要取代的不是线下见面时间，而是看电视的时间。阿兰娜现在就已经不怎么看电视了。曾经，看电视在村里是个社交性很强的活动，但现在和脸书一比就差多了，毕竟，社交性是脸书的核心特质，它经常将村里的关系直接复制到互联网上。

说到脸书的社群本质，阿兰娜提出了一个深刻的见解：线上社群只能通过与线下社群对比来进行评估。她认为，圣安娜是一个非

故事二 社群

常典型的亲密社群，这在如今的特立尼达并不常见。以她为例，阿兰娜以牺牲线下社交为代价，换来了上网的时间，"其实就是用上街或是去海滩的休息时间来上网"。接着她将自己的经历和一个朋友进行对比，这个朋友住在特立尼达更加典型的居民区，接近图纳普纳（Tunapuna）。"那更像是个小镇，大家本来就不怎么互相走访，但是她会通过脸书和别人联系。"

当你住在圣安娜这样的地方时，会感到非常强烈的社群感，而在脸书上，无论它的社交性多高，都能让你从这种强烈意识中暂时解脱出来，稍稍喘口气。圣安娜的人们不像以前那样经常聚会，而是都转移到了脸书上，因为关系如此紧密的线下社群难免让人感到紧张和侵略性，但脸书却是一种更加温和的社群，为人们营造出一种距离感。最近，我一个在伦敦住了一段时间的朋友回到特立尼达，完全无法忍受这里的生活，她觉得这里根本没有隐私可言，完全不可能逃脱整个社群的密切注视，而且她甚至都不用脸书。相较而言，许多伦敦人完全不能体会到，现实中的社群生活竟然可以如此险恶、封闭。

对比来看，阿兰娜住在图纳普纳附近的朋友其实并没有居住在真正的社群中。她会因为对周边邻居一无所知且极少互动而灰心丧气。所以她的脸书体验其实起到了相反的作用——帮助缺乏直接交流和联系的人们营造更高的社交强度。脸书并不是一道菜肴，而更像是一种调料,用于平衡风味,让你尝到最好的混合味道。另外,它还和其他调料一起烹饪,完成人们的"社交大餐"。比如,一对情侣关系更加紧密之后,便会用短信作为调味,来补充脸书的功能。相较脸书而言,短信更加一对一,也更加私人化。如果看一看他们的短信内容,有时会非常火辣。

阿兰娜用一个词来形容夜里零点到三点一起上脸书的经历:"组队撒石灰"(group lime)[1]。这个词很贴切,"撒石灰"算不上社群,但正是这样的聚会造就了特立尼达独特的社群模式。尽管现在大多数"撒石灰"不再具有自发性("撒石灰"的典型特征便是不知何时结束,也不知将会和谁在一起),但是它依然会让人激动,比起伦敦那些按计划安排、和固定人群一起参加的聚会,更加轻松、无常、有趣,还增多了几丝风味。阿兰娜的"组队撒石灰"虽然有固定时间,但也是有趣的、自发的、混合了多种元素的。

所以,对于阿兰娜来说,脸书到底是维系社区的工具呢,还是它本身就是一个社区,这个问题其实意义不大。其实,她想强调的是脸书用于平衡线下社群的功能。作为一个现实社群的居民,她的故事也证实了,脸书具有很多被大家所认可的特质,这让它

---

[1] "Lime"一词本意为撒石灰,在特立尼达,则代表了人们对社交模式的独特理解。它最初是指街角的生活及结伴玩耍,后逐渐泛指呼朋引伴、随兴的聚会。——译者注

故事二 社群

非同寻常。一两个世纪前，社群开始衰败，而在 21 世纪之初，在脸书上，我们看到了逆转这一颓势的潮流。可以预见，作为一个社群站点，脸书会像阿兰娜居住的现实社群一样，拥有所有的矛盾特征——亲密和隐私之间的矛盾、独自封闭和彼此扶持之间的矛盾、深厚友谊和激烈争吵的矛盾。在脸书上，你可能体验到更强的社交感，也可能更弱。阿兰娜是这方面的权威，她有权宣称，至少对她自己而言，社群究竟是什么样子的。她深刻洞见并说清了这些矛盾，并由此明确了一点——脸书最重要的功能就是弥补线下社群的不足，同时也将社群的矛盾延续下去。

故事三　丧钟为谁而停

在东印度群岛上，有一部分男性到了 60 岁左右的年纪时，虽然两鬓斑白，但大部分头发仍旧黑亮；虽然前额尽是纵横的纹络，但面部依旧光滑。不论他们在之前的岁月中长相如何，在这个特别的时间节点上，都会变得格外英俊。即使你与他们非亲非故，也还是会用杰出卓越、绅士风度、大师风采、长者风范这样的词汇来形容他们。他们眉开眼笑，带着亲切的贵族气质，而且不知为何，周身还会散发出一种浑然的智慧光韵。

实际上，就克拉马斯博士（Dr. Karamath）而言，他对自身的高贵气质也并非全然不知。在某些层面上，他清楚地知道自己的先人并非来自特别典型的特立尼达家庭。在这个国家中，居住在东印度群岛的人们的先辈大多是契约劳工。我们可以猜想，迫使他们穿越黑色水域的原因如非赤贫，也一定是手头拮据。现在，虽然许多

故事三 丧钟为谁而停

生活在特立尼达岛、信奉印度教的家庭都声称自己是印度最高种姓婆罗门的后代,不过,如果真的翻看原始记录,就会发现在当时那个动荡的时期,"阶级通货膨胀"可能时有发生。相比之下,更加确凿的证据显示,克拉马斯博士的一位先祖看起来是来自巴基斯坦拉合尔地区的移民,之后接受了一些训练成为公务员。可以肯定的是,他还掌握多门语言、通晓艺术和文学,在英国殖民时期担任的职位要高于那些契约劳工。

特立尼达有百分之六的人口信奉穆斯林,克拉马斯家族在其中显得与众不同。近些年来,穆斯林社区经历了急速变化。就某种程度而言,穆斯林社区自古以来只是特立尼达岛上比较安宁的一分子。他们似乎无法全然认同自己东印度群岛人的身份,但也未曾过多加入更大范围的印度教纷争。许多穆斯林信众要么和人民民族运动党(PNM)政府关系亲密,要么就是和之前的非裔血统居民打成一片,在某种程度上,这是为了划清自己同印度反对派之间的界限。穆斯林社区并非一个同质社区。除了开斋节,穆斯林人最盛大的文化活动就是举办侯赛因节。岛上的穆斯林人口中,占少数的什叶派(Shia)信众会远离多数信众居住的乡村,来到西班牙港上的圣詹姆斯区庆祝此节日。那里有一种独特的气氛:塔萨鼓声不断、击打速度极快。在鼓声中,队列行进、走街串巷,他们高举着一列高大壮观、有时摇摇欲坠的清真寺和陵墓模型,这些模型显然是信众们心怀大爱，用纸和金箔精心制作的。在特立尼达岛上所有的庆典中，几乎只有这个节日还未被商业主义和广告业染指。

之前，一股激进的非裔新穆斯林势力发动政变未遂。这股新势力的抬头也使得穆斯林居民对自己的身份感到更加困惑。新势力与旧势力发生碰撞，关系紧张，在此情况下，后者开始严格遵循教规习俗。如今，在特立尼达岛上看见戴面纱的女人并不稀奇，不过在 20 年前，这种举动可是闻所未闻。一方面，这可能反映了遵循宗教习俗的风潮愈演愈烈，另一方面，也极有可能是印度特立尼达穆斯林信众在面对非洲势力的介入时，表达自身宗教虔诚的一种手段。现在，在特立尼达也有了一个全天 24 小时播出的穆斯林电视台，不过它既不代表坚定的宗教信仰派，也非用于宣扬原教旨主义政策，而是代表着穆斯林的中立地位。

不过，这些事情同克拉马斯博士的家族渊源和文化毫不相干。在克拉马斯博士的亲戚中，有一些在特立尼达穆斯林社区中身居要位，另一些甚至是声名显赫的神学家。不过，他坚持认为，自己高贵的血统更源自祖祖辈辈对世俗教育的崇敬。克拉马斯博士是一位出色的人权律师，在此之前，他还在一所美国知名学府获得了文学博士学位。

为了践行家族教育理念，克拉马斯博士毕生致力于加勒比海地区的人权问题。他如果在其他领域有所钻研，可能会获得更多的声

故事三 丧钟为谁而停

誉。但他一门心思专攻加勒比海地区内的法律问题,尤其是像圭亚那这样的国家。长久以来,圭亚那的人权问题尤其棘手、令人忧虑。不过最近,圭亚那已经脱离困境,现在逐渐转变方向,重点应对环境问题、政治权利问题和美洲印第安人的地位问题,这使得克拉马斯博士和他的同行们甚感欣慰。

为了满足工作需要,克拉马斯博士成为一个完美的世界主义者。在众人眼中,他能说会道,常常手握一杯威士忌,痴迷知识、乐此不疲。他为人正直,热心周到,在当地的声望可谓实至名归。克拉马斯博士的这些品质吸引了一小波年轻的崇拜者,在聚会上,他也总不乏聊天谈话的对象。他与联合国等国际机构和美国政府保持着稳定联系,同时还担任着加勒比海地区代表和其他类似正式机构的代表。这也意味着,虽然他主要在加勒比地区活动,但年复一年,他与特立尼达岛本身的联系有时会因此减弱。

随着年龄的增长,克拉马斯博士看起来似乎更加气度不凡、容貌英俊,这反而让他更不愿意接受自己的衰老。如果他能够顺应生老病死的自然过程,这件事情本可以得到妥善的处理。但可惜的是,事情并非如此。18个月前,他被诊断出患有严重疾病,突然之间,只得依靠轮椅移动。而且,他身体的其他功能也受到了影响,其中之一就是语言能力。现在,虽然他的病情已经控制住了,但几乎可以肯定的是,已经造成的损伤永远无法恢复。这个热衷于社交、从不缺少陪伴者的人一生都在塑造自身的公众形象,在聚会上,他语气铿锵、妙语连珠,博得满堂喝彩。突然之间,他发现自己几乎只能待在家里,而且只能用一种笨重沉闷的声音说话。

克拉马斯博士下定决心,他既要接受现实,也要反抗命运。他非常清楚其他人面对同样情况时的反应,他们披荆斩棘、跨越种种难关,却在这场游戏进入尾声时突然跌落,而陷害他们的幕后黑手还在偷笑。克拉马斯博士目睹了这些人的沮丧和绝望,最糟糕的情况是,这些人开始责备他人,抱怨他人没有将自己从这无妄之灾中解救出来。他曾目睹,当一个人只纠结于自身的健康和厄运时,即使是原本好脾气的人也会性情大变,成为行尸走肉,不停折磨自己的亲戚和朋友。他记得尤为清楚,他有个亲戚曾是一位女族长,对待后辈十分慷慨。但在衰老染病之后,她完全沉迷于自己的病情中,似乎全然不考虑他人的幸福。她常常给远在纽约或乔治城的他打电话,声称自己感到心脏病快要发作了,如果他不立即回家,他将会永远诅咒自己,诅咒自己在她离世时缺席。尽管每次遇到这种情况他都安慰自己,令她不适的是胃酸引起的胃灼热,而不是心脏病,但这些电话仍让他感到非常难受。

克拉马斯博士了解所有这些后果,所以下定决心,绝不重蹈覆辙。没错,他基本上足不出户,但是,他绝不会让人看他的笑话、旁敲侧击地讥讽他或者取笑他丧失了语言能力这件事。而且,他仍

故事三　丧钟为谁而停

然心怀正能量，仍然渴望自己能够把世界变得更美好，而不是成为这个世界的麻烦。如果他可以掌控某种座驾来克服身体的残疾，那他肯定还会帮助周围的人，而且一定会身先士卒，但轮椅显然不是上乘之选。值此之际，突然有匹神奇的白马出现在他面前——这匹马就是脸书。他丝毫没有挑它的毛病，看准机会便纵身上马，准备再次融入这个他熟悉的世界。

就在克拉马斯博士最低落、最绝望时，脸书出现了，这一时机堪称完美。不过，他看到的并不是脸书的现在，而是脸书的未来。那时，他身边的人或多或少都把脸书视为大学生用来管理社交生活、可劲儿"聚会"的工具，他们还对脸书进入公共空间后带来的不良后果表示遗憾。特立尼达的大多数人都将脸书视作寻欢作乐和"恶意中伤"的工具。但克拉马斯博士看到了完全不同的东西：从长远来看，对于另一群人——老年人、体弱的人、不便出门的人、身体机能正在衰退的人——来讲，脸书将成为更为重要的工具。它有可能帮助这些群体缓解失落感，在无望之际重获新生。克拉马斯博士不仅要抓住这个机会获得个人的复兴，而且还要证明，脸书不但带来了美丽新世界，还能让我们原本的旧世界变得更好。

因此，克拉马斯博士逐渐完全复原了他生病前建立的各种社会网络，不过，这次是借助服务器和软件，在虚拟世界中建立起来的。他很快发现，即使对于他这样饱有国际交往经验、结识过各国朋友的人来说，脸书塑造的社交圈仍旧更大更广。在这里，他可以与更多国家的更多人接触，交流效果也比以前好得多。以前，朋友在哪儿很重要。如果一个人在华盛顿，而另一个在多伦多，要想交谈的话，就得经历疲惫的夜间飞行，忍受在机场等待时产生的冰冷疏离感。如今，那样的日子一去不返了。

他能够利用脸书带来的便利并非偶然。对于之前的每一种互联网通信工具，克拉马斯博士掌握起来都很迅速。他以前习惯发电子邮件，时刻准备使用即时通讯工具，也会充分利用电话和短信的促销折扣。由于自己说话流利，他一向对打电话和长时间语音对话情有独钟。起初话费昂贵，因此他只接自己为之工作的几个组织打来的电话，后来，国际电话变得相对便宜，他接的电话也更多一些。面对互联网提供的任何新通信设备，无论是文本的还是语音的，他都会成为早期使用者，因为他既具备足够的学习能力，也有相应的需求。

克拉马斯博士也有过矛盾的心理。令他印象特别深刻的是，长电子邮件刚流行时，他对这一传播媒介也欣赏过一段时间。因为他觉得，电子邮件似乎预示着情书这种早期传播体裁的复兴。不过，在他通过一封长邮件向一个女人示爱，那个女人却背叛他之后，克拉马斯博士对这种传播媒介的深情也便戛然而止。后来，电子邮件变得更短，更贴近工作，这实际上帮了大忙。不久他就适应了简短

故事三 丧钟为谁而停

的邮件体裁，因为克拉马斯博士和其他很多人都发现，发送电子邮件能够提高工作效率、将个人交流融于日常工作。和他的许多同事一样，克拉马斯博士曾经的工作需要长时间在国外停留，而通过运用各种新的互联网传播媒介，他得以弥补自己的缺席，与家人和朋友保持持续的联系。

不过，在他看来，没有一种传播媒介能够像脸书那样，保持自身时刻在场、交流又如此即时有效。他看到，在脸书上，来自世界各地的、代表各种利益的人组成各种小组。只要拥有相同的关切，无论他们关心的是国际特赦组织、绿色和平组织的工作还是加勒比海民主共和国的事务，无论他们是侨居在外，居住在出生地，还是生活在斯堪的纳维亚的某个地方（斯堪的纳维亚似乎是一个积极活动家的高产之地，克拉马斯博士一生都为之惊叹），脸书都能将他们聚在一起。无论身在何处，他们都可以就如何推动世界进步这一问题交流观点、展开辩论。这种风潮确有先例，但通过脸书，这些活动似乎变得更加自然、自愿。

脸书带来的好处在于，他坐轮椅、口齿不清的状况完全不会影响到他对特立尼达的铝冶炼厂发表见解、参与讨论美国前副总统戈尔关于气候变化的观点抑或是探讨古巴的政治变革。在脸书上，除了他自己，没有人了解他的健康情况或身体状况。在脸书的世界中，克拉马斯博士和其他用户一样行动自如、口齿清晰。他可以在任意一个小组中捕捉到某个新发现，然后立即意识到，他应当将这些重要数据传递到另外一个小组，引起他们的注意。他可以再次成为那个施惠于众人的角色，并且仍感觉自己在身体力行地提出、钻研重要问题，并推进解决问题的进程。

对于克拉马斯博士来讲，最难以接受的变化之一是，这些日子里，很少会有人登门拜访。他曾经是一个那么热衷于社交的人，临了身边却只剩下厨师和清洁工的陪伴。如果没有脸书，他几乎无法想象他会做些什么。克拉马斯博士如此沉迷于社交网络，一方面让他获得了众多脸书网友的祝福，另一方面，也带来了一些此前没有料到的后果。他发帖数目庞大，每一封都充斥着他的政治信念和激情，而且他还使用有趣的文化典故包装自己的帖子。这意味着，脸书上将会有更多陌生网友，由于在某一特定话题上和克拉马斯博士兴趣相投，和他碰巧成了好友。克拉马斯博士很快就会为他们分享更多、更有深度的材料，这些材料为他们提供了诸多关于问题本质和隐秘人性的洞见。

在现实生活中，要想获得和脸书上相同的知识交流深度，可能得参加相当多的鸡尾酒派对。脸书提供了更直接的联系，让克拉马斯博士可以呈现自己最有魅力之处，而不需要那些不是所有人都喜欢的打趣与玩乐。在脸书上，他由于为人特别有趣而脱颖而出。一般的信息和观点都可在即时新闻上找到，克拉马斯博士则与他们截

故事三 丧钟为谁而停

然不同。成为他的好友之后，人们可能会开始评论他的帖子、时而对他的回复感到疑惑，这就可能会促成他们和克拉马斯博士之间更深入的交流。克拉马斯博士也不知道事情到底是如何演化至此的。但是，现在他似乎已经发展了一个核心小组，组员是三四个亚洲女性，目前居住在伦敦。她们都被克拉马斯博士的魅力所吸引，又通过克拉马斯博士相互认识、彼此欣赏。这些女性都对政治和艺术之间的关系深感兴趣，而且她们都有一种不知从哪里来的直觉：随着年龄增长，她们自己必须融入政治和艺术中去。这成为她们进行更加深入和持续对话的主题，有时候是一对一的交流，有时候则是通过发帖来进行集体讨论。

在这个过程中，克拉马斯博士还开辟了一块特殊的艺术鉴赏地。他是20世纪60年代生人。那时的环境孕育出政治激进主义下的现代美学，他也深受60年代的海报文化和宣传鼓动风潮的影响，以此作为自己家里主要的装修风格。他收藏了一些画，有些是他自己画的。他特别喜爱民族艺术和有意蕴的艺术品。克拉马斯博士这个年龄段的人拥有一种特殊品位，哪怕是一些严酷的社会问题，也喜欢通过海报和印刷品来呈现，并通过这些艺术作品来获得人们对这一事业的关注。很明显，即使素未谋面，但通过摄像头，克拉马斯博士和这些朋友们对彼此家中的艺术品、印刷品和各种物件都有了很好的了解。通过脸书和它的一些衍生产品，诸如Skype

和 Webcam，以前在鸡尾酒会上形成的轮流做东的圈子似乎已经得以复制。因此，就连家居装饰都足以创造出一种氛围，让人能够有效沟通、发展友谊。

在这个鉴赏艺术品的小组里，大家品味着苏联建构主义中鲜明的黑色、白色和红色搭配，欣赏着现代主义中的流行文化主题，比如，他们品鉴过出自利物浦艺术家辛格兄弟之手的印度微缩模型讽刺拼贴，或者特立尼达的艺术家克里斯·奥菲利在伦敦的泰特美术馆的回顾展。他们的艺术品位也反映在自己制作的编织品、陶瓷或画作当中。克拉马斯博士在圈子里如鱼得水，他博学多才、两鬓灰白的形象与这个艺术世界相得益彰。他用艺术品位为自己加码，不然的话，这个小组可能会变得跟其他的伦敦老乡群或女性气质极强的南亚姐妹群并无二致。

得益于脸书提供的跨国交流功能，克拉马斯博士进入了一个圈子，在这个圈子里，人人都充满活力、成熟且人生经历丰富、视彼此为密友。但他们之前并非朋友，只是因为在某脸书小组上交流过政治观点或最感兴趣的事情，而连结在了一起。他们已经培养出一种特殊的在线友谊，无需标签，也无需考虑脸书上的朋友是否是真朋友。相反，他们通过脸书这一媒介继续发展这段友谊，而且也并不局限于脸书。他们也常常提及某些博客，但无疑，脸书是他们社交的核心。

故事三　丧钟为谁而停

这个小组的成员大多生于20世纪60年代。他们从不将政治视为孤立的领域，灵感来源不仅包括阅读文本，同样也涵盖鲍勃·迪伦和鲍勃·马利的音乐。因此，他们现在的聊天内容在最喜欢的音乐、激进艺术和文化、戏剧和表演之间自由切换，这似乎是自然而然的事。克拉马斯博士可能会发给她们一些特立尼达当地的帕朗民乐或吉普赛音乐，并附言评论道他已经在电视上查看过伦敦的天气，她们会被冻惨，如果她们愿意随着这些音乐跳跳舞，可能会感觉暖和一点儿。可怜的是，克拉马斯博士自己无法跟着音乐起舞，不过好在当时特立尼达温暖得多。

反过来讲，诸如此类的交流可能会发展为情感上的交流。随着更加频繁的个人交流，现在，当他们得知对方失去了某个朋友或亲人，肯定不免同情。近来，他们似乎对新技术本身产生了越来越多的共同兴趣。他们最近的许多讨论都是关于新媒体的。而且，尽管起初看来不太可能，但是他们最后居然掌握了些"极客"知识。他们对最新的谷歌手机、零成本的跨国通信设备产生了浓厚兴趣。如果光看他们的对话以及他们面对这些新玩意时的兴奋劲儿，你会以为他们是二十多岁的技术人员。但这就是脸书，是那个推出开心农场游戏、支持送傻乎乎的虚拟礼物等功能的脸书。不过，这些功能并没有对这个老年社群的在线生活产生任何影响。他们找到了另一个使用切口。不过，他们对讨论媒介和信息毫不排斥。脸书本身的控制是否太强了？是否该有另一个开源平台以供用户切换呢？

浸入脸书世界后，对克拉马斯博士而言，除了这些跨国联系，还有一个意想不到的结果，那就是他比以往更深入地介入特立尼达的当地政治。以前，他主要是面向更广泛的加勒比地区，但这几乎是以无视他自己特立尼达人的身份为代价，他认为，在某种程度上，仅着眼于特立尼达似乎过于狭隘。而且鉴于他基本上足不出户，几乎不能直接参与特立尼达的政治事务。不过，他的脸书好友中有将近一半都是特立尼达人。他们除了都关注人权问题，还想为特立尼达具体政策的制定出力，这种投入深深影响着克拉马斯博士。他比以往任何时候都更关注特立尼达的事务、更多地参与特立尼达的政治活动，比如反冶炼运动和反对最近征收新房产税的"砍税"运动。克拉马斯博士还对特立尼达岛上暴力犯罪案件增加及其可怕后果表示绝望。事实上，他的大部分讨论都是关于未来脸书如何能够更有效地动员大家，让人们走上街头，参与更具威慑力的抗议运动。克拉马斯博士和他的同代人一样，都在哀叹政治运动中街头抗议的衰落。

脸书不仅仅是一种沟通平台，也是整合各种杂志、在线信息资源和新闻的渠道。毫不奇怪，克拉马斯博士就像个新闻痴："好吧，你知道，作为一个殖民地出生的人，我总是想更多地了解别人。孩童时代我们就抢着收听广播，早上7点我们边吃早餐边收听BBC

故事三　丧钟为谁而停

新闻，下午 6 点我们又听新闻。所以，英国广播公司和英国新闻一直就是我们生活的一部分。我保持这个习惯已经 55 年之久了。"

至少对于克拉马斯博士而言，脸书满足了他的愿望，让他既能参与到特立尼达小岛的政治活动中，又能博览世界新闻，成为一个积极的世界公民。

总的来说，克拉马斯博士在脸书上实现了工作、友谊和家庭之间的无缝连接，他为此感到高兴。这些原本毫不交叉的社交关系网络被脸书强行并置起来，虽然着实让其他用户深感不安，但在克拉马斯博士看来，它也会产生积极结果。他有一个孩子住在美国、一个姐妹住在伦敦，他还时刻期待自己的孙子孙女能够来看望他。现在，对他而言，一天之内他可以多次看到家人更新个人动态。他能看到一个亲戚不断晒自己宠物的照片，也能看见年轻一辈在大学里享受着应有的快乐时光。对家人动态的持续关注就夹杂在他维持政治社交圈子、和朋友交往等活动之中，他不必切换窗口、顾此失彼。他关心和关注的事情很自然地融合在一起。因此，他不想、也没有理由将自己的生活割裂开来。如果他在研究牙买加暴力政治中的人权问题时，突然被自己孩子在网上发布的一些照片打断，他也并不介意。而且，他更希望他的亲戚也能阅读他发布的内容，并受到他的政治影响。

另一方面，克拉马斯博士也花了些功夫研究如何应对脸书引发的一些问题。他不介意将家庭和工作融合起来，但他也不想在个人隐私方面做出妥协。比如，在加入社交网络之初，他尝试上传了一张照片，但最终却一不小心上传了整个相册。他迅速采取行动，拼命寻找懂技术的人来帮他移除相册。还有，一位年轻的英国女士曾对他提出一些大胆的问题，还有露骨的暗示和照片，连带着一堆虚拟礼物。尽管他看起来比实际年龄年轻，且博学儒雅，他还是感到大为吃惊。他礼貌地要求对方停止这种行为。更令他震惊的是，一个17岁的少女也试图接近他：

> 所以，我给她写信说"你知道吗，我都可以当你爷爷了，而且我的照片也并不性感，我们还是不要继续往来了"。她回信说"好的，好的，但我没有歧视你年龄大，也许我很粗鲁，抱歉，但我只是想了解世界上形形色色的人罢了，这和年龄没关系，所以，你介意年龄吗？"对了，还有人试图掰弯我……

相比而言，克拉马斯博士拒绝的好友请求比他接受的更多。但是对于脸书上偶尔出现的奇怪的好友请求，他更多的是一笑而过，而非感到被冒犯。毕竟，在他衰老患病后，脸书带给他的不只是补偿，而是数不清的好处，让他能够回归生活，扮演起从前的角色，这是他获得自尊和尊严的源泉。与大多数同龄人相比，克拉马斯博

故事三 丧钟为谁而停

士在晚年为自己赢得了更多的时间，但他没有浪费这些时间，也没有自怨自艾，而是为自己创造了一个社交切口。每天网上都有大量的信息，数量之大远超过任何人的处理水平。因此，脸书在他面前就是一个可以被称为"私人人权类新闻整合器"的工具。世界需要更多他这样的人，用时间、耐心、自信和知识去阅读、选择和编辑，并将整合过的材料转发到一个又一个感兴趣的社群中。在克拉马斯博士似乎注定失去一切、倍感孤独之时，脸书将他带回社交生活。他还将脸书从一个复制生活琐事和八卦的工具转变成一种高效工具来传播信息、创建网络，甚至将理念转变为行动。

故事四　真相之书

　　　　祝所有的朋友生活和美，爱情美满，健康快乐……都去你的吧！祝你们酒色生香，"高潮"迭起，中那该死的彩票！2010 新年好！！！

我承认，维莎拉（Vishala）在新年伊始发的这条状态让我大吃一惊。我的第一反应是，这条状态完全可以用我最爱的特立尼达口头禅来形容，那就是"豁出去"（Go Brave）。这个口头禅是最近在特立尼达新出版的一张卡利普索乐（calypso）专辑的名字，专辑封面是奥巴马和他夫人米歇尔的照片。在 2009 年，任何一个特立尼达人都能理解，这张照片完美诠释了为什么黑人或者亚洲人应该"豁出去"。说回维莎拉，她的这条状态同时也让我感到沮丧，因为它以这样一种方式融入我的研究话题之中，并传达了某种深层意义。当然,其中部分原因在于,我从没有想过,在这么多人里面,居然是维莎拉成为"脸书与真相"这一话题的主角。不过,当我再回头看,她的这条状态确实正中靶心,只是当时的我并没能看穿这条状态的深层含义罢了。

对于当时的迟钝,我的借口是,像维莎拉这样的人,完全不可能是一个思考纯粹抽象概念的哲学家。她就是一个典型的加勒比女人——现实、粗犷、独立、大嗓门。这似乎并不是什么刻板印象,因为真的有很多女人符合这种形象。如果查阅学术文献[1],就会发现她们很可能和非洲后裔加勒比女人沾些关系,属于一个特殊的文化分支,和东印度后裔安静、顺从的女性形象大相径庭。不过,这些文献也提出了另一种解释:这些女性之所以表现出这样的特质,是因为贫穷的生活经历,她们只有这样,才能在困苦的条件中生存下来。我个人更倾向于后者,因为在特立尼达做田野调查期间,我认识了不少务实、直爽、嗓门大、脾气急的女人,她们来自南亚和非洲的几率其实差不多,唯一的共同点就是贫穷。

维莎拉就是佐证这一论断的最好例子。她可能有些印度血统,不过却拥有强壮的黑人女性所拥有的一切特征。她的生平就是一段贫穷斗争史。她的父母有一方是来自圭亚那的移民,曾在特立尼达

---

[1] 例如,可以参见 Senior Olive (1991), *Working Miracles*. London: James Currey。

度过了一段非常贫穷的艰辛岁月。父亲对母女俩十分暴戾，后来因为吸毒进了监狱，再后来她母亲改嫁了一个酒鬼。维莎拉从11岁就开始在一家超市打工，16岁时遇到了一个男人，18岁便嫁给了他，还生了一个孩子，这部分是因为维莎拉希望通过结婚搬出去，这在当时肯定是件好事。不过，他们的婚姻并不顺利，很快就离婚了。那时维莎拉才20岁出头，觉得自己有的是时间过自己的生活，她现在也一直秉承着这样的生活信条。

在脸书上第一次碰见维莎拉时，我看见的是她伪装后的模样，这样做的原因很快就可以从她的叙述中弄明白。她的脸书个人主页上看起来充满了同一个主题。她发了一系列的小测验，例如"测测你的床上功夫如何""你是什么样的情人"，还有"你喜欢什么体位"或"我看起来像单身吗"。随着研究的进行，我才逐渐明白这种印象的原因所在。这些测验的答案基本都是"赤裸情人"之类，还会配上一些撩人的图片。很明显，维莎拉就是通过诸如此类的内容，来"豁出去"的。你一看维莎拉的主页，就知道她如果选择跟你一起出去，会发生什么。更重要的是，她才是手握选择权的那个人。

维莎拉有504个活跃的脸书好友，这些人会经常送她特立尼达人钟爱的记忆枕、印度神、宠物狗、樱桃小蛋糕、伏特加或是明信片之类的脸书礼物。她每天会发一条关于占星的帖子，也很乐于尝试脸书上其他很火的小测验。如果你访问她的主页，就会看到"她

故事四 真相之书

是哪一种披萨配料"之类的帖子,从中便可窥见她的个人特质。她的资料很多都和自己的音乐品位有关,充满了浓厚的电子音乐和重金属风格,例如"响彻地狱"(Louder than Hell)或"西力斯昂格尔"(Cirith Ungol)之类的字眼,同时也发表了很多时尚内容和抨击政府的古怪言论。她总共有 80 个群组。我试着忽略她加入了"曼联"群这件事(我是阿森纳的球迷),不过,曼联在特立尼达的粉丝众多,因为特立尼达球星德怀特·约克曾长期在那里效力。在维莎拉的主页上,还有各种各样出名的夜店、服装店、化妆品店、打折店、运动员和影星的链接,也有特立尼达最典型和传统的美食——肯德基。特立尼达本是个小岛,但就是由于这两家肯德基的存在,岛民认为自己生活在货真价实的城镇里。除此之外,维莎拉还在主页上加入了一些宗教链接,比如"摩诃迦梨的信徒"(Devotees of Maha Kali Bhavani Maa)。

维莎拉大概每三天就会更新一次状态,每条状态平均会有三个评论和一些点赞。她的状态会带有鲜明的正面情绪或负面情绪,比如她发过一条状态:"又要形单影只过圣诞了,还有多久才能打破单身魔咒……新的一年会有好运降临吗?????"也会有一些更尖锐的:"我必须说,今天我感觉自己真的没有答案,我内心深处有个声音在哭喊,但是我没有答案……上帝啊请指引我……我人生第一次怀疑我能否当一个合格的母亲。"还会有一些对生活的思考,比如"快乐不是终点,而是日复一日的旅程……所以跟上脚步吧"。还有一些相对私人的小话题,例如"等不及了,这个周末就和我的儿子约瑟夫一起装饰圣诞树",或是"宿醉真是糟糕,我觉得我喝了整整一瓶龙舌兰,但是我真的享受醉酒的感觉,真是太爽了"。

这些状态并不是她无意识时发的,她知道自己发了什么,也清楚她为什么要发这些。她自己解释说:

> 额,那个时候,比如昨天早上,我起床之后就感觉……也不知道为什么,就觉得不舒服,我就在脸书上表达了出来,说因为某个原因,我也不知道自己今天为什么不舒服。不过,我为什么发这些内容呢?我本可以打电话给很多人,告诉他们我不舒服,但是我没有。我发了脸书,然后就有人评论。你不开心,就想要别人的回应,让他们给你一些……支持之类的。我的朋友们,虽然住得很远,但他们一般都会说点什么,为我加油打气。

我的博士生拉兹万·尼科列斯库(Razvan Nicolescu)写过一篇硕士论文,研究为什么现在的青少年,手上明明有堆积如山的事需要做,却仍会抱怨无聊。他的结论跟维莎拉说的差不多——他们这样做是想从朋友那里获得陪伴和关注。

如果你关注了维莎拉的脸书主页,不用看她在情感状态一栏选

故事四　真相之书

了哪一项，也能对她的感情关系了如指掌。当你看到"多巴哥真是太好了，五个月后终于破戒了，感谢上帝……真是太好了，我以为你再也不会赐给我任何爱情了，拉菲克和丹尼斯别评论……哈哈哈"，你就能轻易猜出个大概。过了几天，她又发了一条"真是太搞笑了，怎么可能遇到一个人才24小时，我就屈服了，然后又回过头来想之前说好的戒律呢……哈哈哈……太奇怪了"。你根本不用猜测她所指的这个男人是谁，因为几天之后，她发了一条"下周就要还钱了……但我已经准备好面对了……因为这个周末我实在是太开心了，感谢我的室友"。在这条状态下，那个之前提到的男人便在评论中抱怨他不是那个室友，也就是说，她周末这么开心，跟他一点关系也没有。很快，维莎拉就回复他表示感谢。这都是稀松平常的事，因为特立尼达男人就喜欢在公共场合给自己争面子。他一评论、她再一回复，别人立马就知道，维莎拉的假期是跟谁过的了。

　　特立尼达人用脸书有一个特点，就是很喜欢发照片，也很喜欢评论照片。当他们使用脸书时，最先看的并不是那些文字状态，而是朋友们发布的照片。如果你翻看相册，就会发现人们更喜欢直接评论照片而不是状态。这样一来，照片就成了朋友之间主要的交流方式。维莎拉经常发一些容易吸引男人来评论的图片，引来的评论例如"天啊，你真是太性感了，让人把持不住啊"或"噢真是性感女神！""哇噢噢噢噢噢噢噢我的天啊，你太性感了哈哈哈哈"。但是她也会发一些她孩子的照片，评论则大多是"好萌啊！"或"拍得真好……小宝贝长大了！"。她大概有40张头像照片，相册里太多数都是跟狂欢派对有关的照片，也有去多巴哥度假的照片——那里是特立尼达人的度假胜地，还有一些她孩子的照片，比如他的毕业典礼。

对维莎拉而言，看别人的照片是她获得信息最有效的方式。这不仅仅会告诉她，好友们最近都在干什么，也能成为她的"研究"工具。她会根据这些照片，"研究"人们最近去参加派对都穿什么，这样一来，当她要去派对时，就知道要选什么样的衣服了。除此之外，照片也能告诉你现在人们都喜欢在什么布景中拍照，比如旁边摆着什么车、什么人或是什么地方。维莎拉毫不隐瞒，她最喜欢去多巴哥自拍，因为在那里她看上去很美，照片也很有感觉。这样的照片就是她想要表达的自我，虽然跟现实中受生活所迫的自我大相径庭。她觉得在多巴哥照片中的自己才是更真实的自我，如果条件允许，也是她想要成为的那个自我。

和其他很多特立尼达人一样，维莎拉在照相时都会摆造型。当你跟她相处了一段时间后，就会了解她拍照时喜欢怎么笑。她的照片里有很多不同的衣服和背景，但她并不仅仅是一个模特。特立尼达人的脸书还有一个特点，就是他们会时不时发一张自己傻傻的照

故事四　真相之书

片。维莎拉也一样，会不时发一些别人抓拍的照片，衣服很普通，也没什么造型，就是很随意地拍了一张。她很愿意向大家展现一个更轻松的、不摆造型的平实自我。并且，她会在脸书上标记每一张照片。

近几年，特立尼达人的脸书上流行起一种新式的新闻摄影，这些照片往往和特立尼达当地的狂欢文化相关。这样一来，脸书照片的意义也就变得模糊起来。这也可以解释为什么现在维莎拉的头像不是她的自拍，而是从 triniscene.com 和 trinijunglejuice.com 这两个最火的网站上扒下来的图片。这两个网站专门发布人们在派对现场寻欢作乐的照片，并且大都很相似。一般都是一群朋友手挽着手、摆出弧度恰当的微笑、喝着最流行的酒。这些照片的目的就是展示他们很开心、穿了什么衣服，或者只是让别人知道，他们参加了一场精彩的派对。现在，很多人去参加派对的首要动机，就是想让自己的照片也出现在这两个网站上面。维莎拉就非常得意，自己参加了一些很盛大的派对，照片还被发布在这两个网站上。其中一个派对的费用超出了她的支付能力，不过幸好，几个远房亲戚帮她付了钱，因为他们希望自己参加派对时，能有真正够格的"派对女孩"相伴。

在英国，人们对于贫穷很容易产生偏见。我在伦敦做的大部分田野调查都是在棚户区（run-down housing estates）做的，研究对象都是些没什么能力改变自己、也不想改变自己的人,这一点现在似乎也没什么改观。所以,偶然路过这里的中产阶级会觉得,他们的贫穷都是自找的。事实上,这更应该归咎于英国的教育系统,和社会难以逾越的阶级壁垒。不过,特立尼达人却给我完全相反的印象。当我在这边的自建房区(squatting areas)研究时,会遇到很多极度贫困的人,不过,其中很多人都可谓我见过的这个世界上最聪明、最有上进心的人,他们雄辩善言、知识渊博、天赋异禀。这告诉我们的道理就是,任何人都能拥有这些天资,但如果没有原始资本去磨炼他们的创业能力,没有政府的支持或最基本的运气,那你也只能一辈子活在社会食物链的最底层。

但是,我猜,维莎拉是一个能够摆脱贫穷命运的幸运儿。而且已经出现了一些乐观的迹象。她在一家音乐设备租赁公司工作,有时候上夜班,有时候甚至要上整整一周甚至更久。这份工作最好的地方就是可以通过电话完成,并且基本都是跟一些老客户打交道。有一次她把所有设备都租出去了,就没有别的工作了。和很多特立尼达人一样,除了本职工作,她也做一些兼职,比如在安保部门帮忙。大多数时候,她都能在周初把老板所有的设备租出去,之前的雇员都做不到,这一点令老板印象深刻,并考虑扩大公司规模,给她升职加薪。看起来,一旦维莎拉爬上晋级之梯,就没有什么可以阻止她走向成功。对她来说,这不是可能性的问题,只是时间问题

故事四 真相之书

而已。

维莎拉从来没有觉得学习技术是件苦差事，只要她发现某个东西可以为她所用，第一眼见到就会主动接近。脸书就是个很明显的例子：

> 它让你和别人保持联系，又比其他方法更便宜。你不需要打电话给别人，如果他在脸书上，就说明他有时间。如果你打电话，你不知道对方是不是在赶时间、是不是在开会，或者有别的事……但是如果你看到有人脸书在线，就说明他在上网，有时间跟你聊聊。

当然，她也明白技术可能会令她失控。比如，她不喜欢使用摄像头。她觉得男人用摄像头的唯一原因就是性，但问题在于，她的注意力会更多地分散在性以外的事情上。维莎拉完全不羞于自己对性的兴趣，很喜欢谈论在网上看色情片的事。但这就是问题所在，她觉得如果用摄像头跟一个男人聊天，看到他的举动，她就可能会由于各种旁枝末节的理由对他产生兴趣，完全失去控制能力。如果她想看对方的长相，去看他的脸书头像就可以了。有摄像头的话，她就会不断地回想起他穿着拳击短裤打扫房间的画面，不断地想他实在是太性感了。用她的话说，"女人就是这样，一旦确认自己想要得到什么,就会用尽办法拥有它"。所以,最好的方法就是不要用摄像头刺激自己的欲望。

"豁出去了"这四个字完全揭示了维莎拉对脸书的态度,她根本无畏于脸书的强大功用。脸书现在有一个功能,可以让人和不同的在线用户同时聊天,打开一个如同便利贴一样的窗口,就能发送即时信息。像我这样相对保守的人,一次只能跟一个人聊天,不过,很多特立尼达人都可以同时和好几个人聊,弹出一个窗口,他们就回复一个。维莎拉也游刃有余,只要有人跟她聊,她自己也想聊,那么,同时打开二十多个窗口也根本不是什么问题。

嗯,因为当你回到某人的聊天窗口,你能知道刚刚在聊什么。然后当另一个窗口弹出来,你也能看到他在问什么,然后你就可以回复……我昨天晚上就这样。我和我朋友丹尼斯聊派对,跟罗德尼聊他的宝宝,跟拉迪卡聊她吃了什么。还有桑尼,这家伙总想方设法到我家来,和我一起过夜。我就这样跟每个人聊……还有人想吸引我的注意,是为了跟我租一些音乐录制设备……嗯,这总比无所事事好吧……我的意思是,你在家里,也没别的事可以做。如果我没别的事做,我就会在脸书上跟人聊天。我觉得这起码比跟你看不到也不了解的陌生人聊天好吧,你懂的。

对于维莎拉而言,同时跟二十多个人聊天,就好比身在派对的

故事四 真相之书

人群中央。她觉得很有趣,就像在开派对一样。但是关键区别在于,派对上有很多人搅在一起,不知道该跟彼此聊些什么才合适,但在脸书上就完全不同了:

> 也许那时候他们身边有一堆人,他们就不敢坦白直言,脸书其实就是把你从那个空间抽出来,让你和别人进行单独对话,就算背后有无数人也无所谓。你可以在网上进行无声的对话,意思是说,如果你想跟我说点什么,但是因为我身边有一堆人,所以你不能直接说,你也不想把想说的话写在一张纸上交给我,因为别人也能看见……不过,如果你在电脑上,我也在电脑上,虽然周围也有其他人,但情况就完全不同了……

使用脸书的即时信息工具,就没人知道你们说什么了。

所以,维莎拉认为,比起在现实生活中,人们更愿意在脸书上聊天,聊私人话题、更具反思性的话题、更深层次的话题。接着,她继续说道,脸书不仅仅让人们更乐意透露真相,它本身也是一个更真实的平台,供人们彼此相遇。她对比了人们在脸书上认识的维莎拉和现实生活中的维莎拉:

> 如果他们不认识我,只是在路上看到,他们很可能和别人一

样对我做出负面评价。不过,当他们在脸书上加我好友,看我的主页,他们会发现,我已经有个儿子了。所有人都能看见我和我儿子,虽然我一直在上班,人们却还是可以看到我和儿子在一起做过的事情。

刚刚遇到的人肯定对她知之甚少,不过,如果他们仔细翻阅她的脸书资料,就会认识真正的她。

你知道,如果你写点东西,他们就知道你在想什么,知道你为什么那么忙……就像如果你发一个,今天我决定去购物,或是今天事情太多了,我得去买点杂货。我也许会和很多人匆匆偶遇,他们不知道我在忙,不过,如果他们去看我的脸书就会知道,噢,她有好多事要做。这就是为什么我觉得发状态这个事很重要,每个人的状态都跟他们本人有关,都是他们脑海中的想法。

正因如此,维莎拉甚至鼓励他前男友的现女友在脸书上加她好友,她觉得,这样总比在街头相遇时心中徒增恶意要好。

她可能觉得如果看到我,就会觉得不安全,女人嘛。但是在脸书上我们互加好友,她就会看到——哦,他是个好男孩,但是我跟他不合适，我祝你们一切都好。于是我们就开始聊天，现在每次我们在脸书上都会互相问候，她问我你怎么样，我就回答说我很好，你怎么样。我会跟她分享我最近的经历，她也告诉我他们订婚了。我就告诉她，这是件好事，我为你们感到高兴。但是你不要急着要孩子。我这么说是因为我有个孩子了，然后她就说，我会好好考虑的。就这样我们在脸书上已经是朋友了。但是如果我们当初是在路上碰到的话，根本就不会说话。

仔细地思考了一下，她继续解释道：

就是这样。脸书就是让别人认识真实的你。如果你不想让别人知道你在参加一个派对，那你为什么要去那个派对呢？这就意味着你尝试塑造一个虚伪的自己。你不想让别人知道你在那个派对，你为什么不想让别人知道呢？所以，你就不要去那些不该去的地方。因为人们都是互相认识的，就像如果你跟一个女的在外面约会，然后她玩脸书，有一天她告诉一个朋友说，你知道吗，我和丹尼尔·米勒在一起，她的朋友可能会说，丹尼尔·米勒吗？我知道啊，他结婚了。然后就有好戏看了。

随着我们谈话渐深，维莎拉总结的脸书真相哲学也越发复杂、

深入。第一，脸书可以揭示那些有意披露的真相，这意味着人们觉得在脸书上与人深入分享个人信息比在现实生活中更有安全感。第二，脸书作为一个技术平台，可以揭示那些非自愿披露的真相，它会持续暴露人们想要隐藏的事实。尤其是，脸书可以揭示一个男人是如何跟多个相互不认识的女人纠缠不清，这件事可能大多数男人多多少少都想做，并且有相当一部分已经做了。考虑到人们已经完全习惯跟别人合照，并且标记这些照片，在维莎拉看来，现在想隐藏跟一个人出去的事实已经是不可能的了。

第三是关于被建构的脸书真相。这就是说，人们耗费相当多的时间在脸书上，用大量的帖子、照片和其他资源建构自己。对于大多数特立尼达人来说，一个人最真实的自我生成于这种自我建构的努力之中。比起自然降生的自我，这种谨慎建构的自我更加接近真实。腿长不长、眼睛黑不黑，这些都可能是关于某人"自我"的虚假指引，因为那不是人们自愿选择的形象。同样的道理，维莎拉认为她并没有选择出生在一个贫穷的家庭，也是被迫失去了受教育的机会，被迫从事一些工作，这些都不能说明她是个什么样的人，而是命运强加于她的。对维莎拉而言，真实自我是由她精心构造而成的理想自我，如果条件允许，那个理想自我就会出现在这世界上。那个真实的维莎拉不是正在跟你交谈的这个维莎拉，而是那个选择在多巴哥拍照的她，是那个让脸书多姿多彩的她。按照这个逻辑，

故事四 真相之书

脸书，与其说是一张面具，不如说是一个可以使人们塑造更加真实自我的平台，这在没有脸书之前是不可能的。脸书提供了一系列的技术让人们可以凭借很少资源便能塑造自我，这比之前自我生产的方式要省不少钱。再往前推一步，也就是第四，对维莎拉而言，脸书还是一个她用来发现真我的工具，这就是为什么当她看到那些老套违心的祝福语，比如祝大家新年"和美幸福"时，会出离愤怒并"豁出去"。毕竟，在她的理解中，脸书应该是一个比线下世界真实度更高的平台。

由维莎拉总结的脸书真相哲学的第五层，可以用特立尼达人独特的宇宙观来完美解释。虽然特立尼达有很多正统宗教，但是大多数当地人似乎都将整个一年的精力花在了一件事上，这件事超过一切，成为他们公共生活的重心，那就是狂欢节。狂欢节的主题之一就是揭露真相。在夜里，狂欢节从一个名为"Jouvert"的节日开始，这个词的法语词源是 *jour d'ouvert*，意指一天的开端。人们打扮成夜行生物，例如魔鬼，或是浑身涂满泥巴，一些人还拿着丑闻和控告的状纸，他们渐渐走到小镇中心，等待黎明的光芒，将真相大白于天下。

我在另外的文章里，对比过特立尼达人真相观和表象观之间的区别。在欧洲哲学传统中，一个人的真我隐藏在他们的内心深处，哲学家则是那些极有深度的人，对他们而言，表象都是假象，要么

facebook
脸书故事

是片面的、要么是肤浅的。不过，特立尼达的狂欢节却显然刚好说明了一个的相反道理——一个人的真我是别人实际看到的他、暴露在表面的他，而非隐藏于内心的他。这两种真相观还有另外一个区别，欧洲哲学认为，真相不仅仅具有深度，而且具有一定的稳定性，只是处于缓慢的变化过程中。但是对于特立尼达人而言，真相不仅仅浮于表面，而且和表象一样日日更迭。因而，在这里，你此刻可能光鲜亮丽，自信无比，但是第二天，待光芒消失殆尽，你又成为另一个人，暴露在人们的目光之下。你永远不可能是同一个你。

一个人的终极真我不仅仅是他们自己心中的自我，也不仅仅是他们心中的理想自我，本质上，其实是别人观感里的那个我。在派对上，你需要通过别人的回应，而不是通过你打扮自己耗费的努力得知你装扮得不错。维莎拉去参加一个派对，就是为了让某家网络杂志看到她很迷人，给她拍照，再将她的照片发布在网上。她认为这就是证明她颜值的客观证据，表明她有能力成为那个"她"，这不是假象，也不是面具。摄影师选择了她的照片而不是别人的，就足以证明这一点。不过，这个真相并不会持续很久，在下一个派对中，她可能就不那么成功了。一个人的真我就是这样转瞬即逝，今天你拥有权力，明天就可能失去它。更重要的是，反过来说，今天你像维莎拉一样一无所有，明天也可能获得一切。所以，脸书的即

故事四　真相之书

时性、瞬时性，以及它作为一个平台让所有人来评判表象的功能，可能会让很多人都觉得它肤浅、虚假，不过，在维莎拉以及很多特立尼达人看来，它是真相更有效的载体。

维莎拉脸书真相哲学的第六层，也是最后一层，能带给学者很大的共鸣，因为它需要依赖研究来揭露。谈到做研究，维莎拉绝非无能之辈，她侃侃而谈道：

> 很多大人物都想假装自己是谁谁谁，但是你想，通过脸书你就能有更多机会去发现他们的真实面目。这就是真相，跟他们息息相关。你总不能老是在脸书上撒谎吧，你不能在上面随便说你是个律师，因为肯定有认识你的人，大家一定有办法知道你到底是谁。就像我们跟一个人一起上街，我们不知道他是谁，暂且叫他安东尼吧。但是他其实是萨夫加家（特立尼达的一个大家族）的人。直到我们上脸书，看到他和一堆人混在一起，你就想他到底是谁呢，他怎么跟他们混在一起？因为他们很有钱，所以他肯定也不简单。然后，你就可以想办法查出来，你可以搜索他、查他、看他的照片。这样一来，你就可以发现他的全名，再加他好友，就可以看到他跟谁有关系……

对于维莎拉而言，脸书就是真相之书，所以她会将脸书作为

"开展研究"的首要平台。其他人经常犹豫他们应该从网上找什么材料、发什么状态,也担心他们精心营造的网上形象是否符合线下的自我。但是维莎拉的脸书真相哲学就来自她直截了当的勇气,也来自挖掘信息的能力,只要她感兴趣,就能追根究底。她的秘诀便是,通过参与到脸书之中来寻找这个世界的答案,接下来,就在上面"豁出去"。

故事五　培育《开心农场》

移情是人类学家的天职。但是我感觉，我很难理解那些在脸书上玩《开心农场》的人。不过话说回来，目前全球有超过8000万《开心农场》的活跃玩家，而且这个游戏在特立尼达也很风靡，所以我知道，这是我迟早要面对的事情。最终，阿尔温德（Arvind）彻底改变了之前我对《开心农场》的所有偏见。他的经历让我意识到，《开心农场》很可能是脸书上最重要、最有用的应用之一。

不过，最初我对这个游戏的鄙夷正是来自阿尔温德这样的玩家。我很了解特立尼达的历史，而推动这段历史的关键人物是埃里克·威廉姆斯（Eric Williams）。可以说，这个小岛发展的好与坏很大程度上都是受到威廉姆斯的影响。他是一位毕业于牛津大学的政治家、知识分子，正是他带领这个国家从殖民主义走向独立。威廉姆斯不仅让特立尼达摆脱了英国统治的束缚，还基于自己对于经济殖民主义而非政治殖民主义的学术研究，提出了特立尼达未来的愿景和规划。说得再明确一些，威廉姆斯下定决心，绝不能让特立尼达沦落到和大多数后殖民国家同样的境地，成为发达国家开设在第三世界国家的原材料生产地。那些国家在其中获利微薄，相反，欧洲和北美的工业化国家却在发展工业和服务业这样的第二、第三产业中获得更多利润，赚得盆满钵满。为此，威廉姆斯坚持认为，特立尼达的石油和天然气资源不应仅作为原材料出口，而应该用于建设本国的钢铁、乙醇等领域的大型工业企业。特立尼达应该出口的是这些更接近成品的、更有价值的产品。

我对埃里克·威廉姆斯[1]十分钦佩。而且我认为，就当时的政治和经济局势来看，像威廉姆斯这样的人物的确应该做出这种判断。尽管特立尼达的工业化并没有带来经济腾飞，而且这项政策的背后也存在其他问题，但它最大的功劳是反击了像美国、英国那样恃强凌弱的大国，它们设立了不平等的保护主义政策，拒绝进口特立尼达出产的钢铁。不过，好心并非总能办成好事。至少，威廉姆斯在处理一个对国家至关重要的领域时犯了错误，这个错误后来持续困扰着这个他一手建立的国家。威廉姆斯一边对工业化十分热

---

[1] 即使你对特立尼达的历史不感兴趣，我也衷心地推荐一本精彩的、近期出版的小说，它记录了威廉姆斯跌宕起伏的一生：Roffey, M. (2009), *The Green Woman on the Green Bicycle*. London: Pocket Books。

故事五 培育《开心农场》

忧，一边鄙视农业的作用。在 1980 年，尽管特立尼达土地相当肥沃，农业产量却已连番下滑，仅占国家总产量的 2%。也就是说，人们吃的大部分粮食都是进口的。但其实，这项由威廉姆斯听凭个人偏见制定的经济政策本没有那么大的杀伤力，让特立尼达真正陷入困境的是劳工的大换血。原本在岛上种植园工作的都是来自非洲的奴隶，解放之后，大部分奴隶得以离开种植园。于是，之前从南亚买回的契约劳工的后裔——东印度人便顶上了空缺，继续干活。

轻视农业发展带来的部分结果就是，在本研究开展期间，掌权的人民民族运动党（PNM）[1]继承了威廉姆斯重工业、轻农业的理念。在人们看来，该政府以高度种族化的政治分工为纲进行统治。这点已经表现在政府倾斜的经济政策上，尤其对发展农业毫无兴趣。这种对发展工业的偏爱已经造成了更加严重的后果。随着环境问题的出现，情况变得更加严峻。在相同的状况下，邻国圭亚那主动直面问题，特立尼达却被更多的争议所羁绊，例如是否修建对环境威胁极大的铝冶炼厂等。

我在特立尼达岛的大部分时间都在一个名叫查瓜纳斯（chaguanas）

---

[1] 这本书完成以后的一段时间里，人民民族运动党政府在一次选举中被反对党联盟彻底击败。这些反对党由民族联合大会（UNC）领导，由更多印度的党派组成，其领袖是卡姆拉·珀塞德－比塞萨尔（Kamla Persad-Bissessar），她已于 2010 年 5 月 26 日成为特立尼达的第一位女总理。

的城镇中度过。在特立尼达岛的中部和南部有一些古老的甘蔗种植园地，它们紧临查瓜纳斯，密集环绕着这个城市的边缘。对于仍旧从事农业的东印度人来讲，这个城市已经成为他们的第二首都。几十年来，东印度人对这种忽视农业发展的行为产生了明显的不满。他们就下岗甘蔗工人的养老金争论不休，还有人力排众议，想通过种植果蔬谋生，这也激起了人们的讨论。从这些地方都可以看出，东印度人感到自身以务农谋生的权利遭到了剥夺。但是，他们反击当局种族政治的方式，其实是东印度人的种族政治。特立尼达披着支持民众行使选举权的外衣，这件外衣将会被种族矛盾撕裂，这正是特立尼达进入现代史后埋下的祸根。

在讲完了这些铺垫之后，阿尔温德该出场了。阿尔温德就是一个典型的无地农民，他穷困潦倒，现在生活在特里希迪（Trincity）附近的一片了无生气的住宅区中。特里希迪是特立尼达最大的购物中心之一。从那里向南延伸，是成片的、现在完全没有经济价值的甘蔗田。阿尔温德的父亲也是参与讨要退休金的甘蔗工之一。在搬到特里希迪之前，至少他们还能种些辣椒和酢浆草，酢浆草的花能够制成圣诞节特饮。他们还种了一棵刺槐和一棵西印度樱桃树，还有一些木瓜，这些足以提醒他们，农业才是他们的本职劳动。不过，在现在这座房子外，连个真正的院子都没有，什么都长不出来，地上只有一些生锈的、废弃的汽车零件。他们只能把零星草叶

故事五 培育《开心农场》

作为自家门口的草坪,这也是他们唯一的一方小得可怜的土地。

但事实上,和阿尔温德不同,大多数的印度裔特立尼达人通过发展私有企业来反抗种族隔离。有实力的人会将孩子送到国外的大学学习经济或其他课程。现在,查瓜纳斯毫不费力就成了特立尼达市发展最快的城市,更加强了人们认为是印度人主导特立尼达商业的印象。但是,这种好印象里可完全不包括阿尔温德在内的成千上万的人,他们就是特立尼达政治经济畸形发展中衍生出的副产品。此外,阿尔温德本人也和其他人不太一样,他似乎很自我,又或者根本没什么自我,总之这段历史带来的负担让一切事物变得压抑。坦率地说,阿尔温德看起来无精打采、缺乏希望,他给人一种惨兮兮的感觉,甚至有时看起来低声下气。阿尔温德似乎缺乏任何最起码的自信,他极度敏感地认为,没有人会觉得他头脑灵光。在谈起他时,人们总说他是个好人、他很善良,但是,很明显人们只是客气一下,而不是真的赞美他。

阿尔温德居住的房子看起来破败不堪、家徒四壁。在特立尼达,就算一个人再穷,家里也应该有套漆木架子,就是那种说是用来节省空间却反而使空间更狭小的家具,平时堆一些廉价的陶瓷饰品,还有黄色的泰迪或橙色的狗之类的毛绒玩具。不过,阿尔温德的家里只有一个餐具架,上面摞着许多盘子和玻璃杯,都是为特殊场合准备的。墙壁是灰色的,一张挂毯挂在一侧,上面画的是《最后的晚餐》,另一面墙上挂着一些旧贺卡和学校的毕业证书,这些组成了阿尔温德家里全部的装饰。

阿尔温德就是在这样的房子里,每天花4—6个小时玩《开心农场》,他在游戏中培养自己对农业劳动的爱,学着悉心照料自己的虚拟作物,但这决不会对现实世界的土地产生任何影响。在我问到的所有特立尼达的活跃玩家中,没有一个人认为,这个游戏能够帮他们缓解哪怕一丁点儿的对国内农业状况的焦虑。这甚至还不如玩《黑帮战争》(*Mafia Wars*),玩《黑帮战争》的人还有可能跑到外面去"冰"人。《开心农场》不仅是个悖论,它就是一场拙劣的模仿。说起来,阿尔温德的父亲至少还能在其祖先的农耕生活和这个游戏之间找到某种联系,但阿尔温德这辈人却也隔得太远了。因此,看着阿尔温德玩《开心农场》、看着他的先辈被画成卡通人物,我实在难以冷静下来。我承认,当我得知每天阿尔温德花那么多时间玩《开心农场》时,我对这个游戏更加深恶痛绝。要是他把这些时间用在现实世界中,他可能早就种出一株真正的作物了。

让我真正鄙视这个游戏的原因不仅是因为它在拙劣地模仿历史,还因为它和我的品位相冲。虽然我自己强烈捍卫那些不招精英阶级待见的流行文化,但《开心农场》也实在太让人难以容忍了。《开心农场》看起来就像简化版的迪斯尼,尽是一堆让人生气的卡通人物,它们睁着大大的眼睛作哀求状时,让我觉得特别恶心。

故事五 培育《开心农场》

我试图避开粗俗、煽情、愚蠢这样带有情感判断的词汇，但这就是《开心农场》。

那么《开心农场》到底是怎么玩的呢？本质上，它就是将孩子们对于农场的想象变成了重复性的任务。其实就是种菜收菜、种植树木、采摘水果、喂养鸡鸭、拾取它们下的蛋等。虽然《开心农场》里确实有一系列的热带作物，但只有红苹果、小麦和牛，并没有因为是在特立尼达就变成甘蔗、山药和卡拉萝[1]。但其实，比起热带景观，特立尼达人更喜欢在起居室里装饰带有温带景观的元素，比如松柏和鹿，而在我伦敦的客厅里倒还挂着一些画着棕榈树的画作。

《开心农场》这种游戏的运作方式与早期的模拟人生（Sims）和电子宠物鸡（Tamagotchi）等游戏类似，就是让玩家投入持续的关怀与关注，从而获得奖励。说到底，你花在游戏上的时间越多、越关心游戏角色，它们就越会茁壮成长。如果你忽视它们，它们就会枯萎、死亡。这是一种内在的成瘾模式，因为你玩得越多、投入得越多，在你忽视游戏、没有登陆时就会失去得越多。你在游戏中达成的成就越多、越感到自己比其他玩家厉害时，就越会产生竞争心理，也会越想彻底投入到你自己似乎很擅长的游戏中去。而且你会觉得游戏本身也越来越需要你。

---

[1] 卡拉萝（callaloo），一种叶状蔬菜，特立尼达的国菜。——译者注

《开心农场》里的每项任务都有自己的时间框。种植一种作物后一定时间才可以收割。准时上线的玩家可以令游戏效率最大化,因为收割完就可以马上再种另一波。经常能遇见的情况是,秘书们本应在办公室里好好工作,但你明显可以看出她们跑神了。这是因为她们《开心农场》里种植的一种作物到了采摘时间,而她们却因当时和我们在一起而错过了收获的吉时。收获的作物越多,可以获得的积分就越多。这些积分可以用来开展《开心农场》上另外一些活动。我的一些玩家好友们时不时会发布一些游戏动态,我主要是通过这些动态了解这个游戏的。举个例子,下面这个例子是我经常看到的动态:

> 阿尔温德在他的农场里发现了一头孤独的公牛。不对!应该是正当阿尔温德在《开心农场》里耕种时,一头孤独的公牛踱进了他的农场。这头公牛从竞技表演中逃脱,它厌倦了不停地做突然弓背、跳跃和踢腿的动作。它只是想寻找一种更简单的生活,让它可以有一些朋友和一个新家。
>
> 阿尔温德刚刚在《开心农场》升级成为二级豌豆大师!作为一位敬业的农民,阿尔温德的努力获得了巨大的回报,他也希望与您分享他的成功!
>
> 阿尔温德注册了《开心农场》电子邮件,因此获得了限量版

故事五 培育《开心农场》

信鸽！阿尔温德现在可以获得关于《开心农场》的所有最新的新闻、通知和额外的特殊奖励！

阿尔温德发现了一些白色神秘蛋，与他的朋友分享！

阿尔温德从他的鸡舍里取出鸡蛋，发现这些鸡蛋不简单。

阿尔温德是一位多么热心的农场主，他刚刚在《开心农场》帮约瑟夫的地施了肥。阿尔温德刚刚在《开心农场》造访约瑟夫的农场，并帮他施了肥，他们的心地多么善良！

阿尔温德在他的农场里找到了一只走失的企鹅。错了！应该是正当阿尔温德在《开心农场》里耕种时，一只走失的企鹅一摇一摆地进入了他的农场。这个小家伙从南极一路走来，来看《开心农场》的雪！它从观光团队和家人身边走失了。这只企鹅想找到一个安全的地方，留下来，直到找到它们。

几天观察下来，《开心农场》里面那种特别甜腻的"萌感"实在快把我恶心死了，我禁不住在脑海中把这种令人作呕的可爱和哥特式的戏仿、我幻想中的故事中和了一下，以此缓解我的极度不适。在我的想象中，我发布的《开心农场》动态是这样的：

由于丹尼给他的农民朋友们赠送了过量的农药，半个伦敦都已经被毒害了。

> 丹尼刚刚送给你 100 条猪大肠和 300 个霉面包,这可帮了你大忙,你肯定能足额完成做香肠的任务。
>
> 就在刚才,一只可爱的棕色狐狸晃着它又长、毛又多的大尾巴,走进了丹尼的农场,它跟丹尼友好地打了个招呼,顺便让丹尼传染上了狂犬病。

《开心农场》最初让我生气,后来就开始让我恶心。但是,当我开始用人类学的视角看问题时,我的感受不自觉地会受到我和阿尔温德之间友谊的影响。实际上,之前对于阿尔温德的好评并非仅仅出于礼貌,他确实有颗善良的心,以及一种难以抑制的友善,这都让我深受感动。他这样的人,绝不会因为环境将他变成现在这个样子而心生怨怼、耿耿于怀。而且,他很快就体现出一种"既来之则安之"的态度。渐渐地,我不仅扭转了自己对阿尔温德的看法,也逐渐接受了那个让阿尔温德全身心沉浸其中的游戏——《开心农场》。

《开心农场》自带一种逃避现实的性质,而恰好阿尔温德想逃避很多事情。他在学校毫不出色,也没有机会进入精英中学。所以,他去了当地的初中。那时,由于缺少教学资源,中学里实行的是轮班体系,学生一半的时间在学校,另一半时间自己安排。阿尔温德很害羞,所以他不在购物中心附近闲逛,也不约女孩。相反,

故事五　培育《开心农场》

阿尔温德花费大把时间待在家里，看着无聊的电视节目。他有时坐在他的姨妈身边，看一整天的日间肥皂剧。完成学业后，阿尔温德在车库工作了一段时间，他还报过几个函授课程，做过其他一些体力活儿。

阿尔温德的生活就是这么颓唐不振。但就在这时候，有人发现了阿尔温德的独特才能：他很会照顾别人、关心别人。于是阿尔温德便开始上一门护理老人的课程。课程的最后，阿尔温德感到，如果以此作为职业，那么他可以在其中感受到快乐。在这份工作中，他第一次感受到生而为人的价值：能够帮助他人就是价值所在。在班上，几乎所有学员都是女性，除了阿尔温德之外，只有一个男生。这意味着，阿尔温德也是头一次开始获得女性的关注，这对他培养自信心有百利而无一害。现在，阿尔温德在脸书上有一百多个朋友，由于这些朋友大多和他来自同一所大学，所以他也有一系列相当不错的照片。照片记录的似乎是大学里的远足活动，女孩儿们成群结队，而阿尔温德就自信而惬意地站在她们中间。

阿尔温德性格温柔，并非天生的游戏高手。他的大多数同龄人在玩《光环战争》(Halo) 这样追求暴力和速度的游戏，他对这些并不感兴趣，所以总是会被轻易地打败。这是他最初不玩《开心农场》的一个原因。另一个原因是，他觉得这更像是一个女孩子玩的游戏。阿尔温德就跟大多数特立尼达的男性一样，非常担心其他人觉得自己缺乏男子气概。但事实是，当他班上的其他人都在玩《开心农场》，而且他们还在学校里持续讨论时，他才感到自己掉队了。所以，阿尔温德决定也尝试玩一下，很快，他就上瘾了。

《开心农场》的部分吸引力在于，它让阿尔温德有更多关注脸书的理由。这样一来，阿尔温德更有可能得知他的同学正在做什么。这对于一个害羞的人来说，实在是太棒了。正如他所说，"实际上，一天下来，你没有真的跟他们说话，但却完成了和他们的交流"。通过阅读他们发布的动态，阿尔温德觉得自己和他们的关系拉近了，比坐在同一个教室里还要近得多。

还有另外一个原因让阿尔温德沉浸在《开心农场》中。2009年，特立尼达的谋杀率奇高，一时间风声鹤唳。许多胆小的人（特别是女性）除非有一大群人相伴、周围光线充足，否则根本不敢在夜里外出。阿尔温德显然也认为这是一种明智的做法。此外，由于居住在特里希迪地区，想要进入城镇就得通过东西向的主路系统，但主路系统上交通堵塞时有发生。由于害怕被谋杀，且交通着实不便，有相当一部分居民很少在晚上出门。不可否认的是，在特立尼达，即使这些不便因素成倍地出现，也还是有一大批居民继续在派对上疯玩。不过，对于阿尔温德和许多与他同班的女性来说，只要他们安全地待在家里、能在脸书交流，尤其是在《开心农场》上你来我往，而非一个个孤零零地对着电视，他们就跟聚在一起没什么差

故事五 培育《开心农场》

别,这简直就是上帝的恩赐。

阿尔温德说得很明确。"有了《开心农场》,你实际上每时每刻都可以待在家里,根本没必要担心回家交通不便、犯罪和其他的事儿。"即使他这么说,我还是怀疑,如果还有一个将难度分级以供玩家层层突破的传统游戏,是不是也能俘获阿尔温德的心。不过,《开心农场》还藏了一手儿。虽然游戏中大部分收庄稼的活儿都只需要玩家独立完成,但《开心农场》也鼓励玩家通过合作、互惠来共同进步。玩好《开心农场》的关键就在于和邻居们搞好关系,而且和邻居你来我往也有专门的积分,还包括收集奖章(ribbons)的任务,因此这个设定本身也存在一种明显的竞争感。

阿尔温德是这么解释的:

> 嗯,你在《开心农场》中需要奖章,奖章就是你的成就,你收集到的奖章越多,你获得的积分就越多,你也升级得越快。所以,简单讲就是,你可以送礼物。游戏设定你可以点击一处送礼物,点击另一处帮助邻居。在你帮助邻居后,你去给作物施肥或去喂鸡,你会发现你的作物长得更好了。因此,你会希望邻居给你送礼物,以此来帮助你。比如说,你可以送他一头牛。你可以送他汽油之类的东西,来让你事半功倍。你和邻居聊天其实就是告诉他们,我需要这个。而且,当你发现自己不必把那些额外的

活儿全都做了时,你会感到长舒一口气……不然的话,如果你没有汽油,你就得花钱买。

阿尔温德一不小心还泄露了自己的作弊行为,他开了许多个小号,一人分饰多角。这让我又惊讶,又有点欣慰。小号让他可以扮演邻居,自己完成互助,从而互惠互利。阿尔温德对此有点儿不好意思。让他动了这个念想的缘由是,他想获得一个特殊的奖章,但获得这个奖章的条件是需要在《开心农场》上有 50 个好友,但他只有 42 个,所以他就……但是,大多数时候,他都是和同学互送礼物。于是,这就成为巩固友谊的重要形式。特别是,由于他的大部分同学都是女性,所以这可比那些需要面对面交流的焦虑时刻要强得多。

《开心农场》也并非完全没有技术含量。玩家在收获庄稼后可以获得一些额外的金币奖励,但前提是要分享给其他五个玩家,否则就无法得到。在游戏设定中,有一条条款支持玩家充值,用钱购买《开心农场》的游戏币,但是这个设定显然没把阿尔温德这种低收入群体计算在内。不过,现实生活中没钱,游戏中努力分享、互惠互利也一样可以让玩家在游戏中富有起来,这可比在现实世界中用劳动换财富要容易得多。阿尔温德很高兴,高兴自己找到了一片天地,在这里,贫穷不会成为走向成功的阻碍。诚如他所言:"你

故事五　培育《开心农场》

掌握着全局，你想种多少树就种多少树。你可以买好几套房子，可以买田置地。你就和所有想把自己的农场拾掇成最美农场的那些人一样。"以前，阿尔温德几乎盘缩在社会最底层，现在，他也成了让人羡慕、赞美的对象，他也可以为别人慷慨解囊。阿尔温德现在热衷于提升自己的 XP 指数，要想获得 XP，他只需要一台电脑。他的家人还以为他是用电脑来学习。阿尔温德解释道：

> XP 代表经验值。在《开心农场》里，玩家需要经验值来升级。每升级一次，你就会解锁一种不同的作物。所以，如果你是一级，你不会卖掉所有作物，而且你只能得到大概 5 种作物。但是，等到你升到 30 级的时候，就有大概 50 种不同的作物任你挑选。所以，你级数越高，能种的作物就越多，能赚的钱也就越多。

在这种虚拟交易的基础上，阿尔温德还获得了一些其他的好处。他在《开心农场》里的邻居们几乎成为他在脸书上最好的朋友，有时他们会在脸书的其他应用下给阿尔温德评论。之后，他们给阿尔温德打电话，互相聊聊感受。现在，阿尔温德去上课时，同学们传递给他的笑容是发自内心的，而且她们只对他那么笑。阿尔温德还发现，互助行为不仅发生在《开心农场》，还延伸到了做作业上面，两个空间总是相互交织。好邻居也能助力好研究，他们会告诉彼此去哪里查资料。阿尔温德说，他和某个同学可能都在同一个图书馆，几步之遥而已，但他们会选择在网上互发信息。阿尔温德可以通过发信息告诉他们在图书馆的哪个地方可以找到做家庭作业需要的一些书，而不用真的从书桌前站起来跑去告诉他们。不知怎么，这种做法反而让他们感到更加亲密。阿尔温德在脸书上的其他群组和活动都是由《开心农场》为起点散开的，例如你还可以看到几个学习小组、一些 DJ 和派对的公告，以及一些常见的八卦趣闻。比如，一个特立尼达小伙儿被他女朋友胖揍了一顿，这个视频被上传到 YouTube 上面，貌似每个特立尼达人都看过。一个人脸书主页的内容，充分表明了其他人在多大程度上可以融入他或她的生活。

所以，这是关于《开心农场》的一个绝佳的例子。在当代，福利事业需要找到合适的方式，去惠及那些最需要帮助的人、在读书时表现欠佳的人、性格害羞或外表不招人喜欢的人，以及那些生活贫困并在公共场合显得粗鲁、笨拙的人。无论在哪个国家，这个群体都占有着很大的人口比例，无论是在旁人还是在他们自己看来，他们都是一群失败的人。有些慈善机构、慈善之举和相关协会可以帮助他们，但是，与受到各界的褒奖相比，如果想要他们不觉得屈居人下，或者减轻他们处在社会最底层的想法，实际上要困难得多。不论是脸书还是《开心农场》游戏商似乎都不太可能为做慈

故事五 培育《开心农场》

善而推出这个游戏。他们可能只是想从中赚钱。不过,不论意图如何,《开心农场》已经成为了脸书达成的最伟大的成就之一。

而且,的确是由于特立尼达的政治偏轨才导致农业不济,但如果因此就鄙视《开心农场》,实在也不公平。毕竟,没有人有理由要求阿尔温德或其他任何人必须从事农业工作。农业劳动枯燥得要命。当风从南边的田野吹来,产生的气浪晃动着甘蔗亮绿色的茎秆时,那可能真是一片令人叹为观止的景象。但是,在这样的甘蔗地里也有太多关于蛇和短剑的故事,这些都已足够令人害怕,就更别提那段压迫奴隶的历史和那些收割甘蔗的奢望了。而且,在许多发展中国家,不论政治上支不支持农业发展,想要脱离农业劳动的人都数不胜数。

站在道德的高度来看,一种评判这个世界更好的方式,是去更多看它为弱势群体做了什么,而非去看它为既得利益者做了什么。我在重新看待阿尔温德这个人时,回顾了一下我亲眼目睹的那些场景并意识到,是的,那些看似沉迷于《开心农场》的人正是那些令我不屑一顾的人。我也有几位沉迷《开心农场》的秘书,当我走进他们的办公室时,他们正忙于游戏无暇理我。但是,我又何曾经常搭理他们呢?了解《开心农场》、能够谈论《开心农场》是尊重他人的表现:我们要和共事的人相互尊重,而不是居高临下地看待他们。别误解我,我很清楚这个游戏存在的问题。甚至对于特立尼达的玩家们来说，他们也不能昧着良心，说《开心农场》激发了他们的环境意识、生态意识，抑或是具有任何教育意义。我如果看到某只卡通企鹅由于和南极同来的伙伴走散，一摇一摆地进入了我脸书上的农场，我还是很有可能一刀割了它的喉咙，然后把它放进一口玩具锅里。我绝不可能把它还给那些它所谓的朋友们。但是，多亏了阿尔温德，至少我现在可以欣赏那些看起来令人厌恶、无聊乏味的东西，从另一个层面看，即便它看起来确实不怎么美丽，但也有可能拥有伟大之处。

故事六　虚拟化身

印度教宇宙论中一大核心理念是沙克蒂（Shakti），有的将其错译为"女性力"，强调力的本质是女性的，神的男性一面有巨大的潜能，但是必须借助女性一面的补充才能得以释放。但它的内涵远不止于此——沙克蒂之力作为一种纯力是无向的，既具创造力又具毁灭性。男性利用性的方式压抑、控制着毁灭的力量，并将其引向有益于世界的方向。印度教常以性别的平衡来呈现神格，而不是赋予其某种性别特征。听阿佳妮（Ajani）自我介绍的时候，一个相似的图景便呈现在眼前——她的内心深处蕴藏着伤人一千自损八百的能量波，除非她找到方法消除余热，有效保持内核的冷静。这种能量波令她在尝试维持内心平静的同时又源源不断地向外部世界倾注带有攻击性的能量，这两股力量形成了强烈的对比。

阿佳妮之所以能达成内部平静和外部能量的强烈反差，其实跟

facebook
脸书故事

个人成长环境有关。她的父母都是英语老师，她释放能量最频繁、最纯粹的渠道就是通过文字，喜欢手写这种纯粹的表达方式，如今，则是喜欢在电脑上频繁地打字、发布信息。她总是想要写点什么，这点特质引起了我的兴趣。她对于在脸书上表达自我有一种超乎常人的投入，属于极少数的超级脸书控，随时上线她都在。这个故事主要讨论脸书在当下对阿佳妮的救赎，如何令她既能满足内在的灵魂，又能以写作的方式向公共领域释放创新能量，以至于达到两者间极具美感的平衡，形成她生活的根基。阿佳妮是我认识的所有人中，既最公开又最隐秘的人。因此，了解她对于探究脸书的深奥本质至关重要，这直指这项技术的一种特质——帮助用户提高公开度的同时保护其隐私。

阿佳妮只有在家里才会表现出内心的沉静。这时你就能体会到，虽然在脸书上不断被她雪崩般的发帖轰炸，但其实你并不了解这个人。实际上，当你细想就会发现，她所有的帖子都不足以让你确定她现在是否有男朋友，更不用说感情进展到哪一步了。你本以为她就像一本打开的书，一览无余，因为她确实写了很多东西，但你对她的个人思想、矛盾挣扎、精神世界却一无所知。在她家中，就像是见到了另一个完全不同的人，她很犹豫，甚至害羞，闭口不谈，小心翼翼地保护着自己的隐私。

想要揭秘这个人与科技的深层渊源，必须先分别研究二者背后

故事六　虚拟化身

的历史。殖民时期的特立尼达岛是个不寻常的博学之岛，那时，从人口比例上看，能随口引用莎士比亚的人比英国还多。这个岛在历史上被人所知，是因为它出口天然沥青，用于船舶嵌缝。在20世纪20年代，特立尼达岛逐渐发展成为最早的石油出口国，由此积累的部分财富投入到一批精英中学的建设中，这些学校直至今日依然居于世界最成功的教育机构之列，而且很可能就是世界上最成功的学校。绝大多数的毕业生，只要愿意出国深造，都能获得国外大学的全额奖学金。阿佳妮就曾就读于这样一所精英中学——位于特立尼达第二大城市圣费尔南多的纳帕里玛女子中学。毕业后，她来到加拿大继续深造，并获得了学士学位。

还在上学的时候，阿佳妮就读到过18世纪法国沙龙中的伟大女性，例如斯塔尔夫人和罗兰夫人，她们是那个时代的先驱，或多或少主导了当时的艺术革命。阿佳妮决心效仿她们，在特立尼达产生相似的影响。如今，阿佳妮着手操办圣费尔南多的艺术活动，她在自己的住所举办展览会、诗朗诵、舞蹈和其他表演艺术活动，在那里，DJ和政治活跃分子互相交流。诚然，这只是特立尼达愈发国际化和世界化的一个缩影，但是没有人想到，圣费尔南多能够发生这样的文艺复兴，都要归功于阿佳妮一人，这是她个人创造力的极致成果之一。

阿佳妮喜欢画画、表演、跳舞，但最重要的还是写作。作为一位英语老师的孩子,还在妈妈肚子里的她就受到文字熏陶,从蹒跚学步起就一直读书写字。她的写作体裁五花八门,从童年诗歌到日记随笔、学校作文比赛,再到起初明显蹩脚的情书。她享受手写的努力和精致,这些带有感官意识的蜿蜒线条从她的灵魂深处发端,倾注于纸上,她就这样爱上了纸笔。随着成长,她也越发大胆,从单纯的写作演变成给报社投稿,或是投给任何接受她作品的渠道,例如教会或政治组织。最终,她获得了今天的职位——特立尼达一个大型非政府组织的通讯编辑。

阿佳妮在一个天主教家庭中长大,却在各种宗教信仰之间漂泊不定,她更愿意感受自己内心深处的灵性,而不是那些被物化为上帝或神的东西。她最近和一派浸礼宗(Baptism)尤为亲近,但这不同于美国得克萨斯浸信会(Texas Baptists)。它植根于约鲁巴(Yoruba)文化,跟呐喊浸礼宗(Shouter Baptism)和尚诺浸礼宗(Shango Baptism)相近,一直和特立尼达有说不清道不明的关系。奴隶时期,这一教派和政治反对派有所联系,因此在1917年到1951年间被政府取缔。直到最近,特立尼达才承认这个教派,并将其确定为特立尼达文化中非洲源头的正统体现。看看阿佳妮满头的辫子,跟那些特立尼达浸礼宗虔诚教徒常用的头巾尤为相配。然而,她对此的探索让她更加兼蓄、包容,很符合新时代佛教尚诺教(Shango)的宗旨。她现在关于信仰和神灵的写作,对各大教派

故事六　虚拟化身

有着同样的吸引力，由此看来，她的写作非常符合新教教义——蕴含着"对外发声"的强烈关切，强调"声音"本身，以及向整个世界发扬光大的使命。

互联网的发展令她进一步扩大了写作范围，童年时代的秘密日记变成了每日更新的网络博客；她还会给报社投稿，在冰箱贴下、房椽上、各种地方贴满她写的诗，艺术感渗透了整个生活空间。几年前，阿佳妮在圣费尔南多幸运地找到了一间差点被推平的木屋，它是殖民时期存留的为数不多的旧宅。阿佳妮用很便宜的价格购下了这间木屋，作为自己艺术理想的驻地，这一点毫不令人意外。不过，这间木屋最终并没有满足她用文字表达心情和情绪的狂热需求，也没能帮助她将自我体现或外化至公共领域，恰恰是脸书满足了她的这些需求，就像是为她量身定做的一样。

如果你没有访问阿佳妮的脸书，只是看她写的稿子和博客，便不可能真正理解她的公共形象。脸书为她所有其他形式的写作提供了至关重要的补充。撰写一篇稿子、一条博客或一些文学作品，确要投入大量的时间，它们也能充分满足阿佳妮，让她释放内心的能量、冷却自己的灵魂，但是这些作品总是断断续续，很大程度上也是一时灵感迸发的产物，而阿佳妮体内的"沙克蒂之力"却需要更多不断的、一致的外化行为来维持。阿佳妮迫不及待地想投入写作，早晨醒来，就会马上开始在纸上写作，只有如此才能让她

facebook
脸书故事

镇定、沉着地面对新的一天,对别人而言,可能需要咖啡才能达到相同的效果。但是在过去的几年中,阿佳妮已经不能满足于此,因为她不能像一般人一样正常入睡,睡够八个小时,否则就不能为写作挤出时间,来释放那些扰乱灵魂安宁的创造力。通常情况下,她每晚都会醒来几次,一醒来就必须表达自我,不写的话,她也会唱歌、画画,做诸如此类的事情来达到外化和释放创造力的效果。

脸书的好处就在于它无需耗费大量的思考或时间,就能即时、持续地得到释放和缓解。无论是半夜还是正午,只要你想表达,就可以上脸书,发布一些很短的状态,满足你的欲望,并为此心满意足一两个小时。这也让阿佳妮的朋友们松了口气,他们之前经常被阿佳妮的夜间创造力惊醒,她会经常起来在冰箱上贴一些笔记或是唱歌,吵醒其他人。对她的朋友们而言,白天她随便怎么发挥创造力都行,但是他们也有权喘息,享受片刻的安宁,至少应该在夜里安然入睡,跟能量满格的阿佳妮生活在一起,有时候真的会把人逼疯。正是脸书救了他们。

可以说,阿佳妮不是在用脸书,她完全是活在脸书中。从她的个人主页涌出一股信息洪流——数不清的好友、照片、视频、发帖、链接、时间、状态更新以及各种各样的活动。如果你仔细观察,会发现它们的发布时间可能是凌晨3点,也可能是下午3点。在所有发布的信息中,某些体裁占据了主导地位。作为沙龙的女主

故事六　虚拟化身

人,脸书是个理想的工具,她可以长期在脸书上组织、预告文艺活动,让所有社交网络中的好友能够立刻知晓活动信息。她还可以通过脸书联系观众,询问他们是否出席,让她明确大概的参与人数。如果她要举办舞会、音乐会、诗歌会或展览会之类的活动,脸书还可用于发布通知、照片、YouTube 视频,来制造一些噱头,对活动进行宣传和说明,这样便创造了一个大众沙龙,让艺术工作者和爱好者聚集在一起。因此,脸书在虚拟空间中延伸了阿佳妮的住宅,成为活动真切发生的场所,一个虚拟的艺术空间,在这里,她可以尽情享受沙龙所营造的亲密感,又能链接到外部的无限世界。

　　脸书同样也是政治行动主义的理想媒介。在脸书上可以即时评论世界时事,不论是吐槽特立尼达官员,还是以更严肃的方式曝光腐败。脸书可以被用于哀悼受灾的海地;用于绕过谄媚的报道,全面审视奥巴马的政绩;用于揭露企业的贪婪;用于痛斥父权制;还可以用于宣布街头抗议或只是表达强烈的意见——总之,都是为了服务于阿佳妮在 NGO 的相关工作。很多人看不起在脸书发起政治性活动(至少在伊朗和泰国的反对派活动未能取得成功),因为这些活动召集得过于迅速、廉价、简单。但对阿佳妮而言并非如此,大家都知道,在必要的时候,她一定会冒险选择其他公众曝光的形式,例如上电视表达观点,或参与街头抗议。对她而言,脸书仅仅是其他政治表达形式的有力补充。毕竟,那些认为只有街头游行和行动主义才能表达政治意愿的人，可能同样会忽视绘画和诗歌的政治力量。但是作为这些艺术的守护者，阿佳妮认为画作和诗歌所展现出来的内在价值，是真正的政治追根溯源之时所必须承认的。

拉布雷亚（La Brea）是当代特立尼达环境问题和政治争议最大的地区之一，离圣费尔南多不远。此前，一家企业拟在拉布雷亚建造一个铝冶炼厂，但是一次成功的诉讼导致了随后的禁令，建造计划随之遭到废止。目前，政府的计划还在酝酿之中，抗议者认为，这家企业没有任何合理的商业计划支持。特立尼达本就是一个不生产铝土矿的国家，并且，现在国内主要的能源供应——石油已经耗尽。他们还提出，如果冶炼厂建成，必将造成严重的环境破坏。但是，抗议的核心其实是对该地区人民的关切。拉布雷亚以前是石油开采地，再之前，是沥青开采地，而现在又在开发天然气。一次又一次，新一波的工业发展允诺当地人民未来的财富，但都不过是空头支票而已。一次又一次，人民遭到了背叛，拉布雷亚成为当今特立尼达最贫困的地区之一。唯一不能从财富中获益的人，仍然是拉布雷亚的原住民。

果不其然，当地人反对意见高涨，拉布雷亚长期爆发各种政治活动。当我和米尔卡在特立尼达做传播研究的时候，就和我的博士生西蒙娜在一起，她研究的就是这个案例中各个群体及其利益所展现出来的本质和价值交锋。阿佳妮密切关注冶炼厂抗议，并充分调

故事六 虚拟化身

动圣费尔南多人的力量。她非常有效地利用脸书,为这个事件以及她在 NGO 的工作获取国际关注。她明白,只有当国际社会关注到这个问题,特立尼达政府才会正视抗议和批评。

不过,脸书的乐趣就在于它把各种各样的事情混合在了一起,阿佳妮就是一个混合信息的 DJ。首先,她会发表一条严肃激进的评论,接下来,她又会发一条状态,说一定要控制住自己,不吃某种诱人却发胖的食物,或者她会发一首歌的歌词,或是对当下钢鼓乐队比赛的看法,也可能是一首隐晦的诗。你不知道她下一条会发什么,所以对她的帖子始终保持警醒、兴趣和期待。如果全是单调的政治立场或是打包的艺术作品,人们很快就会厌烦。阿佳妮并非如此,她所有的帖子都充满活力和色彩,她像鱼儿游动在珊瑚礁一样,畅游脸书。阿佳妮保持脸书信息多样性的秘诀之一便是,因为工作的原因,她能到世界各地旅行,获得不同的体验,引起她的奇思妙想。脸书就是她的旅行日志,她会发一些稀奇古怪的东西,比如陌生人的善意或冷漠。所有的经历都能引发她的深思,例如对一个黑人女性独自旅行的思考,或是如何接受和对待被歧视的经历,达成内心的平衡。所有的这些,阿佳妮都通过脸书分享。

可以说,阿佳妮的脸书本质是由外层的政治、文学评论和内层的心情、玩笑、遗憾、吐槽交织而成的。尤其是,脸书提供了一种亲密的共存感。有时候,阿佳妮会发一条直指某个好友的评论,例如问他们为什么做了这个菜,或者为什么借了某样东西。关键在于,这条信息对知情人之外的其他人毫无意义,没人知道她指的是哪个好友,也不知道那个人做了什么让阿佳妮觉得赞同或是不快,根本没有获取更多信息的线索。这些琐碎的东西看起来就像她常发的隐晦诗一样神秘,但是我们也因此被包裹在一种阿佳妮日常的"在场感"(presentness)之中,进行一种文本意义的窥听。这并非出于意外,而是她本人选择暴露,选择在一个完全公开的领域和她的朋友交流,而与此同时,另外一千个好友都能同步围观。因此,阿佳妮的日常就和诗歌、政治混在了一起,共存于脸书之上。我们不能确认,但是有理由猜测,阿佳妮对这一切其实了然于胸。但在她的自我表达之中,也有别样之处,可以从字里行间窥见她的一些私生活,她对某一家庭成员和宠物猫的爱意,恋爱的沉迷或脱离,但这些信息都只能隐约可见,宛若一缕似有似无的淡香。这位沙龙的女主人,就像她所崇拜的那些法国先驱女性一样,深知挑逗的趣味,向她的追随者投去亲密关系的碎屑,供其啄食,却永不填满他们好奇的空腹。

一方面,阿佳妮贯彻着沙龙的传统,另一方面,这种挑逗性有时也徘徊在情色边缘。起初,阿佳妮看起来似乎有些自我矛盾,她对在脸书上发布性感照片的女性措辞鄙夷——不管是海滩上暴露的泳衣还是热辣的短裤。如果你在脸书上观察阿佳妮,她往往都穿着很长的连衣裙和端庄的上衣,但是不时也会看到别的——有一张照片,是她在一个派对上身着圣费尔南多一位顶级设计师的令人注目之作,那衣服短得令人咂舌,让人一目了然,看到她细长的双腿和雕像般的标准身材;另一张照片是她在沙滩上的背影,略带羞涩,非常诱惑。但之后,我又明白过来,她其实并不矛盾。她和那些在脸书上搔首弄姿、卖弄性感的女人完全不同。阿佳妮一点也不庸俗,她具有十足的艺术气质,并且小心翼翼地保护自己的身体,避免过度暴露。对于阿佳妮来说,并不是她故作性感,而是情色本就是一种艺术品质,这种含糊不清是她幽默感的重要调料,十分有助于她表现自己的形象和外表,但并不是脸书多样性的一部分。阿佳妮的性感形象是一种艺术,只能体会内涵,不能攫取表意。但这种性感也是冷酷的,有意地倾向于禁欲而非诱惑。就像托尔金(Tolkien)笔下的凯兰崔尔(Galadriel)[1],只可远观,不可亵玩。

阿佳妮在脸书上有众多粉丝,这些粉丝始终追随她、回应她。她扮演的角色,是娱乐家、喜剧人、告密者、传教士、朋友或知心人。她优雅又巧妙地将自己以多种角色呈现给好友。并且,由于她的文字漂亮,混合体极具艺术感,发布片段既有趣味又不乏想象力,因此,她的脸书在同龄人中脱颖而出,她的粉丝也乐于欣赏她

---

[1] 电影《魔戒》中的精灵公主。——译者注

不断呈现的外在自我。

　　阿佳妮在脸书上面对观众的表演，其实和传播媒介的现代发展一脉相承。我们看到，先后在剧院、广播、电视出现了戏剧这种表演形式：通过演出剧本，让观众在两到三小时之内感受到高强度的兴趣刺激。在戏剧之后，媒介发现了肥皂剧的潜力，后者比前者更能关联到受众的日常生活，受到了更多的追捧。肥皂剧的意义就在于它的情节具有时间跨度，形成了一个平行维度，让受众每天在剧中虚拟人物的陪伴下一起成长，因此，肥皂剧比戏剧要真实得多，但它依然是虚构的。再进一步，媒体吸引目标受众的形式变成了真人秀。在这个阶段，肥皂剧取消了虚构成分，用真实人物、明星大腕取而代之，让他们暴露在公众视线之中，以便观众偷偷嘲笑他们的弱点——但只能是在虚构的环境之中，例如社会实验类真人秀节目《老大哥》。最后，我们有了脸书。在脸书上，人们不再虚构生活，不再表演，不再在剧院或室内设置虚拟的场景，而是真实地生活在网上。很大程度上，人们以一如既往的方式过着自己的生活，只是会实时分享一些图片或状态，让别人感觉到彼此之间的联系，感觉到我们共存于这个世界。在脸书上，有一种互惠机制，人们互相评论，或至少为别人点赞。大多数情况下，脸书好友都是线下世界中认识的人，虽然也不全是。但是，脸书借此达到了其他媒体无法达到的一点——让用户感知到与他人共存的关系。与此相比，其

故事六 虚拟化身

他媒体只是模拟罢了。

当然,脸书也有弱点。阿佳妮能让世界变得更严肃,或更有趣,她能成为每个人的好朋友,为大家带来欢乐,但是,只有当人们具备一定的网络礼仪,明白行为的恰当性,并且了解互惠的意义,脸书才能发挥效用。对于很多在脸书走红的人来说,这都是一个问题。如果是亲密好友评论她的悄悄话,没问题;如果是别的人偶尔联系,也没问题。但是有些人,阿佳妮根本不认识,在街上见面也认不出来,她甚至不记得之前为什么添加他们为好友。有的时候,这些人会像水蛭一样,紧抓她的每一条状态,就像吸血一样,他们毫不间歇地评论,以此在阿佳妮的脸书获取一席之地。他们不能区分维持脸书好友的共识和成为"真正"好友的幻想之间的差别。因此,他们令人烦恼、不快,但又不至于走到删好友那一步。你只是希望他们能消停一会儿。事实上,又很难指责他们,因为这个游戏本来就没有清楚的规则。我们只是希望大家都能像在线下空间中保持身体距离一样,了解在线上也应该保持适当的距离,就像电线上的鸟儿,生来就知道,在社会空间中移动时,应该或不应该和别人保持多远的距离。

这么说吧,脸书要求一种微妙的敏感性,才能有效运行。阿佳妮和她的粉丝们都知道,脸书带来很强的窥私欲和诱惑力,但阿佳妮很清楚,这些都需要用户高度自律才能感知。就她而言,她并不会张贴生活中每一个血淋淋的细节。其实，即使你花一年的时间关注她的脸书，也不一定能了解她最熟的人是谁。艺术不只是现实，她的帖子本质上晦涩难懂，有时唐突、有时试探，这都是它们的趣味所在，但这也需要接收者秉承一样的理念去解读。一个脸书好友了解你的私密信息，但是他们既不能，也不应该，将彼此的关系往另一种方向发展。

对于阿佳妮来说，和男人打交道比较容易——如果他们发表不恰当的评论，可以直接删好友或者拉黑他们。女人却更隐秘，更难处理。这些人知道她的公共主页，却不知道脸书对于阿佳妮内在生命的核心意义——脸书保护着她的内心，令其尘封，免受驱赶，因此得以保持灵魂的冷静。崇拜的本质就在于崇拜者应该与偶像保持恭敬的距离。阿佳妮不断向公众表达自己，最核心的目的就是为了让自己和公众剥离，和人们保持一定的距离。这让她接触了计算机，并因此来到了另一个虚拟空间之中。阿佳妮最不能接受的，就是在脸书上暴露内在自我，失去对外的抵抗力，面临尴尬和被入侵的局面。所有这些浮于表面的公共曝光——脸书、博客、沙龙、艺术作品，都既是伸向他人的手臂，也是自我保护的铠甲。

脸书的艺术非常符合特立尼达的艺术观——时刻保持轻松感和幽默感。阿佳妮可能外表冷酷，令人生畏，但她绝对不想被称为"女神"，这个称呼太过沉重，难以承担，毫无生趣。特立尼达

故事六　虚拟化身

的艺术总是以玩笑、幽默、游戏作为载体。要试图理解脸书最深层的内涵，就必须透过现象看本质。我们必须认识到，阿佳妮不遗余力地在公共空间展现外在自我的同时，也不顾一切地想保留一段相对长的独处时间，即使是她最好的朋友，也惊讶于她竟然需要时间来与世隔绝。她所做的一切都是为了追求自足和自治，保护和维持她的内在生命。因此，阿佳妮确实需要其他人，至少不低于大多数人的需求程度，她离不开她的广大观众，但是，说到底，阿佳妮需要他们，也只是需要他们出现在脸书上，而不是出现在现实中她的面前。

阿佳妮通过写作和艺术表达来释放自己的行为与她通过自己的身体和外表来培养的美学观一致。她把头发编成了大量的小辫，但不是乱蓬蓬的拉斯塔法里（Rasta）小辫，虽然也算是它的一种形式。编这种辫子的关键，就在于展现一种神一般可怕的力量，它们是她的盔甲和防具，很明显，如果有人敢碰一下，她就会把他的手指烧了。它们很像美杜莎的辫子，看起来庄重壮观，能击退敌人、保护自己，拥有石化的力量。实际上，你很难看到阿佳妮的脸，大量的头发遮住了她的面庞，转移了你的目光。

阿佳妮的衣着也同样富有表现力。如果要概括她的着装风格，那应该是"民族风"，但是这样的概括又稍显逊色，完全体现不出她在衣服质感、花纹、装饰等方面的折衷主义和原创性。这位沙龙的女主人，必须要成为她的艺术世界的视线中心，而服装则是不可或缺的一部分。阿佳妮和几位有名的设计师私交颇深，但是在特立尼达，好看往往意味着绑带T恤加亮眼手镯。这种艺术潮流区分于早前被称为"科斯奎尔"（cosquel）的时尚，即过度使用闪亮的面料和混搭的色彩。阿佳妮的着装特点鲜明，却又非常低调，白体恤配上一点拉斯塔的感觉，就是她的风格。

阿佳妮的自足意识和她的女权主义思想有很大关系，她绝不顺从于特立尼达传统的性别观念：男人用劳动换取女人的色相。这也是为什么她能和男性保持深入的、柏拉图式的关系，这在特立尼达实属罕见。阿佳妮对人有所区分。她的自我保护意识往往会击退一些泛泛之交，一旦成为她认定的朋友，就能在她的庇护下获益。

这种自足意识也是阿佳妮内在自我和外在自我对立的重要基础，它解释了为什么阿佳妮在向外界抒发表达的时候是最开心的，即使只是在脸书上发一条状态。沙克蒂之力就像脱掉的一层皮，现在她可以休息了，简简单单，独留于她内在生命的宁静与安详之中。一旦她以写作的方式向外界释放、表达，她灵魂的内核便能得到安宁和沉静，内在自我免于暴露，不必被盘问，也不必被认同，它就在那里，如瑜伽一般平和的心，被保护着，远离需求和欲望。

这个故事探讨了一个十足的公众人物为何以及如何保持内在自我的隐秘。遵循阿佳妮的处事逻辑，便能理解脸书自身的运行逻辑。阿佳妮给我们带来的重要启发就是，通过无休止的发帖，持续地曝光自己，并不会侵蚀个人隐私，反而能保护个人隐私。这也揭示了脸书出人意料的特质，这种特质与人的异质性和复杂性相互交融。对阿佳妮而言，她最近在自我塑造方面更新了认知，不是通过内省，而是通过看《阿凡达》（Avatar）这部电影。电影展现了一种极致的对比——在众人面前，强大、丰富、具有吸引力的生物，不知恐惧为何物，具有完全的掌控力，被众星捧月，最重要的是（无论故事多老套），它的色彩奇妙而迷人；但其实，它只是个虚拟化身，被看不见的平和静态中的另一种生物操纵着。不出所料，阿佳妮和电影产生了极大的共鸣。她向我吐露，她迫不及待想在今年的狂欢节扮演盖亚（Gaia）的角色，带领一支乐队，展现地球精神。万事俱备，只缺一条长长的蓝尾巴了。

故事七　时间盗贼

在过去的 3 个小时里，他一直在脸书上消磨时光，我的视线越过他的肩膀，一直盯着他刷脸书。3 个小时还远远不够。现在，我经常问处在各个年龄段的人们，问他们每天花多长时间刷脸书。通常，人们都会先停顿一下，然后问我"要说实话吗"，这时候，他们中的许多人会面露愧色，然后承认自己每天在脸书上逛 4 个小时或 6 个小时。而且，我在提问时区分得很清楚，把脸书开着和一直刷脸书是不一样的。但他们花费的 6 个小时还并不是指点开脸书，然后干点别的事情，让它自己在后台运行。他们的意思是，在脸书上，每天让他们有事可做、表现活跃的时间，长达 6 个小时。尽管我自己也用脸书，而且我正在研究它，但我发觉，我还是没抓到本质，也没有全然理解脸书。不论我再怎么努力，我都无法想象——那些每天需要在脸书上花费 6 个小时的人到底用它来做什么？我也

故事七　时间盗贼

是刚刚才弄明白为什么有人会沉迷于《开心农场》这样的游戏。但是，在访谈过程中，这些沉迷脸书的人说，他们会看看更新的照片，再查看一下别人的最新动态，然后他们也可能自己发布一些内容或评论帖子。我观察过很多人，他们会花大概半个小时的时间刷脸书——但是居然有人连刷6个小时？在英国的朋友们常常把脸书称为"时光盗贼"（time suck）——这可真是简洁明了，把脸书最强大的功能之一形容得十分贴切。但是人们花费那么长时间，究竟在脸书上做些什么？时间都去哪儿了？

　　和在许多其他的地方一样，在特立尼达，青少年是脸书最忠实的用户，他们也会在脸书上花费最多的时间。在大群的青少年中，亚伦（Aaron）似乎是个可供观察的理想人选。不可否认的是，虽然平均每周花费在脸书上的时间只有12个小时，但是亚伦的确称得上是个忠实用户，因为他每周能够上网的时间只有两天。作为一个家里没有接入互联网的人，他每周花费在脸书上的这12小时也够让人印象深刻的了。亚伦通过两种方式上网：当地的图书馆里有7台电脑可用，不过他得盯着那些似乎要走的人，时刻等待补位。还有，有些邻居家联网了，他就得待在别人家的角落里蹭网，不过要时刻保持安静、守规矩，不打扰别人家的线下生活。这些联网的家庭对待别人的蹭网行为都表现得十分包容。在许多其他国家，或者是在特立尼达的高档小区里，因为主人在乎隐私，想要蹭网十分困难。这里的人们可没那么多顾虑。关于这一点，10年前我在特立尼达研究互联网的时候，就已经了解得清清楚楚：小区里如果有一个人联网，那么大家都能受益。

如果说，亚伦为了刷脸书体现出了百折不挠的精神，那么倒是呼应了他的居住地——恩特普赖斯（Enterprise）所倡导的开拓精神。这个名字实在贴切，意思就是进取心。恩特普赖斯位于特立尼达中部的查瓜纳斯，该地区的主要人口都是东印度裔人，而恩特普赖斯则是一块由非洲后裔控制的飞地，因而显得非同寻常。在它的中心地带是一个棚户区，这个棚户区最初是用装进口汽车零件的板条箱搭成的，后来逐渐合法化了。大约20年前，我第一次在那里做研究时，几乎没有一间屋子有电，屋子里也没有水立管供水。然而，即使在那些日子里，人们也会用汽车电池为小型电视供电，这样他们就不会错过当时最有影响力的肥皂剧——《后生可畏》。如今，许多棚屋已经被由混凝土和轻型煤渣砖建成的房子所取代，家家户户也都装上了室内管道系统。我很喜欢这个地方的一部分原因是，多年前，我就在这里参加过最棒的派对。人们会在这里"学坏"。"学坏"是当时的说法，也就是现在我们所说的"尽情寻欢作乐"的意思。在派对的比赛中，我支持的是当地一只钢鼓乐队——热带天使竖琴乐队。在恩特普赖斯，有些人通过扒窃和小偷小摸过活。而且，这个地方还存在毒品滥用等问题。不过，它却也洋溢着一种别具一格的积极能量。

不过,这些结论倒不是非得通过观察亚伦才能得出。因为,和其他很多国家的年轻男孩一样,亚伦似乎将自己的全副身心都投入到了网络生活中,他在脸书上的投入程度,与其他男孩玩网络游戏的专注度并无两样。亚伦采取的这种态度倒刚好成全了我做研究。他要安安静静地待在别人的客厅里,所以似乎完全没有注意到我的存在。而我不过只是想观察他刷几个小时的脸书,这对他来说似乎无所谓。

与许多同龄人相比,亚伦不那么口齿伶俐,也不善于交际。事实上,他在脸书上的朋友还不到 100 个。这些朋友中大概只有 5 个是他的亲戚,而且多是和他同龄的表亲。亚伦基本上把班上可以使用电脑的同学都加为好友了。他数了数,在他们班的 31 个同学中,有 12 个人没有脸书账号。这个比率差不多就是脸书在低收入地区这一年龄段的人中的渗透率。亚伦在脸书上的大多数朋友都是这个地区其他学校的女生。所以说,他的脸书好友基本上都是他的同龄人,脸书就是他学校生活的一个延伸。不过,好友里面也有几个例外。亚伦尝试着添加了几位不怎么有名气的名人,其中包括参演系列电影《暮光之城》(*Twilight*)的一位演员和一位牙买加的舞蹈艺术家。亚伦有 6 个兄弟姐妹,其中,有两个哥哥住在美国。事实上,他并不知道他们住在美国的哪个地区,也不知道他们在那里做什么。他们之间没有多少接触。但是，正是得益于两个哥哥在美国，他才拥有了自己的笔记本电脑，他对此特别感激。

　　脸书通过很多不同的方式"盗走时光"，不过主要是通过三种活动：第一种是线上交流，第二种是网络游戏，第三种是打磨自己的主页。很多人在打磨个人简介时，会选择一些事物与自己相连，并以此来表明自己的世界观。幽默往往是展示良好自我形象的关键，不过，这就好像在购物时经常会碰见现成货一样，大部分幽默也都是提前准备好的。也就是说，亚伦很少在脸书上原创笑话，往往是在别的地方看到，然后选取了一些放到自己的主页上，以此来吸引别人。亚伦很明确地知道哪些笑话能收获奇效，这和维莎拉身着盛装站在多巴哥拍照是一个道理。"成为……的粉"也是同一个道理，对于孩子们来说，就是粉上了某些有趣的语句或观点，并由此发挥想象力。我本来不打算翻译下面的例子了，因为它们充斥着特立尼达15岁孩子爱讲的俚语，而且这些说法的保质期通常只有几分钟。不过，既然我们可以从脸书上将这些话语剪切和粘贴下来，它就可以用来了解更多特立尼达人在发帖上的审美偏好。在他们发布的帖子里，充斥着故意为之的拼写错误、语法游戏和当地方言。

　　我的视线越过亚伦肩头，看到的第一类亚伦粉的帖子跟学校生活直接相关：

故事七　时间盗贼

如果我能像记住歌词那样记住功课，我早成天才了。

老师让你：在上课时发短信、吃饭、聊天、听音乐。

打呀，打呀，打呀，打呀……哦，该死的老师们来了，快快快快快快快快跑。

还有相当多的帖子内容和脸书直接相关，他们经常讽刺一些线上活动，比如，他还粉了这样一些帖子：

我不是跟踪狂，这些消息只是出现在了我的主页上而已。

我讨厌别人加我好友然后问我是谁！是你加的我，傻瓜！该我问你吧！

好吧，我敢发誓我已经粉了粉了（我也不确定。。。）。

我讨厌丑八怪加我……呸呸呸!!!!

如果脸书也是一门课……我的父母该多么自豪………:)。

还有一类。看上去像是某人随口说出的话，但这些笑话或者感悟可能刚好让另一个人感触颇深，比如：

我要努力实现我的梦想——醒来之后，再努力睡一觉。

熊猫是最不可能产生种族歧视的动物，因为它们又黑、又白,而且还来自亚洲!

我粉上了曾经的好友,虽然现在已经绝交了。

我他妈的根本不不不不不不不在乎。

形容所有坏事的时候,我一概用"Gay"这个词。

我爱耶稣我骄傲。

我像你这么大的时候,失去的是一颗牙,而不是童贞。

脸书上还设有群组,群组的功能和上面这类例子呈现的功能差不多。理论上讲,群组是为了方便你随时进去查看别人的动态。但是,这些孩子们使用群组的方式基本上和他们"粉帖子"的方式差不多。他们倾向于一起涌到那个显示个人资料的页面上,标记一堆兴趣,这样一来,查看这个群组的人就会对他们产生一个即时印象。以下这些群组都很典型,亚伦也是其中的组员:

杀手、青年联盟舞者、ECLECTIK、谈话终结者(混合版)、黑帮、加沙青年(W.S.P)、匡威®摇滚国际™、我爱跳楼、特立尼达和多巴哥基督再生论者青年会(TTAYC)、禅宗集团、整顿憎恨者班组、小甜甜布兰妮、Pum Pum征服者、Mi She、Fire bun《开心农场》!!!!、斗牛犬爱好者、国际顽固分子、别再吃兔子了!、求生中的特立尼达人、我们需要500万的在校生的支持正式要求

故事七　时间盗贼

周五不上课！、【吃了它…帕莱斯…尽情玩吧】、给你的脸书换个皮肤吧（仅针对火狐浏览器）、杰斯伯®摇滚国际™、反对在特立尼达和多巴哥宣扬种族主义

上传照片是人们"打扮"脸书个人主页的主要方式，亚伦也想在他的个人主页中上传更多的照片，但他没有相机。所以，亚伦的有些照片素材是线上游戏的截屏、跑车、女孩和足球，还有几张他自己摆出各种姿势的照片，其中两张是他和家人的合影。亚伦更愿意花费大把的时间评论别人的照片，这比他花在评论别人的新消息或其他东西上面的时间多得多。在亚伦的页面上也有一些评论。比如有不少玩笑都和足球有关（"切尔西不错，但巴萨一生追!!!!!!"），还有一些延伸讨论，是关于一名切尔西球员是否是曼联球员韦恩·鲁尼的对手。这些评论大多来自男孩，但也有一些来自女孩的评论，比如，亚伦展示过一辆改装车的照片，就有女孩在他发布的照片下评论道：

仄是我的拉风小子……
哈哈！！！！！！！！！！！喜耐仄种风格。

还有很多是私人评论：

理发师小哥冲呀,把那家伙塞进你的屁眼里。

是的,我就是想说,凶弟们最拉风……与众不同、真潇洒!!!这是最佳穿搭。

仄是关于那天更多哩聊天记录额………所以你们看看,我队辣些莪自己的东西看得狠紧

你他妈的同性恋

蓝孩,看着莪,我会亮瞎你的眼

大蓝孩们,看看辣边的红发吕孩,她好甜哎,她好性感

哈哈!!!我想拍张照片……有问题吗??

斯通特尔……我额要告诉泥,疯了额……阿我喜欢泥,泥喜欢我吗:P

克莱姆问她,你置己表现哩像个洒子,呆去了好多乐趣给她。

谁卟喜欢它,我卟喜欢,我觉得这是一张普通的图片

人们上传的大多数有关于他们自己的照片都没什么出人意料之处。有些人传照片是觉得自己当时看起来特别美,另外一些照片则记录着他们正在做的傻事,但那些事情其实也没那么傻。不过,有一次,亚伦认识的一个女孩上传了自己身穿比基尼的照片,这让他吓了一大跳。

故事七　时间盗贼

　　还有另一个"打扮"公共主页的方法，就是留言板上的内容。亚伦最在乎的是自己得到的脸书礼物够不够多，而不是那些评论和回复。送礼物更像是一场持续的活动，但这场活动会在情人节或他的生日前后达到高潮。这些礼物通常是由虚拟礼物组成的各种图形，或者是一些"祝福"，这就相当于选择了一张带有特殊图案的卡片送给别人。这类例子有："你刚刚被我的美味 In-N-Out 双层芝士汉堡砸中了！"或者"我刚才用一只舒服的枕头打中你了，你有两天时间反击，否则你就输了！"正如后面这个例子所暗示的那样，其中明显存在着对互动的渴望。这是因为，要评价你的个人主页，最重要的是看其他人在上面发了什么、有多少人访问、有多少人留言。只有这些指标高了，你的个人主页才算好，否则你自己再怎么折腾都不管用。

　　人们也会在留言板上发消息然后互相回复。尽管，在亚伦这个例子中，相比于在他主页留言的女孩而言，他自己发布的内容要简短得多。不过男孩们似乎都是这样。下面是部分亚伦自己贴在墙上的语句：

> 我现在记起待在家里有多么无聊了………蠢哪
>
> 谁害怕大坏狼？
>
> 电脑把一切都搞砸了…蠢哪

坎迪斯回家吧，算我求求求求求求你了……你可真能给我找麻烦!!!!!!!:(

四点得去教堂吃晚餐 但我七点还在家里…哈哈…我没到晚餐就不能开始！小事儿……哈哈

正如伟大的泥潭曾经说过……*咕嘟 咕嘟 咕*

我受够了

为海地默哀……………………………………………………*叹息*

相比之下，亚伦认识的女孩发布的内容是这样的：

如果你恨我你就记着正因为有你这样的人我每天都会笑醒因为每天我都在证明你错了而且因为你总是谈论我所以我一直很受欢迎所以继续恨我吧也继续看我赢

好吧妳天真是嗨翻了太有趣了同时我真的太嗨了所以今天真是太美好了我的 A 我想再说一次...我非常耐你 > 木嘛 <

好吧那支舞本来不错有点搞砸了但我真的跳了还跳的不错…………PALANCE!!!!!!!!!!!!! 很好 !!!!!!!!!!! 我真正狠享受。

当时，很明显有个女孩对亚伦发布的两个帖子感到不满：

故事七 时间盗贼

　　嗨嗨！我的亚伦你就一直更新动态吧 你绝不会失望 你一直在背后说我的坏话 你就好好嘲笑你自己的荒谬恶趣味愚蠢吧 你疯了吗？没别的事情好做吗？呵呵 我看你就是没事干 所以你继续嘲笑我吧 等到我翻身了你就完了 你就继续笑得屁滚尿流吧 是的 就是那么有趣！！！！！！！！！！！！！！！！！！！！！

　　好吧 我的亚伦和往常一样在嘲笑我 你就一直更新吧 没关系………你还是没有激怒我 也没扳倒我 所以亚伦你听好 低头吧 你只会让我为自己感到自豪哈哈 > 木嘛 <

这些帖子给我们提供了一些范例，通过这些只言片语，我们在现实世界也能够略微地了解人们在脸书上获得的乐趣。我的确花了很多时间去观察，但那种乐趣是无法诉诸文本的。以上对话都来自亚伦在脸书上的私人聊天记录。亚伦和我观察过的其他人不同，另一些人可能在脸书上同时和很多人聊天，但亚伦往往每次只专注于一个聊天对象。这反过来也印证了他脸书好友的两个主要来源。在脸书上，他要么和同班同学聊天，放学后亚伦就和他们混在一起，聊聊女孩、音乐和游戏，脸书上的闲聊也是亚伦和同学聊天的一种方式；要么他就和附近学校的女孩们聊天，脸书这时候就成了促成他和女孩们交往的工具。亚伦在开展这两种对话时，已经形成了两种不同的风格。面对这些女孩时，亚伦不会讲太露骨或太私

facebook
脸书故事

人的话，他想要证明自己很搞笑、自然不做作、为人有趣、充满吸引力。开玩笑时，他会跟女孩们谈论谁上的学校更好，聊聊她们学校的女孩一般是什么样的，或者谈谈自己对所有女孩的看法。交流看法能增进他对彼此的了解，也预示着，未来他们可能会一起跳舞、一起参加聚会。

所以，无需直言，亚伦和那些女孩们都知道，他们未来可能会在某个地方一起"出场"，也就是说，两人会在未来的某个时候约着见面。脸书上的交流不要求任何一方真正开口约对方出去，因为真的开口的话，很可能要面对别人的拒绝，这太可怕了。但是，在脸书上，他们则可以先进一步了解对方，然后找到某个合适的切口，去了解对方的性格，这会让他们知道自己是否想要和对方有进一步的接触。亚伦也可能会得出这样的结论：有个女孩很有趣，即使他觉得这个女孩不够漂亮，不想在线下和她发展情侣关系，他还是愿意在网上和她一起消磨时间。对于那些认为自己长相平平、行事普通的人来说，脸书是一个特别宝贵的社交场所。无需多言，每个人心里都有数，为什么有些人在线上成为好朋友，但却不愿在现实生活中和对方见面，只想维持线上交往的状态。在现实生活中，你会更想要去结交长得好看、做事很酷的孩子们，即使你并不喜欢他们。你根本没有其他选择。

有时，脸书聊天的话题会变得更加私人化一些，人们会在脸书

故事七　时间盗贼

上谈论自己对兄弟姐妹、父母或某位老师的感受，或者，十几岁的孩子们也会在脸书上抱怨，在他们经历的某个特定的时刻，生活糟糕透顶。亚伦坦率地承认，他发现，在脸书上与人交流感受要比在现实生活中和别人谈论情感容易得多。在他看来，女孩更擅长在公共场合表达自己的情感。不过，据我所见，即使在脸书上，女孩也比男孩更容易吐露心声、表达感受。但是，脸书为亚伦提供了表达自我的平台。想要理解亚伦在脸书上的行为，最关键的是不要那么快就否定这些看起来没什么营养的帖子、对话以及他和别人之间产生的联系，不要觉得这些无关紧要、十分肤浅。别搞错了：这些青少年正是通过开玩笑和幽默来仔细观察和评判彼此。如今，脸书对他们来说是一个十分重要的平台，在这里，他们学习表达自我、练习口才、培养理解力，并成为讽刺大师。在他们的同龄人看来，这些能力和穿什么衣服、讲什么笑话、和什么人一起玩这些可以观察到的东西一样重要。

　　网络游戏是脸书"盗走时光"的第三种方式。最近，亚伦可以说是在这三种方式之间不断切换、消磨时间。他在《黑帮首领》（*Yakuza Lords*）游戏中玩到了 53 级。有几个比他大两岁的孩子则是日本动漫的忠实粉丝。亚伦还会玩《黑帮战争》（*Mafia Wars*），不过现在在特立尼达最流行的游戏可能是《开心农场》。亚伦还玩了一个叫作《咖啡馆世界》（*Cafe World*）的游戏，不过，就像他母亲指出的，玩这个游戏不代表亚伦现实生活中对做饭感兴趣。

所以，几个小时过去了，时间都被偷走了。有的只是没完没了地浏览页面、聊天、开玩笑，玩一小会儿游戏，然后再聊会儿天——周而复始、不断循环。对于旁观者而言，这一切似乎只会令人麻木，感到乏味至极；特别是在观察的头一两个小时过去之后，你会很难集中注意力继续观察。但对亚伦来说，在脸书上关注动态详情、查看实时更新并不会让他分心，这也不是那种拖着他远离重要事情的无聊消遣。亚伦很熟练地跟自己的朋友们互动，并且在这个过程中完成了一系列高难度任务，那就是让这些互动显得足够搞笑、足够有趣、足够关心对方。面对别人的玩笑，他必须立刻反唇相讥，还得学着如何在别人没有回应自己时适当地予以提示，省得自己丢了面子。这些技能会让亚伦在与他人相处时变得自信、应对自如，反之则会让他变得沮丧、缺乏吸引力。是否掌握了这些关键的社交技能可以决定一个人的生活快乐与否。不难理解，掌握这些技能对亚伦来说至关重要，因此，在他看来，在脸书上花费的时光都已经物尽其用，一刻也没有浪费。

故事八　向外发声

我在10年前和唐·斯莱特（Don Slater）一起写了一本书——《互联网：民族志方法的研究》[1]，其中讨论过一个教会，它在这次的田野调查中再次呈现出极大的价值。其实这并不奇怪。这个名为伊利亚事工会（Elijah Ministries）的教会是由一位曾就职于西印度群岛大学的讲师创立的，并且招募了大量的学生和学者。成立之初，该教会就深受新技术的影响，只不过在1999年，当我发现该教会和新媒体居然建立了关系时，更多是感到激动，2010年再与这个教会相遇时，我则有更多清醒的思考。

在加勒比地区开展民族志研究，很难不接触到五旬节派（Pentecostalism），一旦去了解，就会立即领会这一基督教支系教会

---

[1] Miller, D. and Slater, D. (2000), *The Internet: An Ethnographic Approach*. Oxford: Berg.

facebook
脸书故事

的主要动机：向外发声。这一教派拥有很强的劝教能力，并且在这方面成绩卓著，它不仅在加勒比地区产生了重大的影响，在非洲、太平洋、拉丁美洲和美国等地也影响深远，当属 20 世纪最激进、最重要的变革之一。然而，在英国，除了那些参与五旬节教会的教徒，大多数人完全不了解它；即便一些人略有了解，也是将之视为一种怪诞的狂热崇拜，认为该教和美国某些狂热的极端教派一样，这些教派与欧洲世俗化的趋势形成鲜明的对比。

如果参加五旬节派的服事，他们按手祷告的形式、交谈所用的方言，到缴纳什一税的认真态度，都会令你加深这样的印象。对于世俗世界而言，五旬节派不是一种信念，而是一种着魔的状态，其实它的教徒也意识到了这个问题，这一重生的福音派基督教意图就在于营造这种状态，让追随者获得救赎。跟我关系很好的一位特立尼达友人就是五旬节派的传教士，我曾几次参加过他们在牙买加、英国、特立尼达等地举办的服事，规模高达 9000 人次。

但其实，伊利亚事工会并非一个传统的五旬节教会。它号称自己是更进一步的使徒教会（Apostolic church）。除了神学分歧之外，最大的差异就在于它没有受美国太大的影响，而是更多地基于特立尼达的本土社群（虽然大多数为非洲裔社群），一些印裔特立尼达人表示，他们在这样的教会中不太自在。

1999 年，接受访谈的教会成员为互联网的诞生提供了神学角

故事八　向外发声

度的解释。他们认为，这个世界上所发生的一切，都是上帝的旨意。从这个角度而言，人类并没有发明互联网。我们应该问的问题是：上帝赐予人类互联网，背后的原因是什么？如果说互联网为跨国传播提供了前所未有的契机，那一定是因为上帝在指引我们——现在是时候让教会走向世界，实现它们的使命，全球范围的大救赎即将来临。简而言之，互联网是上帝赐予我们的更高效的"向外发声"的渠道。根据这个逻辑（使徒教会一般都擅长逻辑思考），教会应该毫无保留地将互联网视为上帝的选择，并将一切工作都迁至网上。因此，为了充分展现互联网是上帝选中的技术，1999年爆发了一场运动，废除了教会所有非网络工作形式，包括面对面的服事。

到了2010年，这种热潮有所消退，教会实际上在大学附近的基地保留了定期的、更传统的活动形式，但伊利亚事工会依然是特立尼达最重视技术的教会。为了与1999年的目标保持一致，伊利亚事工会利用互联网发起了一项全球运动。在这10年间，伊利亚事工会从特立尼达的原驻地迅速发展，现已在12个国家建立了"使馆"，并更名为"突破世界的王国"（The World Breakthrough Kingdom）。由此，一个"全球无疆界王国社群"（Global Borderless Kingdom Community）便形成了，这个社群跨越了加勒比地区的伯利兹（Belize）和圣卢西亚（St. Lucia）、美国、威尔士、南非和新西兰等地。教会网站也作为"突破世界的网络"而存在,其主页指明,教会的 8 个主要部门之一便是全球传播技术部。援引其网站原文:

> 此部门是整合教会各部门结构最重要的粘合剂。它的使命是设计并启动通信协议及各种系统,令教会领导层得以发挥洞察力、形成凝聚力和生产力,推动教会的进步。
>
> 该部门的目标就是合理塑造全体人员的心态和思维,让他们在上帝的王国(the Kingdom of God)中团结一心,并通过战略性传播管理、实现教会各部门信息流最大化及内外部接口的有效开放和维护,最终令教会取得"零阻力"的进展。[1]

迈克尔(Michael)是这个教会的热心成员,他和 10 年前的被访者一样,谈起新媒体技术来头头是道。通信技术不仅是达到目的的手段,这个教会最核心的教义就是持续不断的"改革"。迈克尔指出,马丁·路德(Martin Luther)和印刷术推动了教会的首次改革,而现在,新技术是一个符号,它标志着"上帝正在前进",并

---

[1] www.congresswbn.org/cwbn/Sectors/GCT/tabid/189/Default.aspx (访问时间 2010 年 7 月 28 日)。

故事八　向外发声

推动人类前进。迈克尔是上帝的极客，除了在教会的日常活动，他还参加了远程教育课程，通过摄像头在Skype上完成监测。迈克尔有7个不同的电子邮箱，用他自己的话说："使徒教会的要义就是万物皆圣典。我们要做的就是'让山谷升高，让山峰降低'，缩小二者之间的差距。上帝认为，全球化和互联网的效用就在于，它们通过技术能在一定程度上解决不平等的问题。"

迈克尔是教会传播部的一员，为其建立独特的跨国传播版图贡献力量。目前，教会所有的使馆都会同步直播礼拜仪式，彼此紧密联结。新西兰使馆是唯一的例外，16个小时的时差令其无法同步。在另一个屏幕上，特立尼达的发言人可以将解读圣经的PPT投影给所有的使馆观看。根据迈克尔的说法，教会还有一个即时信息聊天室，"你随便什么时候登录，都能看到有谁和你同步在线"。尽管在伦敦使馆的礼拜仪式上这一操作还未普及，但是这种对新技术的应用依然令人印象深刻。很多服事都会提到技术，比如，大家常说"没有人在博客上谈论此事""全靠谷歌地图""感谢你的E-mail""现在请别Q我""我不知道我们所做的一切是否有电脑记录，便于审判日那天调取""人们不会发行以正义为题的CD""把所有东西整理到一个文件夹，筹备好基础系统"……

会众记笔记的方式也体现出了通信技术在教会的中心地位。大约三分之一的会众都有笔记本电脑。更令人惊讶的是，很多人在

iPhone上单指键入笔记。这里的服事不同于传统的五旬节教会采用的形式，在这里，没有按手祷告之类的仪式，甚至没有捐款。虽然提到了某一位教徒的需求，但是和大多数五旬节教会相比，钱的问题在这里更为谨慎。布道的主要方式，是用PPT展示丰富的宗教圣典引文，并基于此进行评论，传教士出现在PPT屏幕右上方的小屏中，形式类似于学术讲座，从论证、推理、由文本提炼证据的标准来看，可以比肩高端的大学讲座。改革的目的就是消除预设，回归圣典中的基本含义及其传递的信息。

这个教会对于新技术推动教会信息传达和结构形式整合有非常清楚的认识，但是脸书在其中却没有清晰的定位。服事开始时，脸书会被投影给会众，让他们看到某两位教徒在这周迎来了他们的孩子。但对于一个特立尼达人而言，将教会和窥私的Macobook联系在一起是很有问题的。一个充斥着八卦和丑闻的社交平台怎么看也不像是纯粹的上帝恩典。不过这就不仅仅是脸书的问题了，迈克尔提出：

> 如果一个人内心扭曲，他会无所不用其极。技术确实很有用，但是我们必须明智地使用它。我们的人品决定了使用的后果。不要上网找色情片，也不要在网上攻击他人，这些都违背了上帝的箴言。

故事八　向外发声

　　使用技术帮助人们建立关系是有益的，但是需要以正确的方式进行。一个使馆的男性会众较多，而另一个使馆女性会众较多，那么通信技术就能帮助他们建立联系，让他们走到一起，结成美满的婚姻，这就是为"主"服务。

　　迈克尔个人倒不需要这方面的帮助，因为他马上就要和未婚妻结婚了。他们两人相识于网络上的一个基督教主页，当时女方还在加拿大读博士，迈克尔也还没有加入现在这个教会。这个主页是迈克尔上学的时候帮忙建立的，当时他发现很多同学非常内向，不愿提出自己的想法和意见。后来他又在脸书上重新建立了一个主页，专门用于宗教讨论。起初，主页大获成功，同学们非常乐于在上面交换意见、参与讨论。但是，这样的线上形式也令讨论者们反复收到垃圾邮件，后来还有一些极端、暴躁的群体在此发帖，将整件事复杂化了。

　　迈克尔就是在这里遇到了他的未婚妻。一开始，他们主要在脸书上讨论一些神学话题和争论点，从间歇性讨论到每天讨论。渐渐地，当话题进入到相对私人的领域，他们便开始用 MSN 聊天，在线下见面之前，他们就已经充分了解对方了。不巧的是，当他的未婚妻学成后回到特立尼达，迈克尔又要出国学习一年。有了脸书提供的渠道，迈克尔慢慢在脸书上添加了未婚妻的表亲们为好友。他们相处融洽，互动越发频繁，不讨论什么严肃的话题，就是"互相留言"或"说些有的没的"。迈克尔发现未婚妻的家庭关系非常紧密，是他从未接触过的，她所有的兄弟姐妹都会在一个群里聊天，迈克尔和自己的家人从未如此亲近，但他其实很喜欢这种家人间的相处模式。很快，他们的关系便进一步加深，他频繁地出现在他们的发帖和讨论之中。尤其是，未婚妻的一些表亲会因为迈克尔出过国，便将他视为标杆，向他咨询各种各样的问题。但是，脸书并没有让他了解她最亲近的亲人，虽然他也经常在上面看到他们的身影。相反，脸书其实是促成了另一种家庭，让他成为他们"兄弟伙"的一部分。这种家庭以同辈为主，不那么挑剔或苛刻，气氛有趣而友好，就像他小时候想象过却没有体会过的，一大家人外出野餐的氛围一样。

因此，在迈克尔向他未婚妻求婚之前，就已经被她的脸书家庭所接受，并融入了他们。脸书也是一个很好的平台，让迈克尔更多地了解未婚妻的大学同学，看他们曾经发的照片，了解她那时候的生活。他并没有太融入这个圈子，但是通过这种方式，他更了解那个还没有遇到他的她。当未婚妻提到一个人，或这个人出现在兄弟伙家庭中的时候，迈克尔就能快速地对上他的名字和照片。脸书的技术性在这方面帮了大忙，让他非常满意。迈克尔在童年的时候非常孤独，所以从前他都不太愿意拓展自己的人际关系，认为与人打交道是女性的专长。现在，在他生活的方方面面，脸书或者说计算

故事八 向外发声

机网络,都为他提供了帮助和支持。

这些原因也推动迈克尔接触到伊利亚事工会,并在后来参与度越来越高。这个教会似乎非常理解他对待通信技术的严肃态度,给予他一个独特的位置,让他完成特别的目标,认同他内心对技术的狂热,并令其有用武之地。另外,教会也巩固了他在未婚妻兄弟伙的陪伴中获得的愉悦感。毕竟,他对技术的狂热会让他感到孤独,而这种强烈的社群意识实则抵消了这种孤独。

迈克尔代表了这样的一群人,他们发现了脸书或者说通讯系统的技术性的一面,于是将脸书当作切入口和避风港。这群人往往无法纯熟而持久地斡旋于人际关系的旋涡中,他们认为这是女性擅长的事。通常情况下,都是迈克尔未婚妻的女性亲属闹哄哄地创造话题,将他带入到她们的脸书世界之中。迈克尔很喜欢这点,但他自己实在做不到,他一般只会跟他人讨论神学相关的话题,或进行技术性的实际任务操作。

迈克尔其实代表了教会中大多数男性,他们将技术本身放在很重要的位置。而下面我要讲卡米尔(Camille)的故事,刚好与此相互补充——她代表了教会中大多数女性,于她们而言,技术只隐身幕后。她们毫不纠结脸书是否适用于教会的工作,而更关注如照片、穿着、婚礼等内容层面的话题。对卡米尔而言,脸书是生活必需品。经过设置,她不仅会在脸书上收到信息,黑莓手机和电子邮箱也会不断提醒她收到了消息。因此，她从早到晚都在遭受脸书信息的轰炸，她也内疚地承认，每天要在上面花上3个小时的时间。

一方面看来，卡米尔的脸书使用代表了大多数特立尼达人——图片为主，文字为辅。她会花大量的时间回复别人对她照片的评论。根据标签，她也能认识其他人，跟进他们的状态。经常是在照片里看到了某个人，而引发了关于某个朋友的兄弟的疑问，像是"他到底有没有拿到那笔奖学金"之类的问题。她将此视为八卦良性的一面：大家恰如其分地表现出对他人的兴趣，也因此形成了一个互相关心的社群。她加入了很多群组、粉丝主页和其他兴趣社群，这对于当过学生的人来说是很自然的，教育令他们具有随时掌握最新信息的需求和技能，也因此能够举一反三，像了解最新的研究一样，了解最流行的音乐和最时尚的穿衣搭配。卡米尔对摄影颇有兴趣，脸书让她得以加入一个跨国的摄影群组，她是里面唯一的特立尼达人。卡米尔刚生了孩子，这让她无法安心外出旅行，因此，脸书很自然地成为她看世界的工具，令她得以保持自己的世界主义理想。

与迈克尔不同的是，卡米尔并没有提到脸书上的情色问题，她担忧的是其他类型的照片。"一些人发的照片其实不合适。就像我的一些朋友，有自己的宝宝，但没人想看你生孩子的场景，看你的

故事八 向外发声

胃袒露无疑。我可能有点保守,所以觉得那些照片不合适,当然,发什么是他们的自由。"她很明确自己的网络礼仪,例如,她只添加自己认识的人和了解的人为脸书好友。她提到,在教会里,有很多朋友"真的太疑神疑鬼了。这种人给我发邮件就好了"。也有人和卡米尔形成鲜明对比,他们毫不关心自己发布的内容,并因此造成荒谬的错误。

由于工作需要,卡米尔在脸书上的社交网络扩大到了教会之外,并因此深刻体察到了脸书的各种效用。"如果你翘了班,千万不要在脸书上说你在沙滩玩,或是用手机拍照上传到脸书,这很不明智。"比如有一次,她曾把一个朋友叫到一旁,"我告诉她说,我在脸书上看到你喝醉了。当时,她在狂欢节上喝酒,你可以看到她跟谁在一起,身边有什么人。你可以看到整个人从清醒到烂醉的堕落过程。"这个故事的关键在于,她的这个朋友并不用脸书,而且她根本不想出现在脸书上。但是正如卡米尔告诉她:"你知道,其实出现在脸书上总比完全不出现要好。至少这样她能知道有人发了这些帖子,并采取措施取消照片标签,或适当更改隐私设置。"卡米尔认为,没有什么办法可以阻止别人把你的照片发到脸书上,你想置身事外保护隐私,完全就是天方夜谭——至少在特立尼达这样一个公共领域和脸书完全绑定的地方,就是如此。她认为,更好的办法就是安然处之,明智使用。她更喜欢将脸书视为一种提高效率的技术。

> 脸书让我以更便捷的方式与朋友保持联系。它花更少的时间，因为每个人都被整合在一个群组中。我可以直接点击你的名字，然后说："噢，我有一段时间没听说桑德拉的消息了，她都在忙什么呢。"然后我可以去她的主页，看到她现在不在特立尼达，或者她正在参加某个会议。就像这样。

然而，脸书引发的一些不快对她个人也造成了一些影响。无论她多看好脸书更新人际关系的能力，她都希望这一切是可控的。问题就在于，除了工作、照顾孩子、参与教会以外，她已经在脸书上花了尽可能多的时间。然而，她的母亲刚退休不久，手上有更大把的时间——可能有点过多了。她一直觉得10分钟的电话都是冒犯，必须要打满一个小时才算数。当她开始用脸书之后，便毫无限制地扩大自己的社交网络。她添加卡米尔为好友实属正常，但是她看到卡米尔朋友的发帖，便开始添加卡米尔的朋友们为好友，并在他们的主页发表评论，她认为这样做很好，但是……她的女儿……并不这么想。这些都是卡米尔的朋友，他们多多少少会觉得卡米尔的母亲插入到女儿的社交网络中有些奇怪。现在，当她们见面，卡米尔就会从母亲的口中了解到自己朋友的近况。即便卡米尔确实更

故事八　向外发声

忙一些,没那么多时间了解朋友之间有趣的事情,但是由母亲越俎代庖也确实不合适。

另一个问题就是脸书对人们着装的影响。在特立尼达有一种传统,这种传统甚至可以追溯至奴隶时期,那就是女性在特殊场合必须穿新衣服。以前,人们还能从一件套装里选取一些单品使用,但是现在有了脸书:

> 我真是觉得天啊……我现在完全不想再穿这条裙子。有人会问"你不是也穿这个去参加了六个月前的婚礼吗,还有别的什么活动?"我以前的做法是穿同样的衣服去见不同的人。例如,一个同学结婚,和一个表兄弟结婚,这是两个不同的人群,虽然可能有一些重叠,但是总的来说是两个不同的人群。我就会穿同样的衣服去。但是现在脸书上,就算我不发婚礼现场的照片,也会有其他人发布我在婚礼上的照片。我不想让别人看到我穿了什么,然后评论或者私信问我在哪儿买的衣服。

如果你纵览教会成员的脸书主页,就会发现,婚礼真的是他们在线上露面的主要场合,这是社群本身的反映。如果说有一件事,卡米尔要努力想办法,亲自飞到伦敦去参加,那一定是个婚礼。毕竟,每个周日她都和这些人一起参与服事,并且教会内部的婚礼也一直受到鼓励，婚礼是展现教会社群性质的核心环节。会有无数评论探讨，谁在婚礼上穿了什么，但也反映出这些照片扮演了更重要的角色——追踪教会成员的最新消息。婚礼之后，脸书会时刻更新，告诉你谁怀孕了，宝宝出生了没，孩子们在学校表现如何，等等。一旦有新的照片发布，就会激发各种评论，包括讨论孩子们的成长，孩子长得多像爸爸，就像人们在线下婚礼的讨论一样，虽然平庸老套，但又是社群的最佳粘合剂。其中，可能有评论吐槽人们在婚礼上的着装。但只要你读过十八九世纪的英国小说就会明白，当时的人们去参加教会唱诗时，甚至还把吐槽别人的装束当成整个集会的重要环节。卡米尔指出，当人们实际见面的时候，对话会涉及更深层次的意图和兴趣，因为像关于宝宝的赞叹和埋怨、关于着装的评论和吐槽，诸如此类无关痛痒的讨论早已在脸书上完成了。

无论是卡米尔还是迈克尔，几乎所有教会成员都同样非常清楚，他们的教会比其他教会与媒介的联系更加密切。并且他们都对利用媒介传教布道这一点侃侃而谈，卡米尔指出：

> 我们坚信，引入互联网在实现联结性这一层面，确实有助于推动上帝教义的传播。我认为，互联网的好处数不胜数，这就是我们的感受，对于教会尤其如此。它已经成为人类生活的一种重要工具，用来联结全球。如果没有互联网，就没有我们的使馆，

故事八　向外发声

我们也无法获知外界信息。我敢说，一切事物的存在，都有它的价值，无论好坏。对我而言，互联网是一个战略性工具，我们也非常尊重它的"战略性"，因此教会设有全球传播技术部，这表现出我们不是一个普通的教会。

在很多方面，迈克尔和卡米尔与脸书的不同关系都体现出特立尼达更广泛的性别差异。迈克尔与脸书的技术性更有共鸣，而对于其社交中八卦、琐碎的一面并不适应。相反，卡米尔则乐于将脸书视为整理婚礼现场图、参与家庭和社群闲聊的理想场所，连其缺点也照单全收。然而，作为使徒教会的成员，他们两人都明确了技术与教会之间意义更加重大的联系。脸书，和其他所有新技术一样，是上帝此时此地赐予人类的工具。对于阐释这些天赐之物，并理解其重要性，令其服务于教会，他们都责无旁贷。最终，互联网在广义上，脸书在狭义上，都帮助他们守护着全球最伟大的社交网络：以教会为中心的全球无疆界王国社群。

故事九　仅仅是性关系

　　仅凭直觉判断的话，可能不会有多少人觉得，想要理解特立尼达文化，最好的方式之一就是写一篇关于肥皂剧《后生可畏》(*The Young and the Restless*)的论文。《后生可畏》是一部从美国引进的肥皂剧，但让人没想到的是，这部剧的确是目前为止特立尼达众多进口肥皂剧中最受欢迎的一部，所以，搞清楚为什么这部剧能在特立尼达这么受欢迎似乎是件挺重要的事。如果让某个特立尼达人用一个词来形容自己的国家，最常见的回答就是"寻欢作乐"。这个词体现了狂欢节所宣扬的价值观：众人都沉浸在兴奋、混乱和显露的性欲当中。但是，就像阿兰娜所描述的那样，在狂欢节，这种庆祝最重要时刻的方式也许是起源于开放日（Jouvert，法语词，是指加勒比地区庆祝嘉年华时要举行盛大的街头派对）仪式。特立尼达人在庆祝 pretty mas 的时候更加兴奋，他们身着盛装在街上游行、

故事九　仅仅是性关系

跳舞，时间长达数个小时。阿兰娜认为，特立尼达人对于揭示真理的看法是：黎明来临之际，掌管开放日的魔鬼会现身，神启也会出现。这一仪式表达了这样一种观点，即在第一缕阳光——也就是"真理之光"的照射下，人们能够自讽般地打破既定的秩序、撕除伪装，以此来表达真我。

"寻欢作乐"的第一个同义词非"丑闻"莫属，正如卡利普索民歌（加勒比海地区的一种歌曲，以时事为主题）歌词里写的那样："狂欢享乐的女人，她走到哪里都有甜腻的丑闻"，还有"我们喜欢丑闻，我们喜欢寻欢作乐"。丑闻意味着曝光别人想要隐藏的东西。"狂欢享乐"这个词也暗含着困惑、无序和狂野的意思。有一个当地词汇 commess 可以串联这两个词的含义，commess 意为：丑闻引起的混乱和无序。1988 年，在第一次参加狂欢节的时候，我见过一个女人，她戴着假面，是个关键角色，这个角色来源于当地卡利普索民歌作曲家大卫·鲁德尔（David Rudder）所谱的一首叫作《狂欢节女郎》的曲子。那个女人身材凹凸有致，站在孔雀开屏般的扇形聚光灯下，千百双眼睛虎视眈眈、目不转睛地盯着她。就是这一双双爱窥探的眼睛导致了丑闻的诞生，也因为丑闻，这些人才得以"寻欢作乐"。那女人的形象代表了那些想要炫耀自己性感的女人，为了能够展示自己的性感，她们会想尽各种方法，尽情放荡。

在这种背景下，《后生可畏》这部剧流行起来是有道理的。特立尼达是一个变化极快的社会。20世纪70年代的石油热潮使得特立尼达的中产阶级极速壮大起来，当时，中产阶级数量庞大，主导着本国的文化，可以说达到了鼎盛时期。然而，伴随着经济衰退，中产阶级的虚荣和自负也暴露了出来，面对新的社会背景，他们的虚荣和自负显得更加不堪一击。一时间，流言蜚语甚嚣尘上，人们都在议论那些紧闭的大门之后经济困境所带来的灾难。没有人知道真实情况是怎样，直到某一家人由于欠费而停机，家丑才终于外扬。即便在我进行部分田野调查的郊区，也会有不少类似的流言蜚语，说谁的房子又被银行抵押了，谁又抛弃家园远走加拿大了。总之，那是一个揭露的年代。在那样的时代背景下，特立尼达人狂欢享乐的生活理念，最主要和常见的实现方式就是性爱。就连看起来正经得体的未婚女老师都会突然被发现已经身怀六甲。

尽管制作《后生可畏》这部剧的人可能从来没有听说过特立尼达这个地方，但是，在这部剧中，最常见的主题就是讲述一些本有满腔抱负的人，因为抵挡不住性的诱惑而前途尽毁的故事。

在特立尼达，人们对性的热衷还有更深的根源。有种说法是，性代表着人性的真相，代表着人类的本性，依照这种说法，"性"这个词在过去也常常被当作"自然"（nature）和"自然的"（natural）的同义词。有种设想是，人们尝试着在生活中为自己建立声誉、粉饰本性，但代表着人类本性的性欲把这一切都破坏了，让人们都回到最原始的生物自我。因此，狂欢节代表着人们对待狂欢享乐极其矛盾的态度。在某些方面，狂欢节认同并颂扬混乱与失序，它反映了特立尼达社会对平等主义的普遍理想，即到头来大家都是一样的，都会回到同一层面的真我和天性。但从旁观者的角度来看，狂欢节就是找乐子。人们的态度在很大程度上与他们所处的阶级有关。在我的研究中，那些处在非常贫困的地区、没有土地所有权的人们，往往会积极地看待寻欢作乐的行为，而且他们通常希望能够举办更多那样的活动。相比之下，中产阶级则更害怕狂欢带来的破坏力，害怕狂欢会摧毁那些严肃的事业和道德之举，其中就包括促进特立尼达的政治和经济发展的事业。

我将在本书的最后一节，用更加学术的视角来探讨这个问题。但在这里要提出的是，特立尼达人寻欢作乐的理念和他们将脸书变为 Fasbook 或 Macobook，是紧密相关的。Fasbook 和 Macobook 这两个词都是指：对于别人的八卦有无穷无尽的好奇心。脸书和《后生可畏》的创始人可能都对特立尼达一无所知，但是，他们却无意中创造了能够代表特立尼达人本质的东西。因此，在特立尼达，无论脸书有什么其他效用，它最重要最基础的一点就是必须满足特立尼达人寻欢作乐的生活理念。为了实现这一点，很多人便将性搬到了这个公开讨论的平台。

2010 年年底，每个人都完美地见证了脸书是怎么和寻欢作乐联系在一起的，这件事完美地符合特立尼达人的生活理念，但却为那个倒霉的当事人蒙上了永远的阴影。那时候，乔桑娜（Josanne）私下录制的性爱视频流出，并在互联网上传播开来。乔桑娜可不是个无名小卒。就在视频流出之前，乔桑娜在人们的心目中还是个完美的玉女——纯洁无瑕、貌美动人，特立尼达甚至以她为傲。乔桑娜是一个知名乐队的主唱，但让人着迷的不仅仅是她的声音。乔桑娜还很火辣，在这个性感女人扎堆的小岛上脱颖而出，被冠以"辣椒酱小姐"的称号。特立尼达人以其机智和吐槽能力闻名，但同样闻名的，还有他们通过服饰和身体表达出来的魅力，或者说直接点，就是性感。这也是狂欢节文化的一部分，庆祝狂欢节的时候，有些人只是站在场外，不会直接参与其中。但当这样的美女从他们身边信步走过或舞过时，几乎每个人都会欢呼起来。

乔桑娜的人气在她的脸书主页尽显无遗。大多数情况下，人们都在讨论她的音乐，但在她脸书上的一个相册里也有这样的评论："乔桑娜!!!你向世界展示了特立尼达的美人究竟有多美……因为你在这些照片里太美了，照片都不搞笑了!!!"；"乔桑娜……你的肤色真漂亮……是加勒比地区的古铜色……!"

但在2009年年底，人们对乔桑娜的喜爱和追捧，演变成了一场荒诞的狂欢，因为她和其他两名乐队成员的性爱视频遭到外泄。关于视频是如何外泄的，流传着各种各样的故事。最常见的版本来

故事九 仅仅是性关系

自于一则报道，报道上说，乔桑娜把自己的笔记本电脑拿去修理，而修理店的一名技术人员在修理时发现了这则视频，随后把它公之于众了。另一种不太常见的说法是，由于视频里的那个男人希望全世界看到他能和两个漂亮女人做爱，所以他自己泄露了这个视频。脸书上本来没有这则性爱视频，只是相关的言论流传开来，不过很快，人们就可以从很多网站上找到下载链接了。

其实，脸书并非这段性爱录像传播的唯一途径，但它在整个事件中扮演了许多不同的角色。有一些人年纪比较大、社会地位也比较高，他们有自己的社交圈子。据他们回想，在脸书上，根本没有任何一个和他们处在一个圈子里的人提到过这段性爱录像。他们对于这件事的典型的记忆是："哦，原来这件事是这样传播开来的。我好像只是收到了信息，但我完全不知道是什么意思，这些信息不是专门发给我一个人的，它在公共区，人人都能看见。"事实证明，在脸书上，人们能够十分迅速地分享内容、评论已发布内容。对于年轻人来说，看到这段性爱录像的相关消息时，最聪明或者最有趣的回应方式就是立刻注册，成为乔桑娜脸书网站上的粉丝。事实上，人们大多是从 YouTube 上看到这段视频的。

一些人指出，脸书这样的新媒体能够抓住事情发生的第一时间，立即将它散布开来。相比之下，像报纸这样的旧媒体则花了几天的时间来了解这桩丑闻，之后才对它予以关注。许多周刊在

facebook
脸书故事

报道时居然还起了诸如"新鲜内幕""突发""炸弹"和"重磅"之类的标题，真是太讽刺了。报纸在多数情况下都不得不通过渲染或夸大事件本身赚取眼球，但当一件如此香艳、如此带有寻欢作乐意味的事件真正出现时，它们却几乎不知道如何应对了。这显然为YouTube、手机、电子邮件和脸书这样的新媒体留下了施展身手的空间。

和很多其他国家的人一样，特立尼达人把性暗示和实际的性行为分得一清二楚。在特立尼达文化中，双关语是很重要的一部分，人们在谈论任何事情的时候，听的那一方几乎不可能不去琢磨话里的另一层含义。而另一层含义永远跟性有关。但是，明面上，大家都非常反对赤裸裸的、色情的东西。就好比，在巴西等地，你可以在狂欢节上穿缀着流苏的丁字裤，却不能在沙滩上赤裸着上身。所以，像性爱视频这种赤裸裸的色情，特立尼达人反而不知道如何应对了。

这段录像明显是私人性爱视频，里面有口交、肛交、女同等性行为，一些体位还展现出乔桑娜的袅娜柔软。虽然它模仿了纯色情影片里面的某些元素，但却和商业色情片大有不同。看起来，在这段性爱录像里，他们好像并没有特别认真地对待这件事儿，也并没有极力地想扮演好自己的角色。他们只是换各种方式做爱，但总体的氛围是，这三个年轻人在享受性爱，他们不是要对着镜头表演，

故事九　仅仅是性关系

只是单纯的做爱而已。摄像机的存在也为他们做爱提供了部分乐趣。如果有特别之处的话，那就是这段视频让我想起了动物节目里，处在青年时期的动物后代们刚刚开始接触性时，采取的也是那种轻松的、不认真的态度。这并不是说，他们对待性爱一点儿也不严肃，很大程度而言，他们挺认真的。性交会把一个人的激情推向高潮，因此在某些地区当及会被处以石刑。而且性交也是孕育下一代必须要经历的步骤。但在这则视频中，似乎一切都无关紧要。那个男人戴着避孕套，所以他们不会感染那些由性交传染的疾病，两个女人也不会怀孕。这里面也不存在外遇。他们并非完全沉浸在性爱之中，也没有模仿色情片里达到高潮时的叫声。他们只是随便玩玩，只是将性爱当作一种危险的乐趣。这段录像没有任何深度或含义，它不是什么哲学，只是单纯的性爱而已。

我发表的第一篇有关特立尼达的学术论文写的是特立尼达的饮酒舞（dance wining），及性在其中扮演的角色[1]。我写这篇论文的目的不是想要强调性的作用，而只是想把它纳入民族志报告之中，因为在特立尼达，性似乎很重要。在描述特立尼达的时候，性需要被放置在一个更突出的位置，因为性对于特立尼达生活的方方面面都产生了相当重要的影响。相比之下，在描述英国这样的国家时，

---

[1] Miller, D. (1991), 'Absolute Freedom in Trinidad'. *Man*: 26: 323–41.

性就不是那么重要，它也没有对英国生活的其他方面产生那么重大的影响。几年前，我在研究一本关于特立尼达商业的书。我尝试着去理解，为什么某家公司的产品能比其他公司的产品占据更多的货架空间。女店员像看白痴一样看着我，她不用想就知道那是因为供应商和零售商之间的性交易，而我却无论如何也猜不到这一点。

所以，这桩无意中泄露的性丑闻刚好为特立尼达人崇尚寻欢作乐提供了例证，也对了解脸书在特立尼达的本质尤为关键。随着我对脸书的研究不断深入，我很清楚，这绝不是一个孤立的事件。很多不那么有名的人都发生过不少意外泄露色情内容的例子，再比如说，南方一所女子中学也发生过类似的事，色情内容通过手机大肆传播。即使当事人是认识的熟人，人们还是会将八卦口口相传，彼此讨论这些视频。

说起人们面对这种流出视频的反应，值得注意的是，许多年轻的被访者或受教育程度较低的被访者根本没有提及道德问题。他们中的很多人延续了特立尼达人一贯的粗线条，关心的似乎都是视频里性爱的质量如何。"那个妞真棒，她明确地知道自己有货"还算是一条比较积极的评论。更多负面的评论是："她只是在表演，那场性爱看起来不怎么样，一点也不好，那个男的能和两位小美女做爱，真是够走运的。"我想大多数特立尼达人往往会就事论事，当然也会有少数很恶毒的评论："她还想当特立尼达最好的歌手，我

故事九　仅仅是性关系

看当个色情明星还差不多。"所以，对于大多数特立尼达人来说，性爱视频流出并非真正的公开羞辱，性爱水平不够才是关键。年轻人并不会困扰于网络色情，对他们而言，互联网带来的最大好处之一就是可以免费获取色情片，傻瓜才会浪费这种"免费资源"。从这一个角度看来，乔桑娜的性爱视频只是茫茫网络的冰山一角，供网民们休闲取乐的资源罢了。

另一些人关注的是乔安娜现在所拥有的两种公共角色之间的联系。他们暗示如果换做其他任何人，事情都会另当别论。乔桑娜是一名歌手，但她以在舞台上穿得很性感暴露而出名，在她唱歌时，她身体的大部分早已呈现在公众面前了。因此，虽然在这段性爱录像里她是全裸出镜，这段录像的尺度也显得不是那么惊人。如果换作旁人的话，可能反差会大得多。但是这种观点并不常见。不过，当讨论转向道德层面，主流观点就变得更加仁慈，并对乔桑娜表示同情。一个男人评论道：

> 我失望的是，很多人对待这件事的态度都很虚伪，那些人贬低乔桑娜时，我会说"你就闭嘴吧"。我妈妈觉得这件事不堪入目。但我不那么想——虽然我也认为这很难堪，但是我不会因此指责乔桑娜。我的确感觉到震惊，我也不喜欢这种东西……但当我看到那则视频的时候，我意识到，我们同龄人都觉得这没什

么，我朋友都说："这有什么的？每个人都会录这种视频，只是并非所有人都会泄露这些内容，在网上传得到处都是。"

这也呼应了人们心中那种更为普遍的忧虑，忧虑这段录像会带来不好的后果。因为，特立尼达的社会实在太小了。即使他们不认识乔桑娜本人，也可能认识她的家人、她的老师、她的好友或其他与她有关的人。总的来说，这些人很同情她，他们感觉，对乔桑娜而言，这桩丑闻将会给她带去一种永远无法痊愈的伤痛："这件事一出，人们说，她可能会离开特立尼达，去国外生活，等等。"另一方面，她的知名度也为这场狂欢增添了热度。毕竟，如果这件事没发生的话，人们也可以说，乔桑娜永远是特立尼达最好的乐队里面最棒的歌手之一。这是对等的：她的成就能给她的人生带来多少辉煌，这盘录影带就能给她的人生带来多少灾难。

人们的这种矛盾心理在脸书上依然清晰可见。如果你看一看乔桑娜的脸书页面，你就会立刻发现一个很明显的矛盾之处。乔桑娜本人肯定不希望视频流传出去，但是她的脸书头像却是身着暴露演出服的模样，穿一条黑色紧身热裤。毫无疑问，这张照片所暗示的就是色情。在这种乐队里担当主唱，她就必须穿成这样。人们在评论这些照片时纷纷流露真情。大多数评论都是在向乔桑娜表达支持，比如，"你看起来真漂亮!!! 很高兴看到你振作起来了!!! 我知道，

故事九　仅仅是性关系

面对这样的事情你一定很难过……但是不要低头亲爱的，一切都会过去的!!! 保持乐观!!!"，还有"乔桑娜，我们都为你感到骄傲!!! 是为你你你"，和"姑娘，这些照片很好看，我们都知道生活有时就是这么残忍别低头做回那个我们熟悉的明星吧"，还有"这是一个性感的小姑娘，那些想要指指点点的人还比不上她呢"。但是，有一条评论说，"难道人们还在谈论那个视频？额额额，他们也太无聊了吧"，紧接着有人回复他说："但你又在干什么呢，小子？你还非得要提那则视频。哎，天呐，你还真是怀旧。"事实上，早前有一条评论提到过，她希望她的孩子永远不要看到这类视频。"本来很私人的东西却被传成这样，这样不对，实在是大错特错。其实我们每个人都有自己的'小秘密'。祝乔桑娜一切顺利 :)。"

乔桑娜的脸书页面向我们展示了脸书的本质，脸书内在的这种东西是很特别的。尽管这场狂欢向公众暴露了乔桑娜的隐私，但它本来只发生在脸书上，然而，我们却仍旧能看见人们在大多数公共领域就这个话题展开公开辩论。我主要是想弄明白，明明这件事情发生在脸书上，可为什么人们会在公共生活中讨论这个问题，这到底意味着什么？但我发现自己也陷入了同样的悖论之中。我从未采访过乔桑娜，但她却是一个我在任何场合都可能遇到的人。我有几个朋友也是她的朋友。在我和她完全没有什么直接接触的情况下，我还是听说了她表亲的死讯。因此，想要理解脸书在特立尼达发挥

facebook
脸书故事

的作用，乔桑娜是一个关键，因为她的故事就是脸书发挥其作用全过程的一个缩影。大多数人都期待狂欢享乐，也乐在其中。但特立尼达实在太小了，通常情况下，如果发生类似的事情，人们要么就认识丑闻事件中的当事人本人，要么就认识与当事人相关的人。

因此，脸书可以制造狂欢，但狂欢会带来后果，当我们反思这些后果时，或许需要从另一个完全不同的立场出发，那就是我们的同理心。为了能够感同身受，你需要在读到这里时，深吸一口气，想象一下：如果性爱视频里的主角是你的父母，你会怎么办；或者，如果你已经为人父母，你的孩子为自己录了一盘私人性爱录像带，你会怎么办。你的家庭也可能就像人们描述的乔桑娜的家庭那样，只想过清净日子，不想找乐子，而且你的家人们会因为卷入这样的事情而感到愤恨。你的价值观决定了你是否会责怪他们。你可能会想，把拍摄性爱视频作为享受性爱的一部分，这没什么错，但这场灾难会像瘟疫一样肆意地攻击你的家人。或者，你可能会觉得，你的父母或孩子做了一件不合乎道德、令人遗憾的事情。但是，并没有人因为录制了这盘带子而受伤，但却有许多人因为它泄露出来而深受伤害。因此，从避免伤害的自由伦理学角度出发，这段性爱录像给人造成伤害的原因在于它被传播开来了，而不在于有人录制了这样的视频。

我们已经习惯通过这种方式，看到这个事件中所蕴含的特立尼

故事九 仅仅是性关系

达人对于揭露真相的渴望，和他们将性欲作为人之本性的理念。但是，我们还没有做到的是，让当事人回到情境中去，在她因为性爱而被物化之时，帮她一把，给她鼓励，告诉她，我们能够像理解自己的父母和孩子一样理解她，她现在要做的是把这桩丑闻彻底抛开，重获自尊，而别人也会因为看到她的其他闪光点而尊重她。

所以，我们需要重新找到乔桑娜和脸书之间的节点，让我们跳出性爱这个单一的关注点。其实这件事很简单，但可惜的是，正因为简单，所以很少人会这么做。其实，还有另外一种人和媒介之间的悲剧联系。有一个脸书主页专门用来纪念乔桑娜的表弟达伦，达伦死于视频泄露之前几个月的一场车祸，当时他的车和另外一辆车相撞，两人都未能生还。我在这次田野研究的过程中碰巧结识了另一位遇难者的伴侣。现在这一脸书主页有1255名成员、119张照片和两段视频。

这个网站主要是由他们朋友的朋友创建的。在上面，典型的帖子是这样的："达伦，我以前的死党哈哈……九年级哇……好像就跟昨天一样我记得那天我们逃课的时候拍了一张照片 你当然在拍照的时候笑了 我希望我能找到那张照片……"或者是这样的帖子：

> 达伦，小子……昨天你不在班上很奇怪，我们都很怀念你。
> 我们觉得，昨天我们上的那种课你肯定喜欢，我们都希望你能和

我们一起享受它。很多人为你掉眼泪啦，小子！这段时光很难过，真滴很难过，但你知道吗，我妈妈告诉我说，布兰特，JST和你会一直在一起的，这样看待问题的时候，你和你的朋友就会一直在一起，你也会过得开心，这样的话，接受这件事就会变得容易一些：）今天好想你啊班里可离不开你！：P保佑你的家人……我想他们现在肯定很想你，我们有一天会再见的达伦……轻松点！亲亲抱抱

几百人发帖之后，这个网站就有了存在的价值，就像另一条帖子所说的：

哇 脸书上的支持……太好了……脸书太厉害了 它让一场事故牵动了那么多人……哇……感谢所有对他的家人表示支持的人……达伦……我想对你表达我最衷心的谢意……真的太感谢了！…我只祈祷你能保佑我们……

今天我和爷爷聊了聊，他告诉了我他对这个网站的看法，他觉得真的很不可思议，他真的很欣赏这种行为。他想对每一个支持达伦的人都表示感谢。小子，我想念你，希望你能安息。

在这件事情上，脸书见证了大家的悲伤，见证着人们在公众平

故事九 仅仅是性关系

台表达悲痛、宣泄情绪,同时,脸书让更多的人了解到这件事。这似乎证明,死亡作为一个代表着失去的时刻,也可以召唤出人类的共同情感,然后将人们聚集在一起,一起抚平伤痛、怀念亡人。社会科学家们肯定会立即将它与埃米尔·迪尔凯姆(Emile Durkheim)的著作联系起来。但其实,脸书并非通过"再中介化"的手段复制以前的哀悼形式。这些帖子里的临时拼写、语法错误既表达了人们的悲伤,又体现了人们的不拘礼,这在某种程度上让这个网站变得真实起来,让人能够即时感受到那种悲伤。有一些类似的网站维持着某种特定的设计,内容也比较保守,进去哀悼的人表达悲痛时还得遵循一些仪式化的东西。但在这个网站上没有那么多规矩,这反而让整个网站的氛围看上去更真实、更真诚。与日常琐碎的交流相比,这个案例显示出脸书的巨大潜力。

然而,我们并没有在这个网站上看到乔桑娜露面。正如本书的第六章《虚拟化身》里说的那样,在公共领域内,人们可以接受比较高的曝光程度,但这未必代表着他们也同样愿意暴露那么多隐私。碰巧的是,和许多家庭一样,乔桑娜的家庭明显也很在意自己家庭的隐私,她的家人想要保护自己的隐私,想要过那种低调一点的、不被打扰的家庭生活,不想与外界分享自家的私事。但是,打比方说,在做慈善方面,他们就表现得比较高调。尽管他们可能会因为看见公众对达伦的去世表达悲痛而感到十分感激和慰藉,但是肯定不会用这种方式去表达自己内心深处的痛楚、悼念一个他们如此深爱的人。唯有这件事让人们意识到，乔桑娜在公众面前表现出的那一面其实就是为了迎合人们认知里的那种"舞台人物"的形象，人们都会期待乐队里有那样的公众人物，但乔桑娜表现出的那一面实际上和她本人大相径庭。所以，脸书并非乔桑娜用来表达自我的工具。在脸书上，她遭到曝光、引起话题，而对她本人而言，被曝光的事情只能给她带来那最可怕的致命一击，继而将她的生活变成悲剧。

性爱是私生活里最私密的部分，面对视频外泄，乔桑娜的回应足见她对隐私的重视。到目前为止，她拒绝了所有与该事件相关的采访，也拒绝发表公开声明。乔桑娜的朋友们说，乔桑娜觉得接受采访只会让人觉得她变得愤世嫉俗，甚至开始消费自己，这只会落人口实，继续叫人拿她取乐——她这么想完全正确。然而，完全不回应的不利之处在于，在我得知乔桑娜的故事之时，她的人设完全崩塌，沦落为狂欢享乐的消费品。

乔桑娜的两个案例体现出了脸书截然不同的两个侧面，其实这并非巧合。对于特立尼达人而言，狂欢享乐的确很重要，但它肯定不是他们生活的全部。在这个岛上，还有很多人在耐心地解决国内的重大问题，打造国家的声誉，这些都是狂欢享乐精神里所摒弃的东西。但是他们心怀宏愿，想要建立起一个能够吸取历史教训、展

故事九　仅仅是性关系

望未来的国家。在特立尼达，狂欢节中，人们活在当下、及时行乐，在一年中的其他时候，他们则关注着历史与未来；人们会通过纪念的方式来关注长久之事。因此，这两种理念之间的关系一直十分紧张。这就是特立尼达的两面，而这两面对特立尼达都很重要，如果不能认识到这一点，就无法真正地理解特立尼达。因此，在说明"典型的特立尼达人用脸书做什么"这个问题时，乔桑娜的表弟之死和性爱视频事件发挥了同等重要的作用。

乔桑娜在脸书上还是保留了一个个人网站。这个网站创建于2008年6月，显然是为乐队的商业活动服务的。乔桑娜发了几条帖子表达对那些乐队活动承办者的感谢。上面还有一则免责声明："这个脸书页面谨献给乔桑娜的粉丝，不用于讨论。本页管理员保留删除任何帖子的权利，包括那些含有侮辱或诽谤性质的帖子。"页面显示此网站有1268个朋友。她最近发布的两个帖子一是"为海地祈福"，另一条发在这条之前，是一条新年祝福："感谢大家在2009年给我的爱与支持，祝愿你们和你们的家人在2010年一切顺利！新年快乐。"

但即便是这个网站也没有真正让人觉得是乔桑娜本人在发帖。这显然是一个由他人操作的活动网站。有证据表明，这个网站是由她乐队的营销方维护的。唯一一个能让乔桑娜展现自己的创造力、表达真情实感的地方就是一个音乐网站。在那里，乔桑娜可以完全

投身到音乐的世界里,她不再是特立尼达的门面,也不再是那些悲剧的当事人。这个音乐网站为我们介绍了一个完全不同的乔桑娜:

> 乔桑娜是加勒比地区的最新歌手。她的专辑《达伦》于2009年6月在特立尼达和多巴哥发行,一经发行就收获了热烈的评论,从那以后,她就不断给加勒比带来惊喜。乔桑娜是位多才多艺的歌手、钢琴家和作曲家。

很明显,她的专辑是以她已故表弟的名字命名的。我没有受过音乐训练,在我听来,她网站上的 MP3 音乐像是混合了雷鬼乐和流行音乐,听起来既像我最喜欢的一个特立尼达乐队 3canal 的作品,也像我最喜欢的一个歌手阿塔克兰(Ataklan)的歌曲。根据脸书如今在特立尼达的发展态势,乔桑娜想要在音乐上获得商业成功,脸书很有可能会发挥关键作用。有传言称,这个脸书网站早就已经在帮着销售《达伦》这张专辑了,而且发挥了重要作用。

我的一位朋友说,对于乔桑娜而言,可能最好的做法就是在狂欢节时走上街头,穿上一件写着这句标语的 T 恤:"嘿,只是做爱而已,做爱也是仅此而已。"这的确更像是典型的特立尼达人可能做出的回应,但老实说,说起来容易做起来难。毫无疑问,乔桑娜的生活将永远留着那个印记:就像她将永远都曾是乐队的主唱一

故事九 仅仅是性关系

样,她也将永远都是那个性爱视频里的女主角。我们无法预料,随着时间的流逝,这件事带给她的伤痛是会完全愈合,还是会留下疤痕,抑或是给她留下一记毁容般的印记。但时间还长,她可以通过音乐来表现自己的创造力,用这种更有力的方式证明自己的实力,这是一个不错的机会,而且那时,乔桑娜很有可能又是通过脸书扳回一局。

故事十　这个人你认识

　　我和米尔卡正坐在一间纯白的办公室中，它坐落于西班牙港一个现代街区的玻璃大厦中，街区外景布局齐整、车水马龙。我们其实迟到了，伯顿（Burton）比我们还迟。不过，正如伯顿所言，如果说英国人总在聊天气，那么特立尼达人的话题便十有八九是交通。人们时常谈论，是应该冒着堵车的风险从高速进入西班牙港，还是从景色更优美、路线更曲折的扬女士路（Lady Young Road）来到市中心？又或是，一旦进来之后，又如何走出去？在这里，通常下午三点半左右进入高峰期，这之后便"注定"要堵上整整3小时。所以，你可以带上一本书、一份盒饭、一个朋友或是一个枕头，接着便要继续思考那个无解的问题：晚上又该如何离开？高速会经过臭名昭著的案件高发区——比瑟姆庄园（Beetham Estate），经常有人盗窃抛锚车辆，甚至杀害乘客。如果不走高速，便只有扬女士路

故事十 这个人你认识

这一条路可选,而那些急着抢劫的杀手也极有可能在黑夜的道路中摆上一个障碍物,然后潜藏在附近。

之前,我从未认真想过,堵车堵到天荒地老是什么样的体验,直到这天——我见证我的学生西蒙尼放开方向盘,任车缓慢挪动,接着她调整了一下后视镜,拿出镊子修起眉来。很显然,她并不是心血来潮地想吓我和米尔卡,只是出于习惯罢了。而就在那天晚上,西蒙尼的机警果断还救了我们的命。那天已过午夜,我和米尔卡从城南往回开,我当时其实注意到了仪表盘上亮起的图标,还隐隐思索着这个"喷壶"到底是什么意思。难道是在暗示我那天早上没有为西蒙尼公寓里的花草浇水?毕竟,她一直深信不疑,花草一天不浇水就会枯萎。后来,我们才发现,其实是车没油了,这真是个大问题。随着刺耳的刹车声,我将车子停在了高速公路的边缘。在特立尼达最危险的事,就是在高速路上抛锚。要知道,这里去年有五百多名杀人犯,按人口计算,这个数字在全世界都遥遥领先[1]。我们试着想办法应对危机,应该开应急灯吗?不行,这样会引起歹徒的注意。那我们是不是应该轻轻晃动汽车,让别人以为我们在车震?不行,这样更会引起注意。直到后来,我们才被告知,

---

[1] 也许是暂时的反常,我在特立尼达工作的大部分时间里,这个小岛都格外的安全。

facebook
脸书故事

其实当时应该离开抛锚的车，躲进灌木丛里。这样，即便有人来了，也只是偷车，不至于伤到我们。而我们当时的做法是，打电话给西蒙尼。

西蒙尼很"开心"在这么晚被叫醒，她很快便根据我们的描述，判断车抛锚在卡洛尼（Caroni）湿地附近。她告诉我们，这里是整个特立尼达"最受欢迎"的抛尸点。听她这么说，我们立马意识到自己身处危险之中，西蒙尼察觉到了我们的担忧，以最快的速度穿好衣服，风驰电掣地驱车过来找到了我们，把我们安全送回家后，她打电话给修理厂让他们去把车拖了回来。那时候天刚蒙蒙亮，但我们必须尽快将车找回，避免歹徒发现之后搞破坏。在接下来的一个半小时中，来自圭亚那的西蒙尼向我展示了20年来从未见识过的加勒比式咒骂的本领。后来，我不禁想到，如果西蒙尼不是碍于自己是我的博士生的身份，为面子所累，我会遭受多少如此这般的指责。但其实，她比我想象得还会骂。几天后，修理厂通知西蒙尼说，将不再租车给她了，因为她放任愚蠢的司机来开他们的车。我当时走开了，否则，她潮水般的漫骂一定会汹涌而来，堪比我在特立尼达听过的最诗意的表达。就在几天前，我听说一个生意人因店里发生的冲突，向我的一个朋友提出索赔。对于这件事，西蒙尼评价对方道："真该把他的屁股骂干净。"

抛开这些不说，我们活了下来，然后坐在伯顿对面开始了访谈。在一系列关于交通和迟到的客套话后，我们进入了正题。伯顿看上去是很谨慎、理智的司机，会很有风度地处理交通堵塞这种问题。伯顿的父母都是商人，在三十奔四的年纪，他毅然决然地去北美读大学，并在那里待了十多年。然而，和大多数同龄人不同的是，他之后便决心回到特立尼达结婚定居，虽然这里的薪酬比国外低。我们很乐意跟他讲我们在高速上抛锚的故事，不仅是想让他就回程路线提出建议，也是因为我们很好奇，面临众多交通、暴力等方面的隐患，他为何会逆流而上，回到了特立尼达。伯顿的回答在我们的意料之中，他说现在的特立尼达人都太关注这些负面问题，却往往忽略了这里的美好，而我们作为来访者，反而能更真切地感受到。他认为这些美好可以弥补所有缺陷，并希望能够为这片与他息息相关的土地、伴随他美好童年的土地做出贡献，同时，也希望让他的家人感受到这种美好。以上一切，是我们这些外来者无法感同身受的。

可以感觉到，伯顿是一位很好的生意人，因为他很看重家庭和故土。他摈弃了那些在科班学到的"金科玉律"，用友善的个人风格取而代之，因此深受客户信任，现已升到了高级管理层的位置。在风险与机遇之间，他取得了平衡，并从经历之中汲取智慧。如果我真有一天做起了生意，一定会选择伯顿这样的人当合伙人。

伯顿很早就开始使用电子产品了，在 10 岁的时候，他就有了自己的苹果 II 电脑。虽然他还很年轻，但也遵循一些传统的规矩，并沿用到网络交流之中，这一点并不让人意外。例如，他会检查语法和拼写，即使在脸书上也是如此，写电子邮件更是像写信一样。但是，这些繁文缛节并不影响他对于脸书人性化一面的洞察。首要的一点是，他理想中的脸书是加深友谊、对他人表示关切的工具。他在上面发现了一些很有趣的人，并希望和他们走近一些。因此，脸书就成了他"进入朋友生活的入口"。他会满怀兴味地浏览侄子、侄女们的照片。他的办公室也填满了他孩子的照片。在他这个年龄，朋友和兄弟姐妹都正在生孩子，或正在抚育孩子长大。作为一位用心的父亲，他着迷于一些会让其他人厌烦的细枝末节，比如喜欢看其他父母如何带孩子、如何陪伴他们成长、如何向世界展示孩子的模样，并从中获取经验。脸书给他提供了一个平台来获取这些信息，还不会打扰到别人的生活。对于评论与否，他都毫无压力。如果他想评论一张照片或一个帖子，就会畅快直言。他每天在脸书上花半个至一个小时的时间，这在他看来非常合理且明智，只能将脸书作为工具，而不能为其绑架。他理想中的脸书就是现实的反映。

不过，事实也并没有想象中那么简单，因为他的妻子总会检查他的脸书。她不认同丈夫在上面和一些压根不认识的人保持好友关系。在她看来，脸书就和玫瑰一样，需要时常修枝剪叶。她知道丈

故事十 这个人你认识

夫对他社交圈的边缘人印象模糊，坦白说，他经常忘记自己到底有没有见过这些人，或是到底要从他们身上了解什么。因此，脸书于他是一个绝佳的工具，让他很快地查验何时去了哪些社交场合，或是很好地了解那些一旦脱离脸书就会失去联系的人。但妻子却并不这么想，当下很多人的大脑——在记事情、记时间这些方面——只存在于硬盘上，但她坚持，人还是应该靠自己记得某些事情，不能完全依赖数字设备的支持。

伯顿的脸书好友中，约有70%是朋友，25%是亲戚，剩下的5%是同事，而恰恰是这5%让他头疼。用脸书来做生意往往会带来各种各样的问题。他最开始上脸书是因为受到一位非常重要的客户邀请，实在无法拒绝。如果当初有选择，他还是会倾向于将脸书和工作分开。但是在特立尼达，这条界线往往是模糊的。他的个人风格让他和很多生意伙伴结为好友，在饭桌上和客户家里谈成了很多生意。但事情并没有这么简单，在特立尼达这个国家，脸书还未出现以前，谈生意本质上靠的是人际关系，而当脸书出现并成为谈生意的绝佳工具后，问题也随之而来。

这在他的生意伙伴身上展露无遗。据他所说，当他们认识一个人时，心里只有两个问题：他们从哪儿来？以及，从姓氏看，他们有哪些关系？特立尼达人从不会以个人的名义相会，他们总将自己看作一张大关系网中的节点。一个人的重要程度，取决于他背后的家族和组织背景,而非个人品性。伯顿举了个例子,昨天他在一个会上和一位银行家交谈,后者承认,自己来参加这个会议绝非是因为投资计划本身,这个他根本不看重。他依然盛装出席的原因是在名单上看到了另外三位出席者的名字,并且很清楚这三位绝不会参加低档次的会议。所以他很好奇,是他们判断失误了,还是自己尚未发现个中秘密?其实这个提案尚在萌芽之中,并不成熟,这些人只是看重它的潜力,认为经过长久打磨,可能会有惊艳的效果。

不过事情就是如此,如果一个人背后有伊莱亚斯(Elias)或萨夫加(Sabga)这样强大的家族支撑,或者认识政府里某位部长,那么即便他个人能力欠缺也无伤大雅。这样的人可以作为关键的中间环节,联系上重要人物来一票通过或否决任意提案。这种关系网在特立尼达社会根深蒂固,和阶层、种族密不可分。这里有很多群体——华人、法国克里奥尔(Creole)人、葡萄牙人,叙利亚人——每个群体都有几个核心家族,具有世代的影响力。不用看就知道一家特立尼达企业的董事会名单里会有费尔南德兹(Fernandez)、德·韦尔特伊(De Verteuil)、阿布德(Aboud)这些名字。在这里,最安全的资本不是股票或现金资产,而是姓名。

这就是脸书的一大问题。一个特立尼达人,收到好友申请的第一件事不是查看个人信息,而是查看这位潜在好友的联系人,看其中有无重要的人。但和他人不同的是,伯顿意识到,很多人通过脸

故事十 这个人你认识

书来进行伪装，隐藏自己的真实面目。在许多方面，这种社交网络对于商业社交毫无裨益，因为添加好友太过简单，很多特立尼达人轻而易举就能加到几百个好友，积累一个合理的关系网并非难事。伯顿曾亲眼见证，一些人在脸书上病毒式传播的娴熟技巧——"这个人是我朋友的好友，后来他就变成了我的好友，后来我又发现他通过我认识了我的好友，我只是他达成目的的垫脚石而已。你永远不知道他的目标是谁"。

一般来说，只要有共同好友，就会毫无戒备地添加对方，特别是在脸书上本来就可以评论朋友的朋友，这样一来就会产生一种"已经认识"的感觉。同样地，伯顿非常清楚，如果一位男性想给别人留下深刻的印象，即使是在生意上，重要的不是他有一大堆钱，而是拥有很多美女好友，这让他自然带上了成功和自信的光环。不过，如果另一个人试图从更传统的角度来解读，这就不再是一件好事了。在脸书上加好友，就像货币过度膨胀，数量远远压过质量。

还没使用脸书的时候，伯顿就意识到了这一点。他在加拿大待了10年，回到特立尼达岛，就有很多陌生人找上门来，向他讲述自己的关系圈多广泛，仅仅是因为有另外一个人告诉他们，伯顿是个不错的结交对象，这一点让他既震惊又着迷。这种无懈可击的商业社交模式令人耳目一新。在伯顿看来，将这直接用于功利的考虑完全不成问题。脸书作为一种生意手段，在特立尼达传播迅速。他的侄子建立音乐工作室就是一个很好的例子。侄子的脸书首页本质上已经成为他的工作档案，在这里人们可以查看他的工作室所有的细节和内容。他会不断更新视频、音频片段和照片，来宣传他的作品。他有 2000 个好友，几乎所有人都与工作有关。他有一个群，能直接联系到很多音效师，还有一个群，都是自己工作室的人。真正令伯顿印象深刻的是，他在脸书上呈现的作品吸引了很多新客户，真的帮他赚到了一桶金。并且，在特立尼达，所有他感兴趣的地下音乐和独立音乐，都是在脸书（而不是 MySpace）上发现的。他在协调工作和个人生活方面也有自己的方法。在脸书上，他既发表过一首表达他关切话题的抗议歌曲，还在发布后获得了很多评论，同时也为纪念他朋友 3 岁的孩子录制过一首歌。

对包括伯顿在内的大多数特立尼达人而言，脸书正试图将从前八竿子打不着的社交网络合并起来，这一点并无问题。最常见的一个例子就是，脸书会将兄弟姐妹和学校里的老同学混在一起。在这个国家，兄弟姐妹们往往组成了一个人的核心朋友圈。所以，这两个不同的社交网络跨越国界、国籍融合在一起，也是自然而然的事。然而，伯顿认为有些关系仅仅停留在工具性层面即可。据我们观察，他毫不介意那些直说要靠他打通商业关系的人，但却十分轻视那些表面上称兄道弟却很快牵涉利益的人。伯顿经常会参加一些

故事十 这个人你认识

晚宴和商业性质的酒会,他习惯于将生意场合和家庭场合分开。在工作场合,他会保持一定的专业性。很遗憾的是,随着生意逐渐扩大,他在脸书上认识了很多生意伙伴,这让他在使用脸书时,需要有自知之明并进行自我审查。其实,他本来是想将脸书视为一个放松的地方,来了解侄子、侄女的近况,开开玩笑、讲讲笑话。但现在他不得不担心,他这样做的时候,屏幕的那端会有生意伙伴的窥探。这让他很苦恼。

在这种情况下,传统的一面反而成了优势,也解决了妻子的担忧。他精心地设置了自己的脸书,谨慎地调整了隐私设置,让一切都在掌控之中。他有个专门放女儿照片的相册,但只有家人和两三个朋友可以访问。他的妻子则更加谨慎。特立尼达每个生意人都会经常担忧遭到绑架。抛开这些不说,他的妻子一直以来都非常重视隐私。她完全无法理解人们在脸书上将个人信息公之于众的逻辑,这让她陷入了矛盾之中,完全不赞成丈夫将脸书作为一个放松的空间,慷慨而不谨慎地发布个人信息。

她唯一不尊重的隐私就是丈夫的脸书。只要他在线,她就会徘徊监视,一直问:"这个人是谁?你怎么认识的?"有时候丈夫完全不知道那个人是谁,她就会非常恼火。他只是觉得他们谈论的话题很有趣便一起聊起来。但是对于妻子而言,一个人就不该和现实中不认识的人聊天。她也会收到很多好友申请,但却统统不理会。正如伯顿所言,"你能成为她的好友是你的荣幸"。妻子的反应可能存在问题,但是伯顿也看到了这样做好的一面。他对于妻子的过去了如指掌,但是他自己的故事却像一团乱麻,不知如何讲清楚。因此,他可以理解,她的干涉大都出于好奇,她渴望了解他的朋友,分享他的友谊。因为对丈夫的爱,她不想缺席他生活的任何一部分,努力地探索那些还不了解的部分。她查看他的脸书,将之视为了解他的绝佳方式,同时也增进两人的感情,而不是破坏它,伯顿对此也表示理解和认同。

伯顿认为,脸书作为商场社交工具的作用也许十分有限,但它能提供信息、反映现实。他和很多人一样,认为有了脸书之后搞婚外恋就没那么容易了,因为通过脸书随时可以发现你在哪里,跟谁在一起。他不能理解,为什么有人要在脸书上伪装自己,他们随时都可能被拆穿。举个例子,他有个在英国当演员的朋友,在网上对外宣称的年龄比真实年龄小 10 岁。虽然他看起来确实有那么年轻,这样做也对他的职业有所帮助,但是他必须清楚,脸书上到处都是他在特立尼达的旧友,都很清楚他撒了谎。这些人中,总有一两个会逮住机会将这个秘密公之于众,拉他下马。事实上,这件事也确实发生了。

除了传播范围广泛,脸书的传播速度也颇受伯顿青睐。像他这样的生意人,用脸书可以了解一些算不上八卦的灰色新闻,让他了解人们都在想什么，或者大家认为发生了什么。通常在几天后，报纸也会刊登这些消息，但用脸书就能早上几天。脸书可以在短短几分钟内让一个故事流传开来。真正的意义不在于消息的真假，而在于你跟上了城里的消息节奏，知道了那些生意人希望你知道的事。与此同时，脸书就像门户网站一样海纳百川，帮助伯顿了解其他信息，从体育消息到传统意义上的新闻。他的一些朋友实在没空看报纸，便将脸书作为直接的新闻来源。基本上，如果消息重要到在脸书上大肆传播，那么你就知道应该去更正式的媒体查看一番了，如果媒体上没有报道，那可能证明它不值得你关注。但是伯顿其实不认同这点，虽然他很喜欢"旧媒体"，但不可否认它们正逐渐失势。实际上，在某些情况下，例如特立尼达政客的轶事，他既会相信报纸上的新闻，也会相信脸书上的报道。

伯顿认为，脸书的优势就在于可以了解这些消息，以及家人和好友的近况。但其实，脸书也开始变得更加多元化，这令伯顿颇感兴趣。他很想知道脸书是否正在发生某种变化。一直以来，脸书有一大问题，就在于它更多告诉人们好消息，而不是坏消息。像生日或是婚礼，一定会在脸书上引起震动，伴有大量的发帖和照片。但是，对于疾病和死亡一类的坏消息，人们还未确立适用的网络礼仪。不过，分手是一个例外，在特立尼达，这种消息就像是在鲨鱼面前流了血，几分钟内，鲨鱼便会盘旋至此，然后大快朵颐。但是对于疾病呢——我们是否应该在脸书上发布相关的帖子？

伯顿察觉到，从 2009 年开始，事情开始发生变化。在那之前，他记不起有任何人在脸书上发布过坏消息，但就在去年这一年，发生了两件事。一件是，他朋友的父亲患了癌症，身体每况愈下，直到最后离世。在这段痛苦的路途中，从确诊，到离世、葬礼、守丧，每一个细节都被发布在脸书上：医生对病情的预测，还有不少好友评论，告诉他们如何缓解悲伤。脸书上，状态不断更新，日复一日，周复一周，月复一月。另一件是，伯顿的另一个朋友生下一个早产儿，在整个分娩期间和次年出现了许多并发症，对其而言是痛苦的考验和磨练。同样，每天这个早产儿的状态都在脸书上被更新，他吐了、发烧了、在深夜被送往医院了，等等。起初，伯顿很疑惑，为什么人们会在脸书上分享这些非常私人又不那么愉快的故事。但后来，他注意到这些人在发帖后得到了不断的反馈和评论，一些是分享自己的经历，一些是提供建议或表示安慰。作为亲密朋友，无论如何都会发现这些事，但也许在这种情况下，即使是陌生人的安慰也不失为一种支持。或者，也许发帖本身，作为一种见证，也是一种宣泄的方式。见证过这两件事后，伯顿认为，在将来这种方式也许会被更多人所接受，变得更加普遍。

他从未公然做过类似的事，但他的经历也算得上是微缩版。当

故事十　这个人你认识

他的母亲患病时，他只告诉了一些亲密好友，但是不知为何，消息传得很快，尤其是对于散居国外的亲戚和朋友。他很肯定，脸书在其中扮演了重要的角色，帮助他散播这一消息。这也证明了，人与人之间紧密地联系在一起。这其实是件好事，因为网络礼仪和现实生活中的礼仪很相似，特立尼达人本来就不善于告诉别人不好的消息，他们擅长开玩笑，即使对严肃的事也幽默处理，从不把事情放在心上。所以，脸书其实帮助人们更好地散播那些难以启齿的事，弥补了线下沟通交流的不足。

脸书既能传播好消息，又能传播坏消息，在伯顿看来，这已经无限接近社交关系网了。脸书已被证明可以很好地反映出线下的某些社交网，但是对其他一些社交网，它似乎也无能为力。那些想将其作为商业手段的人很快就会大失所望。相较之下，脸书的优势其实在于聚集亲友关系。在一些方面，它填补了以前的空缺，并弥合了之前社交关系中缺失的文化规范。最终，伯顿用他自己的方式明白了，特立尼达的脸书体现出最关键的一点便是：脸书本身不是社交网站，其实，人们才是。

故事十一　选择黑莓

对于许多特立尼达人来说，在一年中的大部分时间里，他们都感觉自己像是在屏住呼吸生活，因为生活一年只给人们提供一次喘息的机会，那就是狂欢节。在这一天，按照当地流行的说法，每个人都会被鼓励放飞自我（play yourself）。这和维莎拉定义的真理是一回事，就是说人们只有在化妆舞会上才能展现真我。不过，让人们一整年都翘首以盼的不仅仅是为期两天的狂欢节。当他们谈到狂欢节时，实际上指的是从新年到狂欢节这一整段时间。到那时候，办派对、演奏新音乐和剧班比赛的浪潮就会连绵不绝，给人带去巨大的新鲜感和享受，因此，就某种程度而言，真正到了狂欢节最后那两天时，反而远没有之前的两个月热闹。

如果把狂欢节比作一栋大厦，那么建成它需要三个相互关联的

故事十一　选择黑莓

支撑结构：索卡乐[1]、钢鼓乐队和马斯游行表演[2]。而且它们各自都有相关的比赛。在选出最终冠军的过程中，竞争对手的人数会越来越少，逐渐将狂欢节推向最终的高潮。马斯营（mas camps）会为乐队提供服装，乐队可能多达几千人。人们特意在西班牙港口（Port of Spain）中心的大草坪上建了一些台子，那些乐队成行走过这些台子时，人们会根据他们的表现给他们评出高下。而这时，假面舞者们则正随着特立尼达的卡利普索音乐——索卡乐而摇摆臀部。和索卡乐相关的有两场比赛：第一场比赛叫作"游行演奏"（Road March），这是指大多数乐队在通过裁判点时，会选择最受欢迎、最适合跳舞的索卡乐曲调，把它演奏给评委听。第二场比赛则更为严肃，要将当年所有的卡利普索歌曲纳入评比之列。人们期待卡利普索歌曲里能包含一些针砭时弊、反映社会问题的内容，而评判则会在狂欢节的"大周日"（Dimanche Gras）上举行，同时接受评判的还有狂欢节中国王和皇后的服饰。最后要介绍的是钢鼓乐队。那些为钢鼓乐队作曲的人会从新的（也就是新年后才发行的）索卡乐歌曲中选择一首曲子，乐队们会在狂欢节前进行训练，为"全景比赛"

---

[1] 索卡乐（soca），一种由灵乐和卡利普索民歌混合成的加勒比海地区的音乐风格。——译者注

[2] 马斯游行表演（mas），一种起源于特立尼达和多巴哥的旅行戏剧表演，作为庆祝狂欢节游行的一部分进行，在整个加勒比地区表演。——译者注

（Panorama competition）做准备。不过，在狂欢节期间，假面舞者们在街上跳舞时，钢鼓乐队也会全程给他们伴奏。

特立尼达人对狂欢节的不同习俗有个人偏好。一些人（实际上是大多数人）会在狂欢节里寻找最棒的、最狂野的派对，那些派对里会有索卡乐伴奏。其他人则在卡利普索曲子中搜索精准有力的政治批评。但是对约瑟夫（Joseph）而言，能够控制他的情绪、给他快乐、让他哭泣的时刻很早就来了，那就是铁板乐队（pan，也就是钢鼓乐队）刚开始练习的时候，这似乎早得有些异乎寻常。基本上，不管是哪种类型的音乐，当你在 CD 里听它或把它下载下来听时，你至少能对这段音乐怎么样有点感觉。但这对钢鼓乐队来说完全不成立。约瑟夫坚持道，扬声器根本就不能传达钢鼓乐队音乐里的情感。你必须要到现场看铁板乐队演奏，最好能在他们练习的那个指定的地方——也就是所谓的铁板区（panyard）观看，多达 120 名乐手会一个接一个地不断推高渐强音，这样你才能感受到超强的音量，这些高耸的音乐波也会穿过你的身体。这时候，听觉带给你的"冲浪"感可不是你经常能有的体验。不仅听众的身体会受到音乐的影响，特立尼达钢铁乐队的演奏者基本上也总会在演奏时跳舞。节奏不仅掌握在他们手中，随着他们的双手在钢鼓之间上下翻飞、来回移动，还会直流向演奏者的双脚，让他们随节奏点地，然后"嗖"地向上流到他们的头顶，让他们的头部也随着节奏摇摆。

故事十一 选择黑莓

在看最好的乐队演奏时,你会发现这种声音和动作的结合十分精妙,异常迷人。

然而,和许多铁板乐队的狂热爱好者一样,对于约瑟夫来说,他在其中获得的乐趣不仅仅来自于乐队最终呈现的作品。虽然,等到面对评委的时刻来临时,呈现在大家眼前的好像只有一支乐队,所有的演奏者都在为之服务,他们组成了一个有机的整体,而他们演奏的作品则充斥着非凡的凝聚力和超验感。这是所有狂欢节比赛中竞争最激烈的比赛之一,你会感到,只要能赢,演奏者们甚至愿意交换自己的灵魂。约瑟夫在比赛开始的 6 周前一样也很开心,因为编曲者会在那时选择一首今年的索卡乐曲,把它改编成铁板音乐。从那时起,几乎每晚你都可以去铁板区观看他们排练的过程,可以在那里待上几个小时。你至少能在刚开始排练的时候看见乐队专门练习一两段内容。因为在那个时候,无论是基音、节奏还是高音铁板都基本上只是整首音乐的一部分,需要通过这种方式了解这些分部能给全首曲子带来什么效果,所以要反复排练某些分部。只有看了这些,你才能理解钢鼓音乐的结构,它们的每个分部与其他分部既和谐又相冲,这才能构成全首曲子。即使是在排练阶段,这些音乐也是强有力的。在钢鼓的中心有一个"机舱"(the Engine Room),"机舱"这个名字是卡利普斯作曲家大卫·鲁德尔(David Rudder)取的。"机舱"最早就是一个旧的汽车刹车毂(现在人们

facebook
脸书故事

还按照这个造型制造"机舱",并且让它能够发出乐音),乐手会用一块金属敲打"机舱",以维持整首曲子本来的节奏。历史学家金姆·约翰逊(Kim Johnson)对当地有细致入微的刻画。在他的著作中,我们可以读到,过去,也是在这片土地上,帮派之间争夺领土时,铁板是一种重要的工具。而竞争可能会引发争斗。由于大部分的铁板区位于城镇中最贫困的地区,所以不同乐队的支持者真的有可能暴力相向。如今,铁板乐队的部分可爱之处还在于它自身展现出的那种海纳百川的世界性,这实际上和崇尚暴力在很大程度上是相冲的。举个例子,无论你是16岁还是60岁,是女性还是男性,是来自日本还是美国的钢鼓乐队爱好者,是为了音乐留在了特立尼达还是原本就出身在几英尺以外的铁板区,你都可以加入其中,成为钢鼓乐队的演奏者。

约瑟夫经常会来铁板区看排练,看的时候喝点莱姆酒。最近,铁板区里经常会有一些卖酒或者卖玉米汤的摊位,人们也因此更容易消磨时光。今年,约瑟夫最开始光顾的是拉文特勒(Laventille),拉文特勒是最具历史意义的铁板区。亡命之徒都在拉文特勒,长期以来,它一直是西班牙港口地区最臭名昭著、最难搞的一个区。后来,约瑟夫把注意力转向了铁板双槽乐队(Pan Two Phase Groove),他觉得他们今年可能会赢得比赛——铁板双槽乐队实际上获得了第二名。评选的最终结果可能不会引发暴力事件,但也总

故事十一 选择黑莓

是会挑起巨大的争议。

在狂欢节,能让约瑟夫嗨起来的不是出去约会、和别人共度好时光,而是对他喜爱的钢鼓艺术表达尊重,这对于他这样的人来说毫不奇怪。特里尼达的男人们嘴里说出的大多数称呼都带有贬损意味。你可能会觉得,说一个男人"聪明"或"贴心"是件好事。但是在特立尼达,一个男人聪明意味着他会用计谋骗女人,而一个男人贴心则意味着他口才很好,不仅能用甜言蜜语骗女人上床,还能骗女人花钱养他。大多数特立尼达男人的既有表述都含有愚弄女性的意味。当然,女性用语中也不乏含有贬低男性之意的相关词汇。然而,约瑟夫却是一个既贴心又聪明的男人,而且这句话里的"贴心"和"聪明"明显是褒义。约瑟夫既聪明又腼腆,还保留着点纯真,更别提他还有一副健美的身材了。所以,对女性而言,她们有充分的理由认为,约瑟夫是个极具吸引力的男人。

通常男人们都是这样,因为总能获得成功,内心充满自信,所以显得性格很好。但对于约瑟夫而言,他不得不承认,事情能发展至此是因为他真的很幸运,而他也很清楚,原本生活可以多么轻易地让他失败。约瑟夫的家庭一直都不富裕,可以用挣扎度日来形容。他从不会把任何事情看成理所当然的,哪怕是坐享那种仅能糊口的生活也不行。很多男人都因为曾经有过一个态度强势的哥哥或姐姐,而保留着这样的想法。约瑟夫小时候是个比较安静的孩子,但他很有决心，所以等他长大以后，当他的家人发现他的考试成绩比预想中要好得多时，都感到很惊讶。首先，约瑟夫上了一所很好的学校，然后上了大学。但他的成绩都只是刚好够得上录取他的学校而已，因此，他从没感到过骄傲自负或者野心勃勃。约瑟夫在工作上也很有运气。他需要在国外工作很长时间，但他的收入不错。这份工作是他在机场和别人的一次偶遇中得到的，最近经济衰退，但他却保住了这份工作。还有，他很幸运的是，因为经济衰退，他的很多朋友都失去了他们自认为的铁饭碗，但约瑟夫碰巧会一门什么时候都不多余的技能。约瑟夫很珍惜自己的福气，他不会沾沾自喜，也不会对别人表现出居高临下的态度。

约瑟夫不仅很善良，而且他本质上是个很浪漫的人。他渴望的是那种由爱而生的激情。和他相处上一个小时，你会一下子想把他介绍给十几个女人，而且他将来还会成为一位好父亲。约瑟夫在某些方面很看好脸书。约瑟夫有个姐姐，在他还很小的时候，姐姐就去了美国，而且一下子就乐不思蜀，只回来过两次。原本她在约瑟夫的生活中就像一段回忆一样，而并非一个一直在身边的陪着自己的人。约瑟夫感到很伤心，因为虽然她是自己唯一的姐姐，但他从来没有真正感觉到自己进入了她的生活。她结婚时约瑟夫不在，而且在她孩子的出生和成长过程中，约瑟夫也从未参与过。但脸书改变了这一切。约瑟夫为此感到既惊讶又高兴。在过去的两年里，脸

故事十一 选择黑莓

书完全改变了他们的关系,让他们找回了每天都在一起的感觉。脸书上会呈现他们更新的生活动态,对于一对不再一起生活的成年姐弟来说,这种程度的互动刚刚好,非常自然。他们每周只发布一到两次的消息,但这足以让彼此了解对方的生活。多亏了脸书,约瑟夫终于摆脱了对姐姐曾经专横跋扈的模糊记忆。他以前没发现,他的姐姐是一个既成熟又有趣还很活泼的女人。约瑟夫现在很欣赏她。而他现在也可以真正扮演起舅舅的角色,这对他来说,可能更有吸引力。

这就是脸书好的一面。不利的那一面是,虽然约瑟夫天生低调谨慎,但他的前妻恩妮卡(Nneka)脾气极坏,有时坏到令他震惊,这也是他追求爱的道路上的最大阻碍。在约瑟夫看来,恩妮卡发脾气时就像是彻底放弃自我了一样,她化身成了杰柯尔小姐和海德夫人[1]。约瑟夫爱上她时,她是一个理智、甜美的女人,但她现在却完全变成了一个不可理喻的人,像被某种恶魔的力量附身了。诡异的是,恩妮卡也赞同约瑟夫,觉得自己被附身了。一旦她平静下来,她也痛恨自己最近表现得跟个泼妇一样,而且会非常懊悔。当这一切在私下发生时,约瑟夫还能应付,风暴过后,砸碎的瓷器还

---

[1] 源自苏格兰作家 Robert Louis Stevenson 于 1886 年首次出版的中篇小说《化身博士》,指人格分裂者。——译者注

**facebook
脸书故事**

可以慢慢修补或者丢弃。但脸书改变了这一切。现在，约瑟夫待在国外工作，找到一个时间空当，他打开电脑，发现里面有一堆恩妮卡发来的电子邮件：指责的，困惑的，防御的、愤怒的。

约瑟夫本该在恩妮卡做手术前联系她，并祝她早日康复，但当时电话网络瘫痪了，他自己的和他借来的任何手机都无法打通电话。约瑟夫很难过，但是，毕竟是在另一个国家，他对此也无能为力。问题是，恩妮卡又发脾气了，她打不通约瑟夫的电话，无法发泄怒气，于是冲到脸书上。她在脸书上诅咒了约瑟夫的母亲，指责她乱交，而这都是她臆想出来的。恩妮卡还昭告全世界，在她遭遇如此灾难性的病痛时，她前夫约瑟夫的道歉是多么一钱不值、多么麻木不仁、多么自私和混账。看到这些，他俩的朋友都觉得有必要做出回应，这一点也不奇怪。约瑟夫的朋友大多是给他发私人电子邮件了解情况，而恩妮卡的朋友则直接在脸书上发帖。当然，恩妮卡在脸书上发泄完情绪之后，事情基本上就结束了。因为约瑟夫很贴心地为她订购了一大束花作为惊喜，她一到医院就能收到。但手术结束之前，她都无法再上网了。等到她能上网的那个时候，这件事已经被作为公开的笑料发酵了好几天了，给他们的生活留下了一个不可磨灭的印记。这件事情原本可能只会热闹个一两天，但现在已经过去将近一年了，约瑟夫的朋友们却还是经常跟他提起这件事。

故事十一　选择黑莓

约瑟夫越来越觉得，脸书和恩妮卡的脾气有点像。脸书就像个超凡脱俗的地方，在那里会发生各种各样意想不到的事情，而且你还得处理这些事情。约瑟夫最近在脸书上经历了朋友的死亡，他为此感到很不安。约瑟夫在国外工作时会通过浏览老朋友的脸书主页来打发时间。在脸书上，他突然逛到了一个朋友的页面，这个朋友是约瑟夫在学校里认识的。约瑟夫在他的页面上看到了大量的信息，都是人们对他离世的回应。他是因为从屋顶上摔落下来而去世的。约瑟夫觉得，这就好像是自己在散步时，突然闯进了一片墓地，而且刚好有人在举办葬礼。这位朋友的直系亲属们刚刚能接受他在壮年之时早逝的这个事实，他们半含着歉意，把所有人的回复都安排在了一处。有些回复来自一些不怎么认识死者的人，但他们想以此增加一些共同记忆、表达哀悼。有些回复像是在给死者写信一样，告诉了他一些人们希望他生前就能知道的事情。另外有些人在回复前来哀悼的人，跟其他人看起来好像格格不入。有些人很明显认为，此时只有表达肃穆才是得体的。另一些人则认为这时候回顾一段幽默轶事也能表示尊重。还有人在发照片——不仅是死者的照片，还有守灵的照片。

正是这些帖子让约瑟夫觉得自己在无意中听到了一些不和谐的声音。很明显，一段时间之后，那位朋友最亲近的家人已经决定要更加正式地接管这个网页，因为这个网站纪念的是他们所爱的人，所以他们要成为这个纪念网站的管理者。他们已经告知了大家关于守灵的相关安排，还增加了一则简短而正式的讣告。然而，很明显，还有很多人像约瑟夫一样，刚刚得知他的死讯。他们都只是通过脸书这唯一的渠道发现了这件事，然后，在不同的时刻，也将自己的想法和评论罗列在其他哀悼之语的后面。但是对于约瑟夫而言，由于所有这一切都发生在脸书上面，所以他不能完全接受那个有血有肉的人已经死了这件事。想要把现实世界和脸书世界这两颗行星对接在一起似乎有点困难。虽然人们已经在网上哀悼他的朋友了，约瑟夫还是半期待着自己能在返回特立尼达后再见到他。

约瑟夫开始有了一个新的关注点，他要去探索、理解和欣赏被"脸书化"的景观。约瑟夫踏入了脸书的世界，他看到，一方面，脸书是个记录日常琐事的圣地。在脸书上，生活变成了记录生活片段的便利贴和冰箱磁铁，人们在上面展示自己的私生活，分享尺度能从某人正在看的电视跨越到内裤的颜色，他们还分享自己正在玩的游戏、一些老掉牙的哲学语句或者吸引他们的流行歌曲歌词。分享这些生活中的细枝末节会带来一种真实感和吸引力，换言之，他们在制造一种叫作"环绕式亲密感"（ambient intimacy）的东西[1]。

---

[1] 这一术语来自于 Kirkpatrick (2010), pp. 203–4。

故事十一　选择黑莓

约瑟夫能理解，人们心态轻松，愿意通过文字和照片向大家展示自己的生活。但另一方面，透过这些浮在表面的东西，约瑟夫看到，这片水域下面还有更坚硬的沉积层，它们会形成一种全然不同的地貌：就是说，我们的生命中都有重要时刻，虽然它们转瞬即逝，我们还是会将它们一生铭记，但有了脸书以后，数字化记录推翻了人们铭记重要时刻的必要性。刚开始，人们在脸书上宣布自己的孩子出生，宣布自己订婚，告知大家某个展览开幕了。现在，人们在脸书上谈论海地遭到的破坏，还有越来越多的人在脸书上告知某人去世的消息，相应地，也有更多的人在脸书上哀悼别人。

　　脸书上似乎有了一种新的氛围。不变的是，人们似乎还是在脸书上分享自己的婚礼和宝宝的相册。但是，如果要清理那些为死者而建的纪念网址，就成了悖理逆天的行为。渐渐地，脸书越来越接近于真实的我们，它反映出我们在现实生活中，也总是在琐事和重要的事之间来回摇摆。问题是，像恩妮卡这样脾气暴躁的人会有碍脸书成长为一个看重教养、倡导人人遵守网络礼节的地方。相反，恩妮卡用脸书制造了一道道丑陋的伤疤，毁坏了约瑟夫和他最重要的人之间的关系。就因为他的妻子，脸书成了这些伤疤的承载地。深层的伤口虽已愈合，但疤痕永在，这疤痕也会以这种与众不同但没人喜欢的方式永远地纪念恩妮卡在脸书上发脾气的那个日子。

约瑟夫后来逐渐意识到，脸书其实让自己和恩妮卡之间的差异变得越来越大，而他之前只把这看作性别本身带来的自然差异。最初，约瑟夫根本不怎么关心脸书上的事儿。他并不是特别想要分享自己的想法。脸书对他的价值，只是让他得以和自己的姐姐变得亲密、和以前的同学取得联系，不然的话，他可能会彻底失去这些联系。从这方面看来，社交网络似乎确有其显著的价值。但这种使用价值，手机或电视也能具备。很明显，它有好处，但也仅此而已。在脸书上，约瑟夫对自己的大部分描述都很随意、很玩笑。在他的个人资料中，他把自己描述成一位90岁的女性。而且，由于恩妮卡总是会很自然地臆想到最坏的情况，约瑟夫现在也不愿加任何自己新结识的女人为好友。这些天来，他大多数时间都能够不被别人打扰。约瑟夫觉得脸书给自己带来的特别好处在于，虽然他长期远在国外工作，但依然能通过脸书和亲友保持联系。正是得益于此，当约瑟夫回国时，他就不需要那么费力地补救失调的关系、弥合亲友间的隔阂了。这些都是脸书带来的好处，但脸书也并没有起什么力挽狂澜的作用。如果不借助脸书，约瑟夫和亲友的关系是会变得更尴尬一些，但也不是什么大问题。总的来说，约瑟夫很乐意使用脸书，但脸书并没有发挥什么太大的作用。

相比之下，恩妮卡则非常迷恋脸书。对她来说，脸书不是维系自己与他人之间关系的工具。相反，恩妮卡和脸书的关系才是最重

故事十一 选择黑莓

要的,其他人的存在都是为了证明这一点。在脸书上,恩妮卡沮丧的时候能够找到安慰,寂寞的时候能够有人陪伴,生气的时候能够发泄自我,所以她需要持续关注脸书,把自己的时间都投入在上面。恩妮卡沉迷到能关注到每一个好友的每一个发帖。约瑟夫有时简直想取下自己手上的结婚戒指,把它交给脸书——恩妮卡真正的伴侣。但约瑟夫其实很重视婚姻,并没有把它视为一件理所当然的差事。他经常去健身房,锻炼出健美的体魄,拥有六块完美的腹肌。有时,他觉得自己是特立尼达唯一一个基本上只是为了在妻子面前保持魅力而去健身的男人。但很明显,无论他做什么,他都没法像脸书那样吸引恩妮卡。正因如此,约瑟夫开始感到无聊、感到自己很多余。他发现,他生平头一次开始怀疑自我存在的价值了。

当然,在过去,恩妮卡也会花很长很长的时间追剧,或者和闺蜜煲电话粥。这种时候,约瑟夫就悄悄在一边做自己的事,等她结束了,再共享二人世界。不过,与恩妮卡对脸书的沉迷程度相比,她在这些事情上花费的时间精力就是小巫见大巫了。过去在出门之前,恩妮卡会想要重新化妆,或者突然觉得应该换一套衣服,一边换一边跟约瑟夫保证是最后一套。那时候,约瑟夫虽然得等她好几个小时,但至少他能感觉到,她之所以那么在意自己的外表,是因为女为悦己者容,这也符合约瑟夫心中典型的女性会关注的那些事情。虽然那时候恩妮卡可能挑战了他的耐心，但这仍然是她的魅力所在。

相比之下，约瑟夫越来越清楚地意识到，不管脸书上吸引恩妮卡的是什么，都肯定和自己没什么关系，只有在跟朋友们抱怨的时候，恩妮卡才会提到自己。当恩妮卡终于从可恶的脸书上抽离出来，屈尊赏脸跟约瑟夫共进晚餐时（越来越多的晚餐都是约瑟夫做的），恩妮卡谈论的东西基本上完全是和脸书相关的内容：她看见了什么，谁和谁在一起，她给一些照片的评论内容，新闻，衣服，谁和谁的关系。因为约瑟夫从没有看过这些页面，而且大部分情况下他都不认识恩妮卡谈到的这些人，所以他不仅觉得这些事儿无聊，也觉得自己很无聊。对于大多数特立尼达夫妇来说，结婚后最初的几年里，他们最担心的是自己"头上长角"（being horned），这是特立尼达语里面最常用的词汇之一。仅仅是因为有人议论自己妻子的车经常停在外面某处、被人认出了车牌，做丈夫的就会觉得有两只角从他的前额冒了出来。他可能也觉得没有什么不愉快的事情发生，但实际上他也不是完全了解真相，这时他就会很想伸出手摸摸自己的额头，看看两只角长出来没有。特立尼达一半的笑话都是以"头上长角"为脚本。有个朋友刚刚在脸书上发了一条帖子，说她看到一个最新款的上网本，它只有10.5英寸长，可以续航7个小时，她为自己的 Mac 感到"头上长角"。约瑟夫期望自己的妻子至

故事十一　选择黑莓

少因为另一个活生生的人而让他"头上长过角"。然而，真相却在那个朋友的发帖里：自己只能为一台续航7小时的电脑而"头上长角"。

这一切真的很讽刺。约瑟夫不可能预料得到，曾经帮助他和恩妮卡巩固了关系的正是脸书，那时他俩也非常依赖这个平台，而现在，对脸书的这种过度依赖却导致了他们关系破裂。几年前，约瑟夫在英国诺丁汉大学攻读硕士学位，那时的他比现在更经常使用脸书。在那个时代，大学生们认为，脸书就是为自己这个群体而存在的，其他群体不使用脸书。他们几乎会用脸书来安排所有的事情：聚会、看电影、滑冰之类的事情都在脸书上商量。约瑟夫和他的同龄人不同，他首先把脸书看作一种与恩妮卡分享自己国外经历的工具。即使是在那时，恩妮卡也很喜欢看照片。她不只是想知道约瑟夫在做什么，她还想亲眼看看。就这个层面而言，脸书是一个非常理想的沟通工具。对于有些人来说，一幅图片胜过千言万语，而对恩妮卡来说，要想表示千言万语，你就得真的给她展示一千幅图片。除了约瑟夫发的那些照片之外，恩妮卡有无数张照片，记录着她做过的每一件事情。

对约瑟夫来说，一开始，要他发布这么多照片不仅有违他的性格，而且他还感到很煎熬。但过了一段时间，他也开始觉得，如果是为了恩妮卡，拍张照片发在脸书上也没什么大不了的。约瑟夫无法想象，当年有多少诺丁汉公园里的鸭子通过他的脸书页面飞到了特立尼达。但至少，发些花草树木和风景的照片似乎能显得自然一点。为了跟恩妮卡分享照片，约瑟夫还专门去德文郡（Devon，英国郡名）进行了一次摄影之旅。他记得有一个特别的场景，他当时想要告诉恩妮卡，采摘黑莓是一种很重要的英国仪式：你有可能会被根茎上的刺扎到、你的手指会染上黑色，你还会在篝火前享受黑莓和奶油的盛宴。约瑟夫用微距镜头拍摄了一根刺，这根刺被镜头放得很大，这样就更容易看出这些刺给摘黑莓的人造成的威胁。最后，约瑟夫拍摄了十多张照片，照片里，白色的奶油盖在他碗里黑色和紫色的黑莓之上。他真为自己感到骄傲。回想起来，约瑟夫觉得给自己正在吃的食物拍照可能显得有点奇怪。不过，约瑟夫和恩妮卡不仅仅是在脸书上分享照片而已。约瑟夫还在脸书上和她开玩笑、逗她开心，即使他和妻子相隔距离很远，但脸书的存在还是让他们彼此感觉更亲密了一些。

大多数人似乎永远不会重看早些时候拍的照片，但恩妮卡不仅会把约瑟夫在国外拍的照片做成电子图册，还要将它们埋葬在数字墓地之中。在他们结婚的时候，她经常会提到约瑟夫大学时期的某件事。恩妮卡就是有这样一种能力，她很快就能找到相关的照片，而再看一遍约瑟夫的宿舍照片或毕业典礼的照片也能加强她在这件事上的记忆。回想起来，那时他俩真是完成了一项壮举。他们分开了一年,但却感觉像是与彼此分享了一年。这一年成了一个关键的时间节点,帮助他们拉近了伴侣之间的关系。

那时候,恩妮卡从不会对约瑟夫和其他女人在一起这件事发表评论。她太骄傲了,骄傲到不愿关注她们。不过,也许约瑟夫那时应该多花一点时间来解释这些女人是谁。毕竟,约瑟夫的班里确实有一些非常漂亮的女孩。但如果解释的话,看起来就会像是在为自己辩解,好像自己真的有什么事情要解释似的。只有一个女孩引起了恩妮卡一丁点儿的注意,她是一个特立尼达女孩。但恩妮卡似乎可以理解,在英国那么寒冷的天气里,有一个朋友偶尔能做些特立尼达的食物,陪约瑟夫一起回忆回忆特立尼达的阳光美景,这真的很重要。最后,恩妮卡到了英国一趟,她亲眼见过了这个女孩,觉得的确没有什么好担心的。

等约瑟夫从英国回来之后,他俩还在用这种方式体验世界,只不过他们分享的不是天鹅和湖泊的照片,他们哪怕每次去马拉卡斯海滩(Maracas beach)的时候都要照一相册的照片。有时照片里只有他们两个人,有时他们的朋友和家人也跟他们在一起。约瑟夫逐渐意识到照片对于辅助记忆的好处,尤其是在脸书上。恩妮卡让约瑟夫很喜欢的一个特点是,恩妮卡知道一切她需要知道的关于约瑟夫亲戚的事情,并且她会把这种敏感用在对的地方,会问那些合适的问题,避开那些不该问的问题。但是,当约瑟夫认识到脸书不过

facebook
脸书故事

是在发挥使用效果的时候，他就不再那么依赖脸书了。而恩妮卡却因为自己的敏感而变得越来越依赖它。

这就是脸书给约瑟夫带来的真正的悲剧。到了现在，他才有了后见之明，才开始后悔自己在助长恩妮卡对脸书的依赖，即使长久以来，约瑟夫这么做的意愿和出发点是好的。脸书和在上面发布的照片能够帮助彼此过上美好生活，这么说来，喜欢脸书又有什么错呢？约瑟夫真的不知道，从什么时候起，和对方交流的欲望变成了对脸书的盲目崇拜，依赖脸书变成了对脸书上瘾，双方选择的沟通方式竟变成了毁灭二人关系的推手。他猜不到，有一天，那个曾经帮助过自己的脸书会取代自己，摧毁那份曾经因它存在才成长起来的爱情；也是由于脸书，当时那个骄傲到不屑于嫉妒的女人会变成又一个在脸书上跟踪丈夫的特立尼达女人。但现在一切都结束了，他和恩妮卡的婚姻关系也结束了，约瑟夫意识到，自己也需要和脸书建立一种新的关系。这种关系要跟恩妮卡与脸书之间建立的那种依赖关系完全不同。从某些层面看，约瑟夫在脸书上采取了典型的男性防御战略，避免感情介入，现在，他把脸书上的一切都当作有趣的事情来看。约瑟夫用卡通形象替换了自己的照片，他在脸书的个人资料中假称自己是个老人。但是，为了能够真正把自己从与脸书痛苦而悲惨的关系中解放出来，后来约瑟夫又采取了另一种策略，他开始把脸书当作一种相当冰冷但实用的工具，继续为他生命

故事十一 选择黑莓

中的另一个部分服务。

这一切始于一个完全不同的故事,一个关于选择用黑莓手机的故事,似乎所有特立尼达人都会选择用黑莓手机。iPhone 在伦敦或纽约很风靡,尽管西班牙港的人一般都会追伦敦和纽约的风潮,但在特立尼达,iPhone 可不常见。原因很简单,特立尼达选择了黑莓手机。或者反过来讲,黑莓手机在特立尼达的营销很成功,基本上拿下了这块市场。在特立尼达,人们几乎不能理解路标,也不能给别人指方向,而且纸质地图几乎完全没用,但黑莓手机成功地将全球定位系统带到了特立尼达,这对人们来讲绝对是一桩好事。也是黑莓手机,而非 iPhone,推广了一种适合特立尼达人的支付业务,这个业务几乎支持他们需要的所有东西,包括免费互联网接入、无限量通话和无限量信息。对于像约瑟夫这样需要进行大量跨国交流的人来说,这一点尤其吸引人,因为他们会把智能手机当成迷你笔记本来用,需要随时在上面查看 Excel 电子表格。

黑莓手机虽然确实像新版的瑞士军刀一样,有多种性能,可以满足各种需求,但是实际上,确保黑莓公司能够拿下特立尼达市场的决定性因素在于:特立尼达的每个人都知道,他们可以在黑莓手机上使用脸书。这一点是毫无疑问的。对于特立尼达人来讲,如果你真的想用脸书来和他人保持联系,而且你收入不错,就基本上可以确定你一定会有一台黑莓手机。如果时机合适,你大概花 500 特

facebook
脸书故事

立尼达和多巴哥元就能买到一台黑莓手机。对于那些5分钟不查看动态更新就受不了的人来说，脸书存在一个让人觉得特别麻烦的问题。在黑莓手机风靡之前，如果碰到这种情况，你必须先找到一台电脑，然后登录。这意味着，脸书还缺乏让人们不间断地、想什么时候连接上就什么时候连接上的能力，因此就不能实现特立尼达人独有的"撒石灰"。多亏了黑莓手机，现在人们用脸书时再没有限制，再不用计划用脸书的时间，也不会遭遇暂停刷脸书的情况。最终，脸书不仅贴近了你的身体、你的心灵，它还迎合了你的时间。脸书不仅占满了你牛仔裤的口袋，现在还占据了你生活中最亲密的、最私人的领域。在过去的几个月里，约瑟夫看到，有些人在餐馆里和他坐在一起的时候，正想上脸书逛逛，但却发现自己忘带了黑莓手机，那时候，他们会露出一种恐惧的表情，就跟弄丢了自己的孩子一般。

不过，黑莓手机还有另一个主要卖点，它被当作一款理想的商务手机进行营销。把这一点和脸书并列在一起还是挺奇怪的。黑莓手机想做到的不仅仅是成为一款高效的产品，而是成为一款被所有特立尼达人认可的高效产品，有了黑莓手机，你可以组织会议、刊登广告、完成促销。黑莓公司已经实现了自己的预言，因为如今，在商业活动中，如果你不通过黑莓手机进行交流，别人就有可能不把你当回事儿。或许，我们不会认为商业活动是一种时尚表演，但

故事十一 选择黑莓

它在很大程度上代表着信心，决定着向谁或向什么产品投资。所以，在生意场合出示黑莓手机很重要，几乎比在生活中的其他任何时候拥有一台黑莓手机都重要。也许你并不需要用黑莓手机来推广业务和使用脸书，但是，黑莓手机的外表可以用来促成生意，内置功能支持刷脸书，所以，似乎做生意和刷脸书这两件事之间本身就有些共通之处。

约瑟夫发现，在所有能为他获得关注、赢得尊重、推他向前的事情中，在脸书上开展营销计划是使他能够持续获得成功的关键。社会营销会成为商业的未来，这是当时的热门话题。想想看，马文就是在脸书上推销了他的可可种植园。即便是在那时候，做生意也离不开脸书。要把赌注押在新奇的事情上面。约瑟夫觉得，你绝不可能简单地把以前做广告和营销的方式套用在脸书这个新平台上。相反，在脸书上的交往是非常微妙的，你要注意把握脸书的社交性，你要会开玩笑、在"恶意中伤"别人时及时找个台阶，你还要利用好这个平台上人们会口口相传某些东西这一特质。你可以利用这一切来宣传你的产品，赋予它一种"感觉"，利用人际沟通来推广你的产品。有传言称，巴西的一家公司已经制定出了一套公式，这则公式要解决的问题是如何利用社交网络的速度和效率来进行商业推广。他们仔细追踪了人们使用 Orkut 的情况，发现人们会在 Orkut 上面自然而然地讨论某些产品，并准备接受测试，看看产品到底好不好用。

所以，即使约瑟夫的个人资料里展现的是他小学生一样的幽默感和作为男性的顽皮，这也无伤大雅。在脸书上，特立尼达人表现了不同的一面，他们不那么在意拼写、语法和语言风格，因此，即使是和自己的老板沟通，他们的对话都会显得更加放松。在编写手机短信的时候，人们认为会使用那些好玩的快捷键操作是一门技巧，那些操作会告诉每个人约瑟夫现在在用什么设备跟你联系。他们可以看到，约瑟夫发送的所有和脸书相关或通过脸书发送的信息都带有一个小标签，这个标签告诉你，约瑟夫是在黑莓手机上输入这些信息。这也解释了为什么在特立尼达，信息服务变得越来越受欢迎。其中一个原因就是，你用黑莓手机发送的信息会带有BBM的标志，它意味着这是针对黑莓手机的专有服务。

约瑟夫的黑莓手机协调了他和脸书之间的关系，自那时起，黑莓手机就成了约瑟夫最需要的东西。原本，对约瑟夫来讲，脸书是制造悲剧的帮凶，它会让他想起那些痛苦的、有关爱与失去的记忆，想起他自己也曾推波助澜葬送了和恩妮卡之间的感情。而现在，黑莓手机完全改变了约瑟夫看待脸书的方式，约瑟夫现在觉得，未来，脸书可能会让他获得更多商业上的成功。而正是商业成功支撑着他重获自信——想要实现这一切，你只需要选择一部黑莓手机。

故事十二　见证历史的女人

将脸书视为尘封的历史档案似乎有些疯狂，因为上次我们眨眼的时候，它好像还没问世。不过，对于妮可（Nicole）而言，脸书的意义就在于此。她带着一种怀旧的情绪，惆怅地讲述着马克的故事。过了一会儿，我才意识到，她说的马克，正是那个大名鼎鼎的脸书创始人，马克·扎克伯格（Mark Zuckerberg），他们俩素未谋面，但这毫不影响妮可对那个马克时代的衷心怀念——那个属于她的马克，而不是别人的马克。2004 年，妮可在美国读大学，脸书在哈佛大学发布后，她的学校成了第一批用户，并很快流行起来。当时，脸书并不是通往世界的窗口，而只是一个优化校园生活的平台，线上的大家都认识彼此，脸书主要用来组织派对、晚餐会，或是交换信息。于是，妮可将它和无忧无虑、热衷社交的学生时期联系在了一起，这也令她对脸书抱有强烈的保守主义。她强烈反对马克将脸书向校园外发布，也不希望他改变任何原始的设计。因为在她看来，脸书是属于她的，马克应该对他们这批先驱者负责。她对于那个年代津津乐道，那时，她肆无忌惮地鄙视 MySpace 用户，这帮傻瓜完全听不懂她在说什么。她就像施洗者圣约翰（John the Baptist）那样，谴责冒牌的先知，并暗示大家社交网络的弥赛亚（messiah）已经来到人间，且终将显灵（即使受众只是大学生）。

现在，她依旧看不起那些社交网络新手。她觉得这些人不是在使用脸书，而是在亵渎脸书。于她而言，血战黑手党（*Mafia Wars*）这样的游戏简直不堪卒视。她和她的朋友们，作为首批脸书用户，就好像看到他们羽翼渐丰的天鹅幼崽慢慢堕落成粗俗鄙陋的丑小鸭，都恨不得赶紧飞走，眼不见为净。不过，正如妮可所说，"我们如此沉迷脸书，根本无法自拔，就只好这样了"。这还不够，妮可意识到，在她生孩子之前，脸书几乎霸占了她清醒时间的一半，或许更久，早上起床还没有刷牙就想打开电脑，刷刷新消息。

问题的关键就在于，脸书和友谊密不可分。你发帖越多，朋友评论就会越多；他们评论越多，你就越觉得，自己也应该更多地评论他们，如果不这么做，就意味着怠慢和冒犯。这些年来，好友们给你如此多的评论和关注，你当然不能在他们还想玩的时候就弃牌离席。

故事十二　见证历史的女人

但就在最近，妮可开始感到，脸书在人们生活中的地位过高，她因此感到有些不安。现在的情况是，如果你去一个餐厅吃饭，没有发帖，就好像你没去一样。她将之称为"推特效应"。举个例子，有一天，她的朋友娜飞莎通过无线网，从她们共同好友的 iTunes 下载了几首歌，然后一小时后，她注意到娜飞莎发帖说她在"烹调美味的音乐"。妮可就想，什么叫"烹调音乐"？她不过就是从朋友的硬盘下了几首歌，发上去给别人看，竟然就变成了"烹调音乐"。如今在脸书上，每个人都想伪装得又酷又潮，来获得更多的关注和回应。其实完全可以忽略这些人，他们只不过是在玩弄一些肤浅的伪装把戏，但妮可又太了解脸书和这些人了，不可能对此置之不理。她很清楚，不管有没有脸书，娜飞莎都会想尽办法把自己打扮得又酷又性感。话虽如此，但就算你花整天时间筹谋措辞，让脸书上的自己更有魅力和能量，但最后还是不免被视为狂妄自大的傻瓜。然而，也正因为脸书就是一张虚伪的面具，因此，在上面被他人评判也不是一件坏事，至少发帖比买双新鞋便宜，也确实能真实地反映一个人的付出和能力。妮可很清楚这点，但仍忍不住觉得这些博弈和表演都在消耗脸书，就像通货膨胀，把脸书变成了廉价的货币，让人们事倍功半。她现在依然会在脸书上追踪准男友的前女友们，但却总觉得自己不应该这么做，并不是因为"跟踪"本身有什么不好，而是觉得以前人们很喜欢在信息页展示真正令他们喜欢和讨厌的事情，但现在，人们好像百毒不侵了。所以妮可最终决定从脸书中抽身，也许这个决定不应该完全归因于儿子的出生。

看待脸书，也不应该只看到初创期和如今两个阶段，它其实一直处于变化之中，脸书的变化史就是它对妮可这种忠诚用户的背叛史。她指出，之前，"我们还曾抗议马克拉低了我们精英圈的质量，甚至恨不得揍他一拳"。但最近，她对群组产生了浓厚的兴趣，很赞同让全世界的人都加入进来，因为它可以将各种各样的人聚集在小型的虚拟社群中。她每天都会查看群消息。其中，她最喜欢的一个群叫"混日子的夜猫子"，群里大多数消息都很逗趣，但后来这个群被黑了，有人在里面散布种族主义和反犹太主义的东西。再到后来，大家对群组的热度慢慢消退，但妮可还是很认同它的意义和价值。这件事无法责怪马克，只能说是用户太变化无常了。

虽然妮可经常抱怨这些变化，但只要是她感兴趣的东西，她总会是第一批尝鲜者。她很快就爱上了在脸书上进行橱窗购物（window-shopping），她最喜欢的一家服装店只在脸书上卖，她会经常关注这家店，有钱了就买。但是因为现在要养孩子，所以并没有余钱。但无论任何时候，她都能侃侃而谈，如果有钱了会买什么，最近想买的就是一件白色的紧身上衣。

妮可知道，自己对于脸书的恋旧癖可能招人讨厌，毕竟现在的人对那些老日子毫无兴趣，也毫不在意2004年脸书问世时留下的

故事十二 见证历史的女人

黑白记忆。但妮可对脸书的恋旧却发生了意想不到的转折，以至于她真的将其当作了尘封的历史档案。几年前，一个之前和她有过感情纠葛的男人又回到了她的生活中，由此引发了一些问题。她明白，如果要重新进入他的生活轨道，就必须从之前的遭遇中汲取教训，搞清楚他错在哪里，自己又错在哪里。不过，她不再是以前的自己了，因此只有求助于脸书。她耐心地将记录向后拖，一页一页地翻，回顾这么多年来与他们恋情有关的所有对话和发帖，以此来重新评估过去，再确定现在和他重归于好是否是一个明智的选择。但脸书本就不是为了存档而造，所以即便她排除了所有一对一的发帖，还是做得劳心费力。不过，这么做也带来了意想不到的回报。她发现的东西十分滑稽有趣，那时候他们都很幽默，因此她小心地将从2004年起最有趣的部分，"所有疯狂又愚蠢的东西"都挑出来，放到一个名为"新奇之书"的文件中保存起来，让她可以时时怀念过去的自己和做过的事情。

妮可还有另外的办法深化脸书与过去的联系，虽然那些日子早已逝去。和很多特立尼达人一样，妮可使用脸书的一大重要目的就是和老同学们重新取得联系，她连小学同学都没落下，毕竟小学时光是最影响她成长的几年，给她留下了难以磨灭的记忆。碰巧的是，当时她的父母很喜欢录音、拍照，或制作一些小电影，所以留存了很多过去的影像。利用这些素材，她创建了一个相册发布在脸书上，并标记每一个她还记得名字的同学。这一举动引起了轩然大波，每个人都深感震惊，"他们会说'我的天，你从哪里搞来这些照片的？'之类的"。从那以后，他们的联系更加紧密、认真，由此产生了一种新的友情，既基于当下的共同经历，又源于过去的共同回忆。妮可在特立尼达的朋友圈也因此扩大，这种情谊并非只停留在线上，她也因此收到了一些婚礼邀请，如果没有脸书，这些根本不会发生。

当妮可坠入爱河时，脸书又因此有了新的变化，令她真切地认识到，脸书和爱情也是紧密交织的。从大学开始，脸书就在她的恋情关系网中扮演着重要的角色。学生们都将其视为尴尬局面的有效缓冲，有时你真的无法确定要不要和某个男生出去喝一杯，但是互加脸书好友是一件自然的事，你便可以借此机会更深入地了解对方，这已经算是一个不成文的规定了。

> 我认识某些人有段时间了，我就跟他们聊天说，有段时间没见了，在健身房又碰上了，他们就说，"噢，脸书上加我吧"。我们之前谈的都是关于做慈善之类的事，我自然不会拒绝，肯定说"没问题，我会加你"，加了之后就是"哇你的这些照片太棒了，你想出来喝一杯吗？"脸书就是这样。

故事十二 见证历史的女人

　　她不认同情侣们在脸书上公开吵架的行为：那太可怕了。相反，她会发一些能间接表达她此刻情绪的歌词，除了男朋友之外，没人能看懂。比如，她发过帕拉摩尔（Paramore）乐队的歌词："我将信任赋予你，如此信任你，但你却弃之如敝屣。"发这句是因为男朋友去一个派对，她不想他喝太多酒，但他还是喝了很多，让她很生气。男朋友自然领会了这句歌词的含义，但是别人都不懂。她并没有说为什么一定要借助脸书这个公共平台这么做，只是总结说一定要宣泄出来，比如借别人的歌词写这么一段。她一般会用"宣泄"这个词来解释在脸书发帖的动机，但其实还没有意识到，当她真正坠入爱河，脸书将扮演什么样的角色。

　　她认识这个家伙很久了，他作为朋友的朋友，渐渐进入了她的圈子，不过只是一直处于边缘地带。两人见过好几次，但都是匆匆几面，仓促到她没有机会真正了解他，只觉得他很浮夸。这就是问题所在。一旦你决定为一个人贴上某个标签，即便这个标签并不成熟，那么从此以后，你看他都是戴着这副有色眼镜，永远不会冲破这个束缚。正因如此，这个人几乎永远留在边缘地带了。不过，后来妮可在脸书上拓展自己的朋友圈，无聊时就喜欢窥探别人的隐私，即便是关系疏远的好友也会这样。于是，自然而然，她渐渐注意到了他的存在。

facebook
脸书故事

> 后来我就发现他跟我有很多共同点，所以有一天我就问他看没看过《钢铁侠》，然后我们又聊起了动漫之类的话题。从那天开始，我们就一直聊，（你们还有什么共同点呢？）嗯……对电影的品位，对音乐的偏好……差不多就这些吧，电影还有……噢还有电子游戏！

通常，在特立尼达，人们不会将脸书作为首要的恋爱工具，一般确定关系后，就会改用短信或电话相结合的方式，对妮可来讲也是如此。但这并不意味着，人们发现彼此投缘，爱好一致，走到一起后，脸书就没有价值了，它依然是男朋友对她展示爱的重要途径。妮可其实一直不觉得自己好看，所以她很讨厌别人拍了她的照片发到脸书上。但她男朋友居然拍了四百多张她的照片发到脸书上，并且标记了每一张，这把她吓坏了。但后来，她马上意识到这是一种表达爱的方式，这是一种骄傲的爱，他为爱上了这么一个有魅力的女人而骄傲。于是，他满怀自信，要让全世界都知道，他爱的是谁。他这么做也让妮可深信他眼中的自己是如此美丽。这种确认让她对自己的外貌也发生了改观。当然了，她母亲也曾说过，她长得很美，但是母亲都会这么说，并不让人信服。现在，男朋友用公开的、不疾不徐的方式，通过脸书呈现她的美丽，这让她慢慢折服，并开始相信这种真相——她，至少，还是有

故事十二 见证历史的女人

那么一点好看吧。

虽然这在一定程度上算是极端的例子,但她也注意到,一些朋友采取相同的方式活跃在脸书上。她从前以为性格外向的人会占领脸书——在线下就很张扬的人,在脸书上也会无处不在。但有这么一群朋友改变了她的认知。她们来自特立尼达岛的东印度社群,其中有几个朋友非常害羞、传统守旧、严肃端庄,完全沉浸于保守的家庭生活。即便她们本身信的是印度教或是穆斯林教,她们的父母一般也会送她们去长老会或是修道院学校这种遵循传统价值观的学校,让她们学习女性的风度仪态和公共场合的行为规范。让妮可好奇的是,虽然平时见面时,无论是面对男性朋友还是女性朋友,她们依然会很害羞、寡言少语,但是一到脸书上,她们就会极度活跃,不断地发帖更新,虽然并不是什么厚脸皮或是令人震惊的内容,也不是出于叛逆,但她们会积极地展示自我、发表意见和评论、展现洞见和思考,经常都是一些很出人意料的想法。如果没有脸书,你绝对不会发现她们这一面。在脸书上,她们不会像那些性格外向的人一样表演,抑或是装疯卖傻,不过相比起来,正因为如此,她们就轻而易举地占了上风。

这些人在脸书上越来越多地展示自我,但妮可却越发越少了,尤其是自从令人难忘的那一年开始,她生了自己的孩子,脸书的性质也就此改变。她越发越少的原因,并不仅仅是没多少时间发帖,

facebook
脸书故事

而是她没多少可发的内容了。别人可能会有截然相反的体验——她有一些朋友很少在脸书上发帖，但是自从有了孩子，就像是全世界都必须实时了解宝宝的状态，像打嗝这样的事也不可落下。妮可不知道她会不会成为这样的脸书妈妈，她希望自己不会。但她知道可能这一切都不可控，你永远不知道自己会成为怎样的母亲。然而，事实上，事情朝着另一个方向发展了。起初，她以为自己得了产后抑郁症，随着时间的推移，她更加理性地认识了生孩子这件事。她之前一直觉得宝宝很无聊，你只要喂他们吃的、清理他们的粪便。他们要花一两年的时间，才能形成自己的个性。她猜测自己当了母亲后，一定会对自己的孩子有不同的反应，但实际上并没有。虽然她觉得这个阶段很乏味，但并不意味着她对宝宝即将形成的个性毫无兴趣。相反，她很高兴当母亲并没有剥夺她的理智和观察力，她曾因为这些能力在学校名列前茅。不过，长期看来，她也没有丧失感性，或是少爱孩子一些，她只是不喜欢换尿布，还有每晚被数次吵醒罢了。

　　如果她自己都为宝宝出生前几个月的事情感到厌倦，那就没理由将这些细枝末节发出来让全世界厌倦了。其实不仅如此，不仅是当母亲很无聊，生活的方方面面也越来越无趣。一年前，她在外面参加派对、和朋友聚会、去海滩游玩的时候，会不断地发帖，因为不断有想发的东西。当时她会在脸书上不断地发"我刚做了这个 /

我到家了"，乐此不疲地让每个人实时了解每个细节。那时候，生活是那么有趣，值得分享。现在她不发帖了，最大的原因就是生活不再如此了。

不过这还造成了一些她之前没有想到的复杂后果。过去，脸书是她生活的重要组成部分；现在，脸书依旧是她那些朋友们生活的重要组成部分，毕竟她们还未为人母。那么，在这条分歧的道路上，脸书会带来什么影响呢？它会把问题变得更复杂吗？现在，不仅无法参与他们的线下生活，她和他们鲜活、重要的线上生活都格格不入了。而脸书能做的，只是让她越发清楚地意识到，她已经不再是他们中的一分子了——虽然她自己不怎么发帖了，但却有更多的时间来看朋友们的帖子。

这件事本质上既甜蜜又苦涩，脸书让她和之前一样，每天都能实时跟进朋友的近况，这是脸书能做的最大贡献之一。但从另一个角度来说，它也在时时提醒她失去的那些东西和能力，她曾经喜欢和他们一起做的事，她无法再参加的聚会和派对。这对于她和脸书是重大的考验，朋友们的发帖习惯和风格还是一成不变，但她因为境况变化，对脸书的意义有了全新的理解。现在，她成了一个母亲，但她搞不清现在发生的这些变化是否应该归咎于脸书。毕竟她没有在脸书出现之前的时代生过娃，所以无法比较两种经历的不同。总的来说，她认为，纵然错过令人痛苦，但是脸书好在让你觉得没有完全跟过去失联。当时机来临，你又可以重新回到原来的世界，虽然这一点可能不适用于所有人。妮可意识到她也许比身边的人都更有自我意识，她一直对脸书保持高度的兴趣，不仅是因为它给生活带来重大影响，更因为她将自己的生活视为脸书的某种历史，见证着脸书的现在和未来。

妮可是脸书历史的见证者。在她生命的每一个阶段，都体验了完全不同的脸书。最早，她对马克·扎克伯格的发明产生了初始的共鸣，后来脸书让她找到了真爱，重新认识了自己，再后来，当她成了母亲，便开始和脸书妥协。如果说脸书见证了每一个阶段的她，有着不同的关切和需求，那么反过来她的经历，在一定程度上也揭示了，脸书在被发明这短短十几年以来，同样也具有了厚重的历史。

附篇　豆夹馍的哲学

我第一次吃特立尼达豆夹馍是在二十多年前，但早在那之前就对它的名字有所耳闻。我忘了是否有人在我刚到特立尼达的第一天就跟我介绍过这款美食，如果有也不奇怪。但即便有，也没人告诉我它有那么好吃，我应该尽快品尝。只有人提了一些建议，说是要在午饭时间去库里佩十字路口的街角，一定大饱口福，尽兴而归。可惜的是，我不记得我到底是在哪里第一次尝到了特立尼达豆夹馍，有可能是在库里佩，这个地方离我当时在圣约翰路的住所不远，靠近西印度群岛大学。我只记得，在第一次尝到之后，我立马就明白了为什么那么多人为它而着迷，那会是我一辈子都钟爱的味道。这次来特立尼达，我自然又来光顾了豆夹馍摊。"nostalgic regret"是个矫情的比喻，但这次请允许我这么形容。如果我没有弄错的话，豆夹馍的味道已经不像二十年前那样了，它失去了之前那种像是用手腕的巧劲轻掸过后的紧实感。在这次特立尼达之行中，我来吃了很多次，每次来都说："要个微辣的。"我很清楚，它已经失去了之前的口感，会有点令人失望……不过，生活就是这样。

有件事令我既始料未及，又在意料之中——相比起其他美食，豆夹馍的脸书主页在特立尼达拥有最多的粉丝数量，最后一次看时，数量是13401。请注意，这个数字远不如它在线下的粉丝数量，那起码能达到100万。我冥思苦想也想不出特立尼达的熟人中，有谁不喜欢豆夹馍。或许有，但我现在确实想不出有谁。好了，卖了这么久关子，现在就正式介绍一下这款叫特立尼达豆夹馍的美食。它其实就是特立尼达的一种街边小吃。虽然说起来它源自南亚，但我在印度住了好几年也从来没见过有卖的。因此，有十足的理由认为它是印特两地美食文化融合的发明。正如我们将要在下文说到的，特立尼达人的创造力和发明力源源不断，而豆夹馍就是最好的证明。

特立尼达的美食经常能很微妙又很形象地表现出特立尼达人的民族特色。如果仔细观察，就会发现，特立尼达的美食总是又接地气又多样化，这反映了那里的人们对彼此的思考和理解。豆夹馍的主要馅料是鹰嘴豆，这是一种典型的印度美食，因为是用咖喱和孜然烹制的。但是它的做法和印度鹰嘴豆又不完全相同。在这里，鹰嘴豆馅料被舀进了两片发酵后又用油炸过的面饼中间。大多数关于

附篇　豆夹馍的哲学

豆夹馍起源的故事都说，在南亚，只是将鹰嘴豆的馅料淋到一片面饼之上。但是特立尼达人却想要更扎实耐饿的街头小吃，于是就在顶部又加了一片面饼将馅料夹起来，所以后来人们都说："要两片面饼夹起来。"卖家将整个夹馍放在一张防油纸上，握住两端，转一下手腕就在两边都打上了结，将豆夹馍紧紧包住。但是，也会有一些人拆开包装，将两块面饼分开，当成"鹰嘴豆淋饼"来吃。

　　与此同时，在美食光谱的另一端，源自非洲的克里奥尔（Creole）美食的基础就是烤饼。烤饼，物如其名，是烤出来的，比南亚的任何一种面包、面饼都要硬。通常来讲，它的厚度在一厘米到一英寸之间。烤饼和豆夹馍融合在一起，就成了另一种街头小吃，它在特立尼达最受欢迎的马拉卡斯（Maracas）海滩享有盛名。本来很多人只是去那里游泳，但都无一例外地爱上了这种名为鲨鱼烤饼的小吃。两块烤饼间夹了一片鲨鱼肉，烤饼被油炸过，有和面饼一样的嚼劲，但是又更有韧劲，和传统的硬邦邦的烤饼不一样。这种美的融合进一步发展——无论你点的是豆夹馍还是鲨鱼烤饼，或者是任何一种街头小吃，都可以选择配以酱料，比如辣椒酱，很多地方还有包括罗望子（tamarind）在内的六种酱料。所以，很多人都觉得豆夹馍是一种印度美食，但并非完全属于印度，而是印度和特立尼达的融合，有印度美食的源头，又有克里奥尔的味道。

　　这种融合美食还能为食客量身定制口味。当我到一个豆夹馍小摊,说要一个"微辣"的,我严重怀疑那些摊主很快就发现我是个外国人,所以给我加的辣椒总是比本地人的要少一点。于我而言,豆夹馍变得没那么好吃的主要原因,不在于它的口味,而是摊主包装的方式。最美味的豆夹馍,应该馅料粘稠,整个馍包在打好结的防油纸中,这样吃起来就不会有酱料溢出。但是现在,豆夹馍的馅料没有那么稠了,变得很稀。并且,最可怕的是,摊主们根本不好好打包,都是直接递给你两块面饼,中间馅料四溢。有没有人可以帮我告诉他们:"天啊,你怎么敢管这玩意儿叫豆夹馍?"

豆夹馍是我对特立尼达的专属记忆,但其实别的地方也有豆夹馍。多年来,我去过伦敦的很多索卡音乐派对。派对结束后,走到大街上,往往已是凌晨三点钟——难忘的派对常常令人汗水直流,滴在洁白的雪地上——而这个时候,往往都有一辆小面包车停在那里,用很实惠的价格就能买到可口的小吃。如果是白天想打点牙祭,克拉珀姆(Clapham)的九帕煎饼(Roti Joupa)是我的最爱。你吃了就会发现,豆夹馍不是唯一的东印度街边小吃。煎饼在特立尼达受欢迎的程度不亚于在印度的餐馆。它实际上是德哈普利(dhalputi)的皮,夹了咖喱羊肉,或者我更喜欢的南瓜土豆,或是一种叫佛利瑞(Phonlourie)的馅料。更神奇的是,特立尼达的通心粉派已经成为了一种国菜,虽然它不起源于任何印度或非洲美食。现在,考虑到我特立尼达的朋友们,我要宣布我个人对于街边小吃的判断——这一章最有用的点就在于,在国家石油公司车站和查瓜纳斯大街的教堂炸鸡小吃店之间,停着一辆面包车,那里卖的的萨希纳(Sahina)馅饼和土豆派,是你能想象到的最好吃的东西……不,我更正一下……是你想象不到的好吃。

我不知道是谁先想出来的主意,把豆夹馍搬到脸书上,成为一个人们可以表达崇拜之情、庆祝喜事或是和好朋友嬉笑打闹的虚拟圣地。我可以试着探讨并评价这一现象,但其实很多哲学已经不言而喻。那么,既然(很遗憾)不能让你们尝到豆夹馍的味道,那我只能换个方式,让你们来体会一下豆夹馍的脸书主页。但是,在这之前,还有一件事需要说明。每个用户在脸书上都有一张突出显示的资料照片,在我写这篇文章的当天,豆夹馍的脸书主页引发了一场巨大的争议,因为它更新了资料图,用了MTV音乐录影带大奖上坎耶·维斯特(Kanye West)冲上舞台夺过泰勒·斯威夫特(Taylor Swift)话筒的照片,当时他打断了泰勒的获奖感言,并大赞其竞争者碧昂丝(Beyoncé)的音乐录像带是最棒的,场面极其讽刺。这件事本身就引起了轩然大波,连奥巴马都不得不对此进行评论(他称坎耶是傻瓜)。在豆夹馍用的那张图里,坎耶·维斯特的旁边有个对话气泡,写着"你想吃豆夹馍吗?",泰勒在旁边茫然不知所措,回道:"呃?"

碰巧的是,这件事情让我第一次意识到脸书在特立尼达的强大力量。我开始关心我的事情了,是的,这就是脸书研究。或者说,我关心的是所有其他人的事情,你可以看到网友们对于这场抢话筒事件的评论如潮水,在屏幕上轰然炸开,淹没了其他所有话题,比如谁的宝宝长得可爱,谁又受不了无休止的雨天。并且,所有的评论都来自特立尼达,没有一条来自美国或英国。这看上去太特立尼达了。这个岛国的人民可以比其他任何地方的人都更快地将脸书本土化。就在这一刻,我决定了要认真做一个关于特立尼达脸书的研究。很巧的是,并不是每个人都喜欢豆夹馍的新资料图,可以看到很多评论诸如:"别用这个图,求求你了"或者"告诉你这简直就是矫枉过正"……

这个事件是个不错的起点。下面,朋友们,让我来告诉你们更多"豆夹馍的哲学":

在情人节那天,话题自然而然就是——你会不会将豆夹馍当作浪漫一餐?

只是说,我不会跟一个女孩儿说,情人节晚餐我们去吃豆夹馍吧,我不想被打,哈哈哈哈。或许妻子的话会理解……但是女朋友就算了,绝对会是一场灾难……你们不觉得吗???

这要看情况吧……如果是一个很休闲范儿的女孩儿,带她去沙滩,干一些很酷的事(豆夹馍配电影,或甚至在椰子树下野餐),她

附篇 豆夹馍的哲学

肯定不会介意。但如果是一个很讲究的女孩儿，那种蒂凡尼女孩，那种觉得整个世界都要属于她的女孩，肯定就不行。这分人的。

我超爱豆夹馍……作为一个妻子，我不介意情人节老公带我去吃豆夹馍……只要我们在一起就好

如果有男人愿意把豆夹馍热热乎乎送到我床边，他就是我的情人！

如果豆夹馍比床还火辣，那它当之无愧可以作为情人节大餐！！当她咬开一片面饼，又咬开另外一片，你就知道她将会吃到特辣的酱料，这和烤饼不一样，真的超级，超级，超级辣！！如果有女孩子不喜欢情人节吃豆夹馍，那她肯定不是特立尼达人！！！

看这里，我超爱豆夹馍，爱到我想搬到特立尼达去，嫁给一个卖馍小哥~~~还有没有未婚豆夹馍小哥可撩？？？我很认真的♥♥♥

接受你的命运吧……你生来就应被爱……而不是被利用……

你是我一生挚爱，没什么能将我们分开……我就像爱豆夹馍一样爱你……

如果生活缺乏了爱情与友情，那就会变得阴森而黑暗，根本不值得过！如果没有面饼和鹰嘴豆……还有辣椒……生活会更加黑暗。

我有一次和我女朋友去吃豆夹馍，她不想站在那儿吃，她想带回家吃，我早应该感到这个信号，她现在已经是前女友了……其实还可以更糟，她当时本想用刀叉吃的。

豆夹馍还引向了关于"不忠"的讨论：

男人和女人都有可能离开你，但是豆夹馍会一直陪着你……至少豆夹馍不会出轨！！！

你总还可以津津有味地啃豆夹馍

我想拥抱一个豆夹馍

你敢信，我带一个女孩去吃豆夹馍，她连吃了三个还喝了一杯苹果汁，吃完就跟我分了……女人啊，太难懂了。

女朋友：我们明天出去玩吧。男朋友：我要去吃豆夹馍。女朋友：你选豆夹馍也不选我？男朋友：是的。女朋友：那你去跟豆夹馍过吧，再见！……凡事有先后，比起女朋友，豆夹馍更火辣，更让人满足，还更便宜……我说了吗？它还更湿更烫，还有满满的酱料！LOL！

当然，这些都要让位给暴力的话题：

我要买一个滚烫的豆夹馍，加满辣椒……甩在那个跟踪我女朋友的家伙脸上……

LOL，一定让他看看，他们真的可以发射

豆夹馍是食物，是用来吃的你知道吗……怎么能用来当作武器呢？我祖上就是做豆夹馍的所以我知道……

你真是浪费了豆夹馍

直接甩他一个豆夹馍……他绝对会爱上豆夹馍，就不会缠着你了……

政治也总会趁虚而入：

人民民族运动党（现执政党）简直毁了特立尼达，联合民族大会党（在野党）又劲不往一处使，就是一群贼。人民大会党就是一群充满怨恨的老东西……从12年规定颁布之后，豆夹馍都涨了五次价了。我真是想在脸书上骂人了。改变？我花三块钱才买一个那么小的豆夹馍，我也想要改变！谁给豆夹馍降价我就投谁，省掉些麻烦。说完了！人们很饿啊！

犯罪？减少犯罪？我们播种，就是为了收获！良药苦口，但这就是我国犯罪率的现实。顺便说一句，我现在很想吃个豆夹馍。

你们都觉得他们当官的也吃豆夹馍吗……他们吃也吃免费的豆夹馍……还天天到处传道

伙计们！我们要小心了！他们可能要收豆夹馍的税了……

让人更惊讶的是，豆夹馍竟然还能牵扯到宗教：

我今天都要疯了，我回家的时候，脑子里一直想着火辣的豆夹馍，然后做祷告，我说我希望在经常买豆夹馍的街角遇到一个卖豆夹馍的……我的祷告得到了回应……我真的遇到了……感谢我

facebook
脸书故事

的主！！！

信主，就会得到豆夹馍的祝福。

阿门，我今天早上又吃了豆夹馍，每一口都是享受。

上帝要了五个豆夹馍和七个普乐瑞（Pullorie），并召集了他的门徒，他们进行了祷告，养活了5000个男男女女，还有多的豆夹馍可以带回家

我看到那个街角的大伞，眼睛就发亮。如果你相信，卖馍的就会显灵……我知道你的意思，就像我们看见那把伞，就看见了上帝。

当然了，还有个固定的话题，就是讨论哪家的豆夹馍最好：

中央街！！！！酱料为王

南街的面饼是最好的面饼！！！！

我喜欢南街的豆夹馍……但是中央街的真的最好，特别是查戈超市旁边那家

圣胡安的那家豆夹馍，幸运糕点旁边那家，味道最好。简直太好吃了

不能说库里佩那家不行了，只能说其他豆夹馍都赶上来了，哈哈哈哈，时过境迁啊。

德比豆夹馍，是最最最最最好吃的！！！！！！

库里佩豆夹馍真的不行了……要我说，就是瓦萨因的凯尔文晚上

附篇　豆夹馍的哲学

卖的最好吃。

最好吃的是马亚诺那个老人做的豆夹馍，加椰子酸辣酱的。第二是库里佩。

论馅儿的话，查瓜纳斯最好的豆夹馍是卡若尼萨瓦那街上的那家

关于这个话题的讨论有很多页，也还有很多关于豆夹馍可以加什么料的内容：

真的好烦……好烦啊……我不想要甜酱，不想要辣酱，也不想要黄瓜……我想要酷彻拉，酸酸的罗望子和烤胡椒……咆哮中

我喜欢影子本尼酱……加点芒果、酷彻拉、罗望子、甜酱，再加点微辣！！！

我喜欢多加点黄瓜

椰子酸辣酱、黄瓜、烤胡椒、夏桐也不错……但一定不要甜的东西

巴旦亚……辣椒酱……黄瓜……如果有罗望子也可以加点……就这样

有什么加什么！！！

当然了，也一定会有关于性的讨论：

我喜欢他们又大又粗的……我说的是豆夹馍

我爱鹰嘴豆，它就像我的女人……开胃又多汁……哈哈哈哈

facebook
脸书故事

我只需要一个……只要一个……哈哈哈……拜托……作为一个女人我要怎样才能有一个……LOL

豆夹馍真是太美味了，每次我一边吃一边吻我的宝贝，都会让她脊背发冷，汗毛倒数……哈哈哈哈

你为什么爱我？为什么要求我随时都火辣？为什么想舔我的汁？为什么还想要，还想再要……总想要更多……为什么？？？为什么？？？为什么不管白天黑夜都想要我……我被你利用了！！！

不要以面饼的大小来评判我，尝尝我的味道。

……真的……我吃到的最小的面饼……却往往最好吃！天啊，好吃得让人想舔嘴和手指！

有的时候，对话还会演变成小型辩论，比如，你是否想要一张和豆夹馍一样的脸：

肯定不啊，那样的话不就是一张烂脸吗！！

那肯定就是又丑又臭啊哈哈哈哈哈哈，就像到处长满了粉刺哈哈哈哈

那要看情况了，看是微辣的还是特辣的哈哈哈哈哈哈

那这个人要不就是满脸油，要不就是满脸褶子……要不又油又褶……总不可能是满脸酱吧？

附篇 豆夹馍的哲学

或者，到底是男人吃得多，还是女人吃得多：

哈哈哈哈哈哈当然是男的吃得多了，我和我妹去吃豆夹馍，她吃了四个，我吃了十二个，女人怎么可能比男人吃得多

男的。我知道有个男的能吃 43 个！

你们知道吗，我有些女性朋友，长得跟豆夹馍一样……哈哈哈哈哈哈哈

最后终于聊到了狂欢节，一片欢腾：

来吧，举起你们的防油纸……狂欢节就要来了，大吃特吃豆夹馍吧……燥起来！！！

还有编成歌的：

一开始我很害怕，心惊胆战。一直在想我要怎样吃掉这个土豆派。太多个夜晚，我吃了萨希纳，还有卡奇瑞，我变得强壮了，我加了鹰嘴豆。你现在回来了，从遥远的德比。我要去寻找你，看到你脸上的罗望子。我早该告诉你，多买点豆夹馍，我早该多买点。如果我知道，你能吃完所有的豆夹馍，我就应该再多买一个！！！

豆夹馍的主页上，有太多页这样的评论。很显然，和其他故事不同的是，这是一个粉丝主页，而不是个人主页。但是这足以证

facebook
脸书故事

明，脸书可以作为一个公共平台，人们利用他们的聪明才智和吐槽技能，不仅可以和几个好友逗着玩，还能让上千人看到他们的评论，在豆夹馍的主页上即是如此；如果是个人主页，那也能有几百号人。因此，我想感谢所有评论的原创者，但愿你们在每个嘴馋时刻都能吃到心爱的豆夹馍。而现在，我突然有一种冲动，想要坐地铁去克拉珀姆北站，再打个电话跟九帕煎饼订个位置。我们，那里见。

第二部分

理论

脸书人类学

导论

  这本书的最后三篇文章将会对脸书进行更具分析性和人类学的考察。第一篇文章基于一项对脸书特定人群而非整个脸书用户的民族志研究，并以此反思人类学方法。这篇文章把脸书看作特立尼达本土建构的事物，不但考察脸书如何影响了这个小岛，更重要的是，考察这个小岛如何影响了脸书。

  在第二篇文章中，我们离开地方性民族志，通过类比，进而思考有关脸书的一些普遍性问题。虽然脸书伴随我们的时间并不长，不过，我们至少可以暂时性地考察我们从中学到了什么——我们并不想定义脸书是什么，而是试图理解脸书给社会、社区和总体社会关系带来了哪些后果。

  最后一篇文章从人类学的另一端出发。它试图去以一种比较的视角来平衡人类学的褊狭，具体而言，便是对新几内亚沿岸一个仅居住约 500 人的小岛展开研究，以便在特立尼达和新几内亚的文化之间进行类比。这一做法的目的是建构一种脸书理论。

一 Fasbook 的诞生

一位人类学家研究脸书的起点,是"这个世界上其实并没有脸书"。脸书这个词象征着一种源于美国的社交网络工具。不过,任何一群人都可以基于他们对脸书的使用情况,迅速发展出属于他们自己的地方性文化风格和期待,并且会在彼此间形成差异。特立尼达人使用脸书才仅仅不到两年,便在很大程度上发展出自己的社交规范,这实在令人惊讶。本书这些故事足以证明特立尼达人使用脸书的独特性。因此,这篇文章仅仅简要梳理这些故事中包含的有关本土化(localization)的主要论点。

这一章节将探讨特立尼达对于脸书的本土化,下一章将就脸书归纳一些普遍性的理论思考。但其实,我还是很难清晰地界定特立尼达脸书和全球性脸书的对应点。只有等待相关的对比研究来拨开迷雾。一方面,数据显示,特立尼达使用脸书的人口比例(26%)

facebook
脸书故事

要低于英美国家，不过，如果计算脸书用户占所在国接入互联网全部用户的比例，特立尼达又会高于英美国家。如今，增长最快的群体是 65 岁以上的用户，还有一个有趣的规律，脸书的扩散规模越大，用户年龄也会越高。在民族志研究进行期间，我还有一个感觉，不管是脸书的接入率，还是用户在脸书上每日花费的时间，都比这些统计数据要高。不管是统计数据还是我自己的观察，都发现在脸书账号数量和使用时间方面，女性都要高于男性。

在特立尼达，脸书是当地建构的产物，而不仅仅是一种从美国引进的工具。这一观点可以从 Fasbook 和 Macobook 这两个词中看出来。Fas 的意思，是人们打破广为接受的社交礼节，过于迅速地了解另一个人。Maco 的意思是爱管闲事，总是试图刺探他人的私生活。其实，这两个词都是特立尼达人典型的行为特征。这样看来，脸书本身的技术习性和特立尼达人的文化倾向之间其实存在着一种自然的密切关系。一位特立尼达史研究的领军人物给我讲过一个故事，在 20 世纪 50 年代末，当加勒比诸岛国在考虑合并为一个联合政体时，他们反对将西班牙港作为这个联合政体的首都，原因是害怕特立尼达人对于幽默和八卦的热爱会制造出各种各样的麻烦。

我们在前文中讲到了乔桑娜的故事，其中说到成为特立尼达人的核心便是录欢作乐。当我们研究美国肥皂剧《后生可畏》在特立尼达的流行时，这也是人们描述特立尼达人性格的关键词。它还可以帮我们理解狂欢节在特立尼达人生活中扮演的角色，因为狂欢节正是狂欢作乐的节日。反过来讲，狂欢作乐这种文化又依赖于"性"在特立尼达文化中的关键角色。在特立尼达，性表达了人类的终极真相——人类将会成为什么，又会以何作为终结。曾有句话讲，如果没有性，早晚要发疯。性别关系的基础就是交换，男人承担所有家庭劳动，换取与女人的性关系。时至今日，很多女人还会对正式的婚姻保持怀疑，因为男人会在结婚后把性当成理所当然的事，而不是他们继续通过劳作赢取的东西[1]。

相比如今的特立尼达人，以下描述可能对于50年前的特立尼达人更为合适：从那时起，移民和全球化经历已经让人们接触到很多其他的价值观。相比印度裔特立尼达人来说，这一点更适用于非裔特立尼达人的宇宙观。除此之外，还有另一些共存的价值系统，例如有些人信仰憎恶性和自然的宗教。我在之前一本关于现代性的书籍中详细阐述了特立尼达社会和它的宇宙观。狂欢作乐的文化仅仅是特立尼达人宇宙观的一部分。在特立尼达，人们还会追求建立长期稳定的声望与结构，这让他们以史为鉴、创造未来。寻欢作乐的价值观让人们建立平等主义理想，撕碎生活

---

[1] Miller, D. (1994), *Modernity: An Ethnographic Approach*. Oxford: Berg, pp. 168–201.

的表面假象。如果说在狂欢节中，它成为人们庆祝的对象，那么有关家庭、社会地位和过往的价值观则在圣诞节中得以展现，对特立尼达人来讲，这同样是每年一次的重要时刻。在之前一本书中，我认为在特立尼达，现代生活（或者说更广泛意义上的现代性）是基于两种时间形式的结构性对立，一种完全指向当下，另一种则更长期。这也就解释了，为什么在乔桑娜的故事中，性丑闻的描述会和一个纪念她逝去表弟的网站并置起来。不过，寻欢作乐这个概念，以及这个词在狂欢节中的出现，都仍旧非常普遍，本书中讲述的故事也显示了，用 Fasbook 和 Macobook 来描述特立尼达人的脸书使用有多么合适。所有那些生活在传统社区的参与者都认为，脸书上的寻欢作乐比现实中要轻微和温和不少。那些脱离了传统社区的人则认为，脸书很可能至少让他们重新看到了闲事、八卦和丑闻。

因此，当脸书漂洋过海来到特立尼达，它就好像是有个美国人，从没听说过这个小岛，但却无意中发明了一个表达特立尼达文化最纯粹的工具。同样，《后生可畏》也被视为一部为特立尼达订做的肥皂剧，因为它十集里有九集不离性丑闻带来的破坏。如同在前言中一样，我对诸如可口可乐这样的商品提出类似的观点，坚持认为我们不能假定喝可口可乐就是引入它在美国创造的象征性意义，而是应该首先凸显地方性建构的意义——可口可乐的意义是在当地人所称的黑色甜饮和红色甜饮的对比中凸显出来的[1]。

这些观点对于当代人类学来讲至关重要。如果饮料的全球化（例如可口可乐），或数字工具的全球化（例如脸书）就是全球层面的均质化，那么，这也意味着文化多样性和独特性的衰落。这些都是人类学研究的关键主题。不过，如果这些进口的产品在本土化的过程中被改造，显现出自己的地方性特征，那么它们也可以成为新形式的文化多样性来源。因此，人类学在这里找到了自身的关切。当脸书被视为 Fasbook，人类学也成了一个更相关和必要的领域。

这一点在具体层面和一般性层面都能找到证据。马文的婚姻破碎了，这并不是因为他觉得人们在脸书上做的事情有什么普遍的或心理上的共同性，而是因为他的妻子作为一个"爱打探闲事"的特立尼达人，注定要去持续查看每一个和他在脸书上互动的单身女性的私人世界，从地方文化的角度来看，这是很容易预料到的。不过，"加……好友"在特立尼达语中是"与……发生性关系"的意思，这一点是否影响了整件事，就相对比较难说清了。阿兰娜并没有将脸书比作社会科学意义上的社区，而是给出了自己的定义。维莎拉

---

[1] Miller, D. (1997), 'Coca-Cola: A Black Sweet Drink from Trinidad', in D. Miller (ed.), *Material Cultures*. London: UCL Press/University of Chicago Press.

说要想了解一个人的真实一面，与其面对面相见，不如去看他的脸书账号，这隐含了一种特立尼达人对"真相"和"真实"的独特解读。相似，当生意人伯顿说，如果想要了解脸书，你第一件要做的事，就是理解人们自己是如何成为社交网站的。他通过对比特立尼达人做生意的方式与其他地方的不同之处，得出这样一个结论。

本研究的起点，源自我发现在自己的脸书上，我的特立尼达朋友都在热议坎耶·韦斯特和泰勒·斯威夫特开撕的视频，但我的美国朋友与英国朋友却没什么反应。当我询问一位特立尼达女性时，她如此争辩道：

> 这件事发生五秒钟之后，我就在脸书上看到了。当时我在伦敦，一下子就懵了。所有人的广播都在说："我的天哪，我真不敢相信坎耶竟然会这样做。"当然，过了一会，另一些人质问："我不知道我们究竟因为什么事搞得这么兴奋，斯威夫特和坎耶和我们有屁关系？"这还不简单，他们就是走火入魔了，有一种执念非要知道别人在干嘛。我认为之所以会这样，是因为他们的社会关系太狭隘了。我不是说他们心胸狭隘，我是说这可能跟他们的自我意识有关，他们眼中的世界正在变得越来越小。

对此我不敢苟同，因为这件事同样可以用来反证特立尼达人的

一　Fasbook 的诞生

世界正变得越来越大。在克拉马斯的故事中，特立尼达人八卦斯威夫特和坎耶的话筒之争也显现出积极的一面。总体上讲，特立尼达人对于全球事件的知识要比美国人多得多，地方性褊狭也比美国人少得多，这很可能就是出于那位女士给出的解释。全球性八卦也是一种研究和知识，也需要收集信息的能力，这同样反应在特立尼达人对于高等教育的发展和推崇之中。除了人类学家之外，恐怕学术研究者不太喜欢训练人们聊八卦。但这也是一种研究。刚刚我引用的那段评论是负面的，但特立尼达人很善于通过自我批评来自省。这种层次的个体自信可不是你在其他地方通常可以遇到的。那些在海外工作的特立尼达人，作为受过良好教育的中产阶级，通常都会取得事业上的成功。

考虑到众多参与访谈的特立尼达人都在海外居住过，主要是加拿大、美国和英国，我经常可以直接问他们特立尼达人使用脸书的方式与其他国家的人有何不同。他们除了经常会提到 Macobook，最普遍的回答并不是关于人们究竟在脸书上做了什么，而是他们多少次听到别人在线下场合中谈论脸书，比如在私人运营的出租车里，或者在商店里。在我们的田野调查中，邂逅的最后一个故事，来自一对情侣，他们在玩一个游戏，规则是偷听旁边一群人讲话，猜猜这群人当中，谁先说出"脸书"这个词。要知道，在英国，脸书并不是线下聊天时的一个经常出现的主题，因此，这个游戏根

facebook
脸书故事

本玩不起来。这也和特立尼达人对于寻欢作乐的痴迷完美对应，因为从根本上讲，作为一种八卦的载体，脸书所产生的影响，不仅要依靠在这个网站本身发生的事，同样也要依靠脸书在线下生活中的渗透。

对于一位人类学家，将脸书置于一个更广阔的背景中探讨极为重要。脸书并不是孤立存在的。没有人仅仅生活在脸书里。当人们在特立尼达谈论脸书时，他们并不会把它当作一个独立的社区，而只是当作社会网络的其中一个结构。他们会更经常把脸书比作"撒石灰"。"撒石灰"并不能组成一个社区，但如果没有它，特立尼达又不会建立起这种社区。"撒石灰"是自然发生且不可预测的，它是特立尼达人社交中最为独特的形式。"撒石灰"就像烹饪的原料，给特立尼达增添风味，随后，它又延伸到了特立尼达人的脸书中。

这些论证再次指向我们最初的观点：从文化相对性的角度出发，世界上并不存在脸书。脸书仅仅是区域性和独特性使用的集合体。这篇文章在特立尼达岛层面做出了聚合的尝试。因此，它强调了特立尼达人对脸书的使用与世界其他地方相比，是异质的，但在这个小岛内部，脸书的使用方式又是极为同质的。不过，本书中的十二个故事又展现了内部的多样性。一方面，我们需要承认这种多样性，如果整本书都在追溯对于脸书的地方性文化挪用（localized cultural appropriation），那么，我们就会漂浮在地方主义和乡土主义的孤立的暗礁之上，无法对脸书做出任何更加普遍的结论。因此，作为对这一章的补充，我将会在最后一章中，基于文化人类学的理论，进行延伸的类比分析，并以此呈现出一个普遍性的脸书理论。在两个田野之间，存在着一个部分归纳（partial generalization）的世界，其中，我们可以发现大多数的重要影响，现在，我们就开始讨论这一主题。

二　关于何为脸书的十五个命题

　　行文至此，我们一直将脸书视为Fasbook这样一个特立尼达文化中的地方性表现。如果不考虑文化相对主义，我们很可能会基于技术功能或人类心理的一般模型，对脸书的定义和社会影响做出轻率的普遍化结论；有了文化相对主义的提醒，我们得出的那些普遍性结论便显得更加妥帖。当然，这些结论仍旧是暂时性的，因为若想得出普遍性结论，我们掌握的信息的多样性还不够充分，主要证据仍旧是我们在特立尼达进行的研究，辅以我作为脸书用户与英国和其他国家的朋友进行交往的经验。除此之外，我们也考察了那些雨后春笋般出现的研究文献，它们以书籍和论文的形式加入到了脸书的讨论中。不过，我会非常谨慎使用新闻和轶事，因为脸书如今拥有4亿用户，在上面什么事情都可能发生，但任何一个孤立性事件本身都不能作为结论性证据。我们将讨论十五个有关脸书的命

二 关于何为脸书的十五个命题

题，首先从人际关系出发，再过渡到作为社群的脸书，最后还会考察其他一些转变，例如时间和空间的变化。

脸书与个体

1. 脸书如何帮我们建立关系

我们在生意人伯顿的故事中提到，理解脸书的人类学起点，就是早在脸书出现之前，每个个体都是真正的社交网站。人类学家喜欢考察亲缘关系，在其中我们看到的不是单独的个体，而是彼此相互关联的人。即便在伦敦这样的城市，建立新关系最普遍的方式，恐怕经常还是通过我们已经建立的关系，例如通过朋友和亲人为我们介绍新朋友。当你请你的好朋友帮你找对象，或者当伯顿的生意伙伴请他帮忙介绍一些能赚钱的关系时，这些都是直接通过介绍而建立的关系；而有的时候可能是间接地通过某人认识他人，例如和朋友出去玩，就认识了朋友的朋友。脸书并没有发明社会网络，但它却切实起到了促进和扩展的作用。

大部分人都会觉得，和自己不太认识的人待在一起会很尴尬，因为大家非常清楚，自己的言行稍有不当就会带来麻烦。从这个角度讲，脸书提供了一个十分诱人的缓冲区。它帮我们找到相当多的潜在好友,却不需要任何尴尬的面对面交往。随着关系越走越近,人们甚至会更担心可能会出现的尴尬和误解。这一部分是因为一段关系经常需要双方的平等,也就是说,在任何时候,双方投入的程度要相差不多。小说中经常会出现这样的桥段,一个人想要投身到一段关系中,但对方却没有做好准备,或者一个人误解了对方发出的信号,认为对方真的想要和自己在一起。脸书让人们可以在决定是否投入到一段新关系之前,先"研究"一下对方。很多时候,这种"研究"通常是悄悄进行的,对方并不知晓。在亚伦和阿兰娜的故事中,脸书就是一个开玩笑和聊天的地方,尤其适合于年轻男性和女性。他们因此不用直接向对方示爱,不用承担可能被拒绝的尴尬,便能够先侧面了解对方的意思。很多人也会在和自己的老朋友见面之前,先去"研究"一下他们,以免忘记一些重要的日子,或者错过对方最近正在做的事。这样一来,当他们见面时,便可以以最快速度驶入友谊的正轨。

在脸书之前,互联网已经发展成为一个巨大的约会中介。一些最重要的社交网站,例如 Friendster 在最初建立时,便将约会当作自己的重要功能之一[1]。在特立尼达,人们在线上打扮得性感迷

---

[1] Boyd, D. and Ellison, N. (2007), 'Social Networking Sites: Definition, History and Scholarship', *Journal of Computer-Mediated Communication* 13(1), article 11. http:// jcmc. indiana.edu/vol13/issue1/boyd.ellison.html.

人，关键原因之一，便是他们知道人们会在网上窥探彼此。在本书的第一个故事中，马文说得非常直白，他宣称不管人们处于怎样的关系中，他们都总是幻想能够遇到更好的人。

很多关于脸书的乏味研究都在关注脸书上的好友是否是真正的朋友。它们显然忽略了这样一点：我们在线下世界中选择的朋友，范围有多么广[1]。没有人会愚蠢地认为自己的700位脸书好友都和自己的线下挚友一样。一篇相当严谨的学术论文发现，大学生对同龄人脸书好友数量的态度以302人为限，在不超过302人时，他们的尊敬程度会随着对方的好友数量逐渐上升，一旦超过这个数字，又会逐渐下降[2]。我们都知道，脸书好友的兴趣和关切之处简直千差万别。最好的朋友之间总是能够经常见面，即便如此，他们也可能会经常在对方的留言板上留言。同样，也有人加好友的目的就是为了增加好友数量，因此，对于这些人，脸书好友并不会对他们的生活产生什么实际影响。更重要的是，人们已经很快体会到一种新的关系类型：纯粹的脸书好友。你更了解他们，是因为你每天都能看到他们发帖。也许你有时会给他们留言，但你绝不会在脸书之外

---

[1] Pahl, R. (2000), *On Friendship*. Cambridge: Polity.

[2] Tong, S., Van Der Heide, B. and Langwell, L. (2008), 'Too Much of a Good Thing? The Relationship Between Number of Friends and Interpersonal Impressions on Facebook', *Journal of Computer-Mediated Communication* 13: 531–49.

的地方遇到他们。当我最初使用脸书时，一些我之前教过的学生加我为好友，我都接受了，但很快我就不再加了。对于我最早加的脸书好友，我感觉十分了解他们，虽然我们恐怕以后也不会见面。我认为，任何人都不会在意我们是否可以成为名副其实的朋友。

这一争论流行起来的原因，也许不仅仅停留在学究气的语义层面。在谈论脸书时，有一种普遍的对于现代的恐惧。我们担心彼此的关系变得更加浅薄，脸书好友便代表了一种真实友谊的贬值。对此，我没有找到任何证据，相反，亲密好友却因为脸书接触得更加频繁。我们也可以反过来说，脸书并没有贬损友谊的价值，反而有助于提高沟通效率。多亏了脸书，人们维系关系时不再需要花费太多的时间，也不再需要两地奔波。也许开两个小时的车去见另一个人是深厚友谊的标志，不过，花两个小时在即时通讯工具上聊天，比如说，讨论另两个人破裂的原因，再借此反思我们的关系，比起为了面对面相遇而在交通工具上坐上两个小时来讲，也许会让我们的关系发展得更好。

一些民族志田野研究证实，传播工具对性关系也会产生重要影响。一项在牙买加进行的人类学研究考察了移动电话带来的影响[1]。

---

[1] Horst, H. and Miller, D. (2006), *The Cell Phone: Anthropology of Communication.* Oxford: Berg.

二 关于何为脸书的十五个命题

人们可以通过移动电话进行私人谈话，不论是谈话的内容，还是谈话本身，都让不正当或多重的性关系更加普遍，也更容易侥幸逃脱。这也许是移动电话流行之后最重要的后果之一。相反，脸书虽然也可以被用于秘密约会，但特立尼达的情况则说明，它基本上起到了相反的作用。几乎所有人都见过，朋友和不该待在一起的人合了影，还被上传到了脸书。我猜，特立尼达人之所以较少有不正当或多重的性关系，仅仅是因为他们很难逃开他人的视线，在这件事上，脸书和移动电话的作用恰恰相反。

一个人的好友关系在脸书中尽显无疑，这也可能会摧毁人们的既有关系，马文的故事恰恰说明了这一点。脸书能帮助人们跟踪他们伴侣的好友，正如一位女性所言：

> 你非常认真地检查他们的主页。他们昨天有147个好友，今天变成了148个，是不是加了某个新朋友，你可能会在这件事情上陷进去。我尽量试着不让自己这么做，但当你看到的时候，就很难控制。我想，他们一些人是有目的的。因为我认为特立尼达人普遍喜欢寻欢作乐、喜欢混乱、喜欢把其他人的关系搞砸，即便我根本也不想从中获得什么。我就是这么认为的，这太坏了。

这位女性并没说是脸书造成了这些行为，但脸书的确让摧毁既

**facebook
脸书故事**

有关系变得更可能了——可以参考"脸书之名"一章中南希·芒恩（Nancy Munn）对巫术的分析。

最后，脸书还在关系的结束中发挥着作用。伊拉娜·格尔森（Ilana Gershon）最近一本关于美国学生分手的作品，可以说是这方面最为透彻的人类学研究了[1]。她对脸书的三个重要方面做出了细致描述。第一，当分手发生时，脸书是如何被使用的，这种新型公共舞台又会造成什么后果。第二，当对方通过脸书，而不是面对面、电话或其他媒介说分手时，人们又是如何做出反应的。第三，脸书的流行仍旧是这几年的事情，人们还并不十分确定，他人对于这些媒介的选择意味着什么。在非常敏感的情形下，也就难免造成很大程度上的误解。

2. 脸书如何帮助那些在关系中挣扎的人

脸书是如何帮助那些不知如何建立和维系关系的人？在本书中，阿尔温德和克拉马斯博士的故事给出了清晰的答案。阿尔温德代表的是那些不在少数的男女，他们羞涩、内向、缺乏自信。正如他的故事中所展现的，这些特质可能是因为他们在生活中还没有获

---

[1] Gershon, I. (2010), *Breakup 2.0: Disconnecting Over New Media*. Ithaca: Cornell University Press.

二 关于何为脸书的十五个命题

得多少成功。他们没有接受过良好的教育，也没有一份好工作，更没有一个满意的伴侣。对于阿尔温德来讲，随着《开心农场》的出现，他生命中的这三件事都迎来了转机。他努力自学以获取工作，同时，也多亏了《开心农场》，他获得了更多的、也许也是更深的友谊。当然，事情最终如何，只有时间能给出答案。脸书很可能并不是灵丹妙药，也不能让所有社恐患者在这个游戏中感受从容。不过，在阿尔温德的故事中，脸书也许真的帮到了一些忙，并且，阿尔温德恐怕也并非孤例。与其说脸书解决了这种基本的不平等，不如说它反映出这一点。在我们的田野研究中，另一位羞涩的男性花费大量时间，在脸书上观看他人的活动，却几乎没有勇气来表达自己。自信的外向者则恰恰相反，他们会经常更新关于自己的状态，却不会花太多时间顾及他人。

一个更具普遍意义的例子是居住在特立尼达中部和南部的印第安女性，在这些地方，传统意义上，女性个体承担了维护家庭名望和荣耀的责任。任何人都没有预料到，她们会如此迅速地来到脸书。有些人会觉得，这证明了她们正在变得越来越外向，另一些人则认为，这种转变早已发生，脸书仅仅是一个表面的证据而已。不管如何解释，很显然，脸书提供了一个个人表达的附加空间，更重要的是，它给人们提供了更具创意或更加外向的公共存在感，在脸书之前，这可能在很大程度上是受限制的。

脸书似乎不仅能够创造关系，同时也可以用于补救那些导致社交终结的因素。在特立尼达的田野工作中，其中一个关键性发现便是脸书迅速从一个很大程度上由学生和青年人主导的网站，变成了一个各个年龄层共同使用的工具。虽然年长者通常会更保守，也更有可能拒绝拥抱新科技，但脸书公司自己的数据却显示，在特立尼达，年长者成为脸书用户最快的增长点。克拉马斯博士还没有那么老，不过，他却代表了那些因为身体残疾而丧失社交能力的人。和那些羞涩、内向的人相反，他曾是世界各地派对中的活跃分子。当他因为身体残疾而不得不结束自己的社交生活时，是脸书救他于水火之中。

脸书对于那些社交生活受限的人至关重要，我们刚刚所讲的，仅仅是两个例证而已。当脸书的人口学分布不再局限于青年人，越来越多的群体有可能获得这种帮助。长期来看，脸书完全有可能被三个群体所主导：老年人、在家养育子女的全职主妇，以及那些在面对面交流中感到害羞、不够迷人、缺乏自信的人。在某种程度上，脸书也许可以替代面对面的关系。不过，大量的证据也表明（例如阿尔温德等人的故事），脸书还可能给人们带来更多的社交经验和自信，再进一步来讲，也会有助于线下关系的建立。这也许是脸书带给用户个体最大的福祉。

3. 作为泛朋友的脸书

脸书可被视为一种促进人与人之间友谊的工具，不过，假若我们用人与人之间的友谊来建立一种同脸书的关系，又会如何呢？假若某个人在感情状态中写道"我和脸书结婚了，LOL"，又是怎样一种体验呢？在现代话语中有这样一种普遍的比喻，我们感觉自己正生活在物质主义或拜物主义的时代中，以至于人与人之间的关系正在被一种人与物的关系所取代。这是一种对这个世界相当简化的再现。在这本书的最后一篇文章中，我们将会看到，人类学家并不会将文化视作一种用户用以发展人际友谊的媒介。相反，人与人之间的关系和交往，例如基于婚姻建立的亲缘关系，通常被视为一种发展文化的方式，有时，这是通过交往和互动来达成的。因此，与脸书形成的关系并非天然低于与人形成的关系。

既然脸书是一个社交网络，那么，也许我们与脸书的关系可以被简化为一种泛好友（meta-best friend）关系。在电视流行文化中，例如《欲望都市》这样的电视剧中，好朋友应该是在我们感到孤独、沮丧、无聊，或者失去了生活目标时，那个可以依靠的对象。我们最好的朋友就是那些最不介意被我们打扰的人，他能够真切地理解，我们需要展开一场关于我们或他人的长谈，因此，无论他正在吃饭，或者想要睡觉，只要聊聊天能让我们心情好点，就不会拒绝我们。脸书的一大优势在于，它是一个可以百分百信赖的挚友。即便是在凌晨三点，我们关系最好的挚友都不想被打扰时，我们也可以找到脸书，在上面转一圈，与他人的生活建立联系感，慢慢就不会觉得那么孤独和烦闷了。当然，我们到头来也可能更加沮丧和嫉妒，因为其他人都在脸书上积极地展示自己，他们看起来可一点也不孤独、烦闷。

不过，这种情况也可能发生在真实好友之间面对面的交流中。上一节中我们谈到，有些人觉得自己无可救药得缺乏魅力，以至于很多人在公开场合躲着自己。田野研究发现这种情况并不罕见，尤其是对于那些还在上学年纪的孩子而言。这些人经常感觉脸书带给他们更多宽容和亲近。你不能说别人脸书上的照片就是专门贴给你看的，不过，你也不能说他们并无此意。这些照片一旦贴上脸书，就是你社交生活的一部分。

新闻里从不缺乏有关脸书负面影响的极端报道。脸书也许多多少少让人变得善妒，甚至杀死自己的爱人，再就是为恋童癖提供捕食对象。不过，有时，新闻里也会出现一些有关脸书积极新闻，说它如何阻止了某个人自杀的尝试，或者帮助了某位抑郁症患者。在5亿用户中，我们可以很确定地说，无论听起来多么耸人听闻，大多数故事都很可能是真的。不过，这本书更多偏爱使用系统性研究，很少引用新闻事件，其中一个原因，就是在于这些事情也许太过例外，除了当事人以外，其他人恐怕很难遇到。脸书作为我们的

二 关于何为脸书的十五个命题

泛好友，并不一定就能为我们治疗抑郁、阻止我们自杀。不过，我们也发现，对于一部分特定的人来讲，脸书作为线下友谊的补充，已经扮演了与我们的朋友一样重要的角色，这种说法并不是言过其实的。

在脸书上，我们可以畅所欲言，无论别人是不是会回复我们。尤其对于青少年来讲，脸书能被用来处理一直以来困扰他们的无聊情绪，还不会占用他人的时间。当然，它也有局限性。当我们喝得酩酊大醉时，它还会保持清醒；当我们想要收到回复时，它也不总是能满足我们；你只能和它进行"某种"性爱。但在元层次（meta level）上，它又的确扮演了我们的朋友。在我们发现的一些令人印象深刻的案例中，有人在脸书上持续更新一个早产儿的消息，另一个人则不断发送他绝症晚期的父亲的消息。据我观察，他们似乎并不在意收到的回复是否来自他们熟悉的人。脸书是一个分享痛苦的场所，它是这些痛苦的见证人，也是这些痛苦的宣泄地。

脸书之所以能成为一个类似于泛用户（meta-person-like）的存在，是因为在脸书上集合了众多真实的人。这种关系的缺点在约瑟夫、恩妮卡和黑莓手机的故事中已经表现得很明显了。我们在使用"脸书成瘾"这个词时，也许有一点太过简单和随意。不过，对于约瑟夫来说，恩妮卡脸书成瘾这件事对他们关系的致命伤害，毫不逊色于吸食海洛因。显然，我们不能忽视脸书催生一种恋物癖的可能性。

243

4. 脸书如何改变我们与隐私的关系

对于那些很少使用脸书甚至根本不用脸书的人来讲,让他们感到惊讶的一件事,就是人们对于脸书摧毁隐私的潜在能力是多么无动于衷。他们最惊讶的还不是人们忽视了隐私泄露的严重后果,而是脸书用户竟然会通过脸书,故意将私人事务公开化。一位丈夫为什么会在脸书上对自己的妻子用尽温柔之语表达爱意?这难道不是应该在他们的卧室里说的话吗?人们为什么愿意把那些非常尴尬的事情摆在脸书上说,甚至会把照片发上来让这么多人看?在这个话题上,有一篇早期论文,题目是《脸书的"隐私失事列车"》(Facebook's 'Privacy Trainwreck')[1]。这篇论文在有关脸书社会后果的研究中很有影响力,其中就包括一些有关"道德恐慌"的讨论[2]。用户担心并指责脸书的默认设置让他们变得更透明,隐私

---

[1] Boyd, D. (2006), 'Facebook's "Privacy Trainwreck": Exposure, Invasion, and Drama', *Apophenia Blog*. September 8, www.danah.org/papers/FacebookAndPrivacy.html.

[2] Debatin, B., Lovejoy, J., Horn, A.-K. and Hughes, B. (2009), 'Facebook and Online Privacy: Attitudes, Behaviors, and Unintended Consequence', *Journal of Computer-Mediated Communication* 15(1): 83–108; Marwick, A. (2008), 'To Catch a Predator? The MySpace Moral Panic', *First Monday* 13: 6; Raynes-Goldie, K. (2010), 'Aliases, Creeping, and Wall Cleaning: Understanding Privacy in the Age of Facebook', *First Monday* 15: 1–4; Rosen, L. (2006), 'Adolescents in MySpace: Identity Formation, Friendship and Sexual Predators', at www.csudh.edu/psych/lrosen.htm(访问时间2010年7月19日)。

也更无法保证。为此,脸书大多数时候不得不一退再退[1]。不过很明显,即便存在这样那样的指责,脸书用户对于隐私透明度的适应程度,还是让那些不使用脸书的人感到惊讶。因为国家和权威机构对数据保护法律问题的担心,这方面的学术研究也遭受阻碍。不过同时,在研究者聚焦的这个世界中,隐私泄露的预防机制正在一个一个被移除,我们那些最隐私的部分如今也飘摇在公共场合之中。作为回应,学者们发明了一些新的研究术语,例如"参与式监视"(participatory surveillance)[2]。它抓住了脸书用户的一种特点:这些人似乎既看到了隐私丧失的消极后果,也看到了它的积极后果。

我们再一次摆出这些事,不是出于一种窥私欲,而是需要对研究结论做出更加谨慎和敏锐的评估。在我们讲过的故事中,最令人惊讶的一个非阿佳尼(Ajani)莫属。她并不是小说中虚构的人,而是一个活生生的、非常内向的人,很多人都对她的内心世界充满好奇。不过同时,她又是一个非常喜欢刷屏的脸书用户。阿佳尼在发帖时并不会有一丝不安,出现在媒体或其他一些公共场合时也表现得泰然自若。她是一位完美的表演者,对各种各样表演性观念(idea

---

[1] Kirkpatrick (2010), p. 201.

[2] Albrechtslund, A. (2008), 'Online Social Networking as Participatory Surveillance', *First Monday* 13: 3, March.

facebook
脸书故事

of the performative)的实验和行为艺术都充满兴趣。从她的故事中我们可以明确发现，这两个侧面并非她性格中相互冲突的两部分，相反，她利用脸书上的公共发言来创造和保存自己内心中至关重要的隐私。在这个故事的结尾部分，我们提到了"阿凡达"，这种生物的内在自我安静、隐匿、默默无闻，但却操纵着另一个高度公开的、活跃的自我。阿佳妮显然是一个极端案例，不过她也许可以帮我们澄清一些相对更为普遍的事情。

如果我们仅仅关注人们对于某一特定媒介的使用，那就犯了大错。脸书绝不是孤立存在的，也并不是我们遇见的人们生活经历的简单聚合。脸书至少经常是线下生活的一种补充，也是线下生活的一种表达，这一点毫不令人感到意外。那些羞涩的东印度女孩虽然在脸书上变得外向起来，但回到现实生活中，她们仍旧还是羞涩。有时，脸书也许促进了一种文化转型，让人们放弃了那种对于羞涩的东印度女孩的刻板印象。

不过，我们也没理由否认这样一个明显的事实：比起之前所有的社交媒体，脸书都是极端公开的，同时，它又成为大多数人表达隐私和亲密的媒介。对于究竟在何种程度上将自己的私人生活公开化，又应该如何去做，不同的人有不同的观点："我对照片这种东西感到很不舒服，我姐姐在脸书上上传了数不清多少照片。只要你滑动鼠标，一张一张看她上传的照片，你就能知道她所有的事，比如她交的每一个男朋友。这是让我觉得有点诡异的事。"隐私还可能因为遭到泄露或失去控制而被公开：

> 我姐姐的朋友在她的脸书上记录了自己的整个分手过程。她和她的前男友通过在脸书状态下留言进行交流。我觉得这开始于，比如说，她在脸书上贴了一首表达她感受的歌词，然后他也贴了一首表达他感受的歌词[1]。他们就这样来来回回，直到一切都变得再明显不过了，这种微妙的交流也就随之结束了，接下来两个人就开始互相指责。这很有意思。

在特立尼达，对这件事看不过去的人会批评说，情侣之间完全可以私下解决这件事情，一旦事情被摆在公共空间中，也就变得更难解决了。曾有例子证明，情侣在脸书上不断更帖公开和解过程并不是好主意。正如格尔森（Gershon）所讲，在脸书上"官宣"一段关系的改变，会得到各种各样的不同回应[2]。

---

[1] 在美国学生群体中，似乎使用流行音乐歌词来隐晦地表达感受是一件很普遍的事情。详见 Gershon (2010), pp. 125–30。

[2] Gershon (2010), pp. 65–78。

facebook
脸书故事

公共与私人的标准界限在脸书上并不适用。私人与无界限的匿名大众之间不再有清晰的界限。后者可能包括那些阅读明星杂志或看《老大哥》综艺的公共领域。这种由脸书代表的"公共"更应该被理解为一种私人领域的集合体。它包含了所有私下相识的人们，只是这些人们被聚集在同一空间，彼此公开。不过，比如特定个体间的谈话，这种通过脸书文本和照片连接的、更广泛的私人集合体有着重要而具体的后果。源于脸书的寻欢作乐与不适感经常导致这样一种结果：瞬间的感觉和行为，一旦被记录在文本中，便会产生比预想时间更长的影响。在田野调查中，我们发现很多人都曾丧失理性、发火、喝醉，或者处于一种通常被称为"过渡阶段"的状态中。不过，在这些时候，他们会在脸书上贴一些让他们过后便后悔的东西：比如说对当时的伴侣恶语相向，再或者是不合时宜的自我披露。一旦这些事被贴在了公共空间中，就不可能当作什么都没发生。这还有可能包括孩子对父母表达强烈的痛苦和愤怒。虽然我们在特立尼达的研究中并没有遇到这样的事，但它却成为我与米尔卡在菲律宾的研究中重要的组成部分。在那里，我们遇到了这样的案例：孩子们在脸书上表达愤怒和憎恶，似乎是在暗示自己遭受了虐待。将这件事广而告之可能会对揭露实际的虐待行为有所助益，不过，如果是如此粗鲁而指向不明的情感宣泄的话，也许会让很多发帖者日后感到悔恨。这样一种暗示一旦摆上脸书，就不能被重新封存进"私人和过往"的瓶子中。即便被撤回了,这些话也很难被人忘记。

另一件事出现在商人伯顿的故事中,但同时也和其他人相关——当一个人工作上的同事,或者更具体点,一个人的老板成为了自己的脸书好友,事情会有什么不同?很多故事都告诉我们,这可能会导致一些麻烦(回想一下那个警告:不要在你请病假期间上传自己在海边的照片),甚至会因为说话不小心而丢了工作。因疏忽而导致暴露最为极端的例子就是歌手乔桑娜的故事了。

还有一个更具体的问题:当之前分散的人际关系网在脸书上聚为一体,也会对隐私带来威胁。先前在菲律宾进行的研究中,最重要的例子就是亲缘关系和朋友关系的并置。特立尼达也许还不是这样,因为特立尼达人更在意自己在脸书上发布了哪些与同事而不是亲戚有关的内容。对于朋友与亲属的并置,他们大体上还算轻松。在菲律宾和其他一些地方,最典型的冲突往往发生在一个人的母亲发出好友请求。我在自己的脸书主页上询问人们是如何回应这样一个请求的,结果收到了非常热烈的讨论。这件事在我们菲律宾的研究中凸现出来,是因为这个研究聚焦的是远在英国工作的母亲和她们留守在菲律宾的孩子是如何维系这种远程关系的。在最极端的一个案例中,一个儿子看到自己极度崇拜的母亲出现在 Friendster 上,突然感到心理遭受到严重打击,因为按照他的话来讲,他的母亲

"就像个妓女"。另一个孩子折磨她父亲的新家庭的方式，就是和这些人在脸书上取得联系（他们之前并不知道她的存在）。当然，更经常发生的尴尬是，孩子因为家庭中的争吵而崩溃，把这件事贴到了脸书的公共视野中，同时，父母还会仔细勘察孩子每天在脸书上发了什么[1]。

5. 脸书如何改变了自我与自我意识

这是一本人类学作品，而不是一本心理学书籍[2]。不过即便如此，讨论一下脸书在促进个体的幻想世界中扮演了何种角色，至少还是有一些价值的。想象这样一个故事：两位同事几乎不怎么交流，只不过有时恭维一下对方的衣着，或者说点别的客套话。不过，在其中一个人心里，却会事无巨细地琢磨对方说的每一个字、释放的每一个眼神。他因此确信，此时他已经完全爱上了对方，并

---

[1] 具体参见 Madianou, M. and Miller, D. (forthcoming), *Migration and New Media: Transnational Families and Polymedia*。

[2] 有很多书籍和论文试图总结使用脸书和互联网的普遍心理后果。一些倾向于给出老生常谈的"建议"，例如 Osuagwu, N. (2009), *Facebook Addiction*. New York: Ice Cream Melts Publishing；或者 Rise, J. (2009), *The Church of Facebook*. New York: David C. Cook.。还有一些流行心理学书籍，例如 Carr, N. (2010), *The Shallows: What the Internet Is Doing to Our Brains*. Colorado Springs: W. W. Norton；或者 Shirky, C. (2010), *Cognitive Surplus*. London: Penguin Press。

二 关于何为脸书的十五个命题

且陷入到这段关系中,如果自己没有孩子的话,他一定会毫不犹豫地与妻子离婚。他甚至想好了希腊的哪个小岛将会成为他们激情幽会的场所。哪怕是一点点琐碎的对话也会变成特利斯当(Thistan)和伊瑟(Isolde)般的凄美爱情。[1]在这方面脸书的影响究竟有多大,我并没有充足的证据。不过,似乎人们被动观察和"关注"(follow)另一个人的能力提高了,也因此拥有了更多内心的幻想世界。在其中,他们可以想象任何想要在彼此之间发生的事情。因此,脸书上演着人们内在幻想和想象的世界,这也许是它最显著的影响之一。的确,人们也在这上面花了不少时间。

雪莉·特克尔《第二人生》也许是最早一本深入探究互联网可能带来哪些影响的作品[2]。在这本书中,她着重关注了匿名性的影响,以及人们的线上自我与线下自我有何不同。虽然特克尔并没有在书中明确提到欧文·戈夫曼,但这本书的内容却指向了这位社会科学界自我研究的领军人物[3]。不过,对于隐私焦虑这个问题,脸

---

[1] 法国中世纪骑士文学中的情节,主要现主人公特利斯当对王后伊瑟那种刻若铭心的相思和不避风险的追求。骑士的这种"风雅之爱"开创了对女性的诗意崇拜,(参考自人民文学出版社《特利斯当与伊瑟》)。——译者注

[2] Turkle, S. (1984), *The Second Self*. Cambridge, MA: MIT Press.

[3] Goffman. E. (1956), *The Presentation of Self in Everyday Life*. Edinburgh: University of Edinburgh Social Sciences Research Centre; Goffman, E. (1974) *Frame Analysis*. Cambridge, MA: Harvard University Press.

书却指向了相反的一面，影射了隐私的终结。有人认为这种数字技术在任何一个领域的发展都会遵照始终如一的路径，仅凭上述这一点，就足够让他们冷静一下了。这些争论让我们摆脱了那些简化、通俗的假设——互联网上会有一个更真实的自我，或者更不真实的自我，抑或是认为二者对应着线上自我与线下自我的区隔。戈夫曼与特克尔告诉我们，各种版本的自我在一定程度上都是表演性的，也都会基于一定的期待框架。我们依照不同程度的依恋与疏远，在生活中扮演各种角色。

维莎拉的故事表明，特立尼达文化对于"真相"的定义与你在英国所遇到的完全不同。在一本 2009 年的论文集中，一些研究考察了不同群体对个体这一概念的理解[1]。自我和自我意识的概念经常与更深层次的真相概念息息相关，后者又是一个存在主义问题，讨论了一个人在多大程度上对自己是真实的。这一点可以在妮可的故事中找到例证。她通过观看她男友在脸书上发的四百多张她的照片来发现自己。一些人感觉他们在脸书上创造的那个人与他们在其他情境下的表达并无不同。不过，维莎拉则认为，比起我们线下遇到的那个人，你会在线上看到更真实的那个他（她）。其他一些人则持有强烈的反对观点。阿佳妮的故事还要更加复杂一些，因为不

---

[1] Miller, D. (ed.) (2009), *Anthropology and the Individual*. Oxford: Berg.

管是你在脸书上遇到的那个极度公开的阿佳妮,还是你从未遇到过的那个更加私人的阿佳妮,都不能单独构成阿佳妮这个人。真实的她存在于这种反差之中,也存在于两者的关系之间。

想要知道脸书是否或在何种程度上改变了自我和自我意识的本质是极度困难的。举个例子来讲,人们可能认为,一个人在网上贴了很多照片,一定就会创造一种关于自身外表全新的自我意识。如同一个人所说:

> 我认为对青少年来讲,脸书是很危险的。整天看大家发的照片会让你变得肤浅。这就像是一直在看镜子中的自己一样,只不过是通过其他人的眼睛来看。每个人的观点都会扑向你,因为每个人都可能会在你的照片底下评论。"哦,我爱死你的上衣了"等等,诸如此类。你不会知道人们会评论什么,它就是一直跳出来。所以我认为,对青少年或任何心神不宁的人来讲,脸书都是非常不健康的。

认为脸书会让我们更加在意自己的外表、因此也会更加肤浅的观点有很多不同版本,不过,这种观点往往都会拿如今的我们和一个神话般的、更加真实的过去作比较。互联网还未在特立尼达出现时,我便开始在这里进行田野研究,有时,我会花几个小时的时间观察为了晚上出门而梳妆打扮的年轻姑娘们。她们为了找到最合适的装扮，会一连试穿七套不同的衣服。很难想象她们现在会比那时候还更在乎自己的公共形象。当时，我提出这样一种观点：在特立尼达这样的平等主义社会中，自我的概念并不会过分依赖某种本质存在（interior being）或制度化的位置、角色。自我是一种更为瞬息万变的创造物，很大程度上取决于其他人对你外貌的反馈。仅凭这一点，就能告诉你，你是怎样一个人。因此，如果关于你是谁的真相很大程度上存在于他人对你外貌的反馈中，那么，一个人对自己的公共形象如此痴迷，也是可以讲通的事情。

再往深处走一步，玛丽琳·斯特拉森（Marilyn Strathern）认为，在美拉尼西亚（Melanesian）社会，"让事情可被看见"本身便是关系的一个重要构成部分[1]。例如，当一个婴儿出生时，正是这段关系的视觉证据创造了这个婴儿，并进而在社会意义上确立了这段关系。在脸书上，"关系状态"一栏远不止是反应了关系的状态。脸书可以成为可见性的媒介，帮助人们建立和结束关系，部分是因为它将那些在你头脑深处的信息摆在了显著的位置上（例如你的伴侣的其他社会关系）。

让一段关系被他人看见本身也创造了关系，这一观点可以延伸

---

[1] Strathern, M. (1986), *The Gender of the Gift*. Berkeley: University of California Press.

二 关于何为脸书的十五个命题

到自我的概念中。脸书是一个虚拟场所，在上面，你通过观看自己可见的客体来认识你自己。正如我在狂欢节中发现的，特立尼达人宇宙观的核心，便是认为面具或外貌并不是一种伪装。面具是一种你精心设计或选择而非生而有之的东西，相比不加装饰的脸，它更能指称一个真实的人。这就是为什么，维莎拉认为一个真实的人是你在脸书上遇到的那个人，而非你面对面遇到的那个人。因此，关于你的真相会通过你的脸书向你自己展露。换句话讲，在脸书上，你找到了你自己。

接下来，我们需要对以下问题给出更具普遍性的解释：是什么让人们有冲动和欲望在公共场合贴出有关自我的内容？这一问题的根源是隐私，也就是说，为什么人们会在线上进行如此私人和亲密的交流？在最后一篇关于美拉尼西亚的文章中，我引用了让-保罗·萨特（Jean-Paul Sartre）提出的"见证"（witnessing）概念。我们所做的一切都在被另一种力量（也许是神圣者）所观看，或本应该被他观看。显然，这种观念背后涌动着强大的宗教信仰之暗流。在特立尼达不同形式的基督教中，一个普遍的信念就是存在一个见证一切（all-witnessing）的上帝，在他面前，任何事情既不能也不该被隐藏。弗洛伊德提出的"超我"是这种信念的世俗版本，指的是一个人父母的内摄形象（introjected image）。弗洛伊德相信，父母可以看到一切，因此成了我们进行道德评价的基础。这成为哲学家伊

facebook
脸书故事

曼努尔·列维纳斯（Emmanuel Levinas）作品的核心[1]，也推论出这样一个命题——我们只有在与第三方观察的他者的关系（与神圣者相呼应）中，才能成为道德行动者。正是这样一个观察者的存在，才让我们依照道德行事。

这些思考也许暗示着，有必要让人们相信，存在一个更崇高、更广泛的力量，监视着他们的人际交流和自我呈现。换句话讲，人们也许也希望相信存在一个更崇高或更道德的评价标准，并通过使用脸书来确认它的存在。在这里，脸书为我们提供的不仅仅是一些会评论我们的朋友，甚至也不是一个泛朋友。行文至此，我们发现，脸书提供了一种重要的可见性媒介和公共见证媒介。他给予我们一种道德环绕感（moral encompassment）。身在其中，我们不仅明白我们是谁，也知道我们该如何行事。脸书本身便是规范，这不仅因为它建立了获得广泛认同的网络礼节，更因为它成了一种自我道德秩序的见证力量——虽然并非针对所有人，当然，也全然没有这个必要。不过，如果不对这种力量做出一些解释，我们就很难明白究竟是什么让人们选择在众目睽睽之下发言，而不是私下发给某一

---

[1] Levinas, E. (1985), *Ethics and Infinity*, trans. Richard Cohen. Pittsburgh, PA: Duquesne University Press. 如果希望详细了解见证对于关系和参与的影响，可同时参见以下讨论：Borgerson, J. (2010), 'Witnessing and Organization: Existential Phenomenological Reflections on Intersubjectivity', *Philosophy Today* 54(1): 78–87。

个特定的人。这样一种论证只会让脸书变得肤浅。也许,对于一些人来讲,脸书和在场的神圣者意义相同,都在见证着他们的生活。

脸书与社群

1. 脸书扭转了两个世纪以来我们对社群的叛逃

上一部分讨论了脸书对我们内在存在的影响,并在结尾处提出了一个推测性命题。当然,我们并未拥有太多证据来支撑这一命题。我们现在要转而讨论脸书对这个世界产生的另一个影响,相比之下,它已经得到了广泛的研究。在过去的一个多世纪中,几乎所有关于现代生活的作品都在强调亲密社会群体的消逝。没有哪个学科比人类学受这种论点的影响更大了。

学生们选择学习人类学的初衷之一,便是感到他们不再生活在社群之中,因而希望了解自己究竟失去了什么。从马林诺夫斯基(Malinowski)到博厄斯(Boas),人类学的经典文本满足了这一兴趣。它还进一步被涂尔干(Durkheim)、滕尼斯(Tönnies)和西美尔(Simmel)所代表的社会学传统所证实。社会学家同样在论述社群的衰败,认为它这导致了城市群集(crowds)的孤立与匿名。在这些批评中,一条共同的线索便是将社群的衰败与资本主义、工业化的崛起联系在一起。社群的复兴也是环境主义（environmentalism）的核心议题。

帕特南的《独自打保龄》和桑内特的《公共人的衰落》等书的出现，又为当代和历史的研究这种总体趋势赋予了新的内涵[1]。从某些角度来看，这一对于脸书的研究，可以被视作我先前一本书《物的慰藉》（*The Comfort of Things*）的续集[2]。在那本书中，我同样讲述了一系列故事，但却得出了非常不同的观点。《物的慰藉》的最后一章考察了伦敦市民在何种程度上过着离群索居的生活。普遍来说，他们仅仅希望与邻里产生的接触越少越好。即便在工作中或教堂里，他们就算仍旧保有自己的社交网络，也越来越萎缩。时至今日，这场逃离亲密社群的航行似乎已经没有回头路了，不过，这也让脸书变得尤其与众不同。在社会科学研究者将试图逃离亲密社群的历史轨迹看作一种普遍现象时，脸书给它一记迎头痛击。有关社群的明确定义仍旧没有定论[3]，不过，这一领域的研究者们似

---

[1] Putnam, R. (2001), *Bowling Alone*. New York: Simon and Schuster; Sennett, R. (1977), *The Fall of Public Man*. New York: Knopf.

[2] Miller, D. (2008), *The Comfort of Things*. Cambridge: Polity.

[3] 博斯迪尔针对为何不将"社群"当作一个学术术语，给出了很多不错的理由。不过，我却发现如果在这样一本希望被更多读者看到的书中，从口语意义的角度来使用这个词，却也有其裨益。参见 Postill, J. (2008), 'Localising the Internet beyond Communities and Networks', *New Media and Society* 10(3): 413–31。

二 关于何为脸书的十五个命题

乎非常习惯使用"社群"一词来比较人们在脸书上和线下的经验。在这本书中,"社群"一词仅仅涵盖了特立尼达人口语化的使用方式。不过,无论我们究竟在使用"社群"表达什么,脸书似乎都已经复活并扩展了这个词的意义。

几乎所有用户在谈到自己在脸书上的好友组成时,都会说他们不愿意加那些没有见过的人为好友。人们最初加好友时,通常会先将线下的核心朋友群体"复制"到脸书上,不过很快,就会把那些他们某个时刻见过的人放进好友列表中,即便彼此已经失联许久。脸书加好友的经典模式,就是寻找那些你在学校时的同学,或者已经移民国外的、久未联系的表亲。脸书似乎终结了所谓的社交网络的自然磨损。它把所有曾经被忽视的关系找回来,重新放回到关注的框架之中。同样重要的是,脸书把侨居国外的离散人口(diaspora populations)也重新拉了回来,这减轻了他们因为定居不同国家而产生的交流困难。

当一位朋友使用脸书时,并不意味着他们会成为与你直接互相留言的人。这仍旧是一个亲密好友的小圈子才会做的事。我们也许往往会忽视脸书的意义,说人们在脸书上不过只是和一群人维系持续的连接。如果我们不仅仅考虑这些一对一的持续性交流,那么便可以发现,人们通常还可以看到更大范围的发帖。比如说,特立尼达人就总是喜欢观赏各种各样脸书好友上传的照片，而不仅仅只有他们会与之交流的那些好友。这似乎可以让他们确信，自己是认识这些人的。他们可以及时更新这些遥远的朋友最近都在忙些什么，也开始关心起这些人的故事。不过，其实他们所在的线下社群也往往是一场大型肥皂剧，本就包含着许多其他人的故事。

我们与其抽象地讨论这一点，不如具体来讨论我们故事中的人物，例如阿兰娜。她出生并成长于我们普遍理解的真实社群之中：一个每个人都彼此熟悉的小村庄，村民很大程度上是同一家族的后代，村庄中有许多的集体性活动。如果像阿兰娜这样的人都同意脸书代表了她眼中的社群，那么，我们就没有理由拒绝这种判断。当她和同学在午夜时分相约线上时，脸书不仅是一个人际网络的集合体，还是一种集体活动。这一观察的要点在于，线上交流的人们是否会以牺牲线下交流为代价？社会学家汉普顿和韦尔曼发表过一篇论文[1]，他们对比了两个加拿大的社群，发现与其中一个缺乏线上交流的社群相比，另一个重度依赖线上交流的社群更倾向于把交流延展到线下。脸书最初是为学生群体创设的，当时，人们认为它可以用来组织大家一起喝酒、一起聚会，甚至一起听讲座、一起分享

---

[1] Hampton, K. and Wellman, B. (2003), 'Neighboring in Netville', *City and Community* 2(4): 277–311.

二 关于何为脸书的十五个命题

他们随后的经历。这多多少少都是已经发生的事实：脸书促进了线下交流，而不是替代了线下交流。

因此，虽然对脸书的恐惧总会时不时冒出来，但在特立尼达，并没有证据表明，因为脸书的存在，人们在一起的时间更少了。相反，脸书被认为是一种人们用于协调和组织线下活动的工具，不论是偶尔的家庭聚会，还是日常的作业讨论。正如前一部分所讲，当人们发现线下交际困难时，脸书就会挺身而出。在前文的故事中我们讲到，严重的暴力（尤其是谋杀）和交通拥堵是特立尼达人进行面对面交际的两个重要阻碍。显然，一些人出于恐惧在夜晚不愿出门，另一些人则害怕被困在他们的汽车里，一连几个小时。他们自然会认为，虽然脸书上的交际并不能代替面对面的交流，但当人们为如何安全、迅速地到家而恐惧和焦虑时，在脸书上聊聊天也不失为一个方法。

阿兰娜对于脸书的观察尤其重要。她认为，那些在小型社群中频繁进行线下社交的人们，会把以脸书为代表的、不那么剧烈的中介化传播视为一个避风港。相反，那些不怎么参与线下社交的人们，则会蜂拥至脸书，获取一些他们失去的东西，即便他们并不会因此而重拾所有面对面的感官接触。阿兰娜对于社群的评论，与那些针对个体的观点恰好相映成趣。在用户弥补其他传播形式的缺陷和压力时，脸书效果尤佳。这可以算得上是本研究最主要的结论之一。

2. 脸书让我们重新认识社群的负面

社群是一个尚未定论的词，这不仅由于它的定义充满争议，也因为它包含着浪漫和田园般的意义。我们在实践中越少参与到其中，就越会将它想象为某种失乐园。在现代政治中，社群作为一种纯粹的善，为个体提供支持、关怀和物质帮助。它被视为一种对抗孤独和抑郁的堡垒。脸书特别能够帮助我们更加平衡和现实地去理解亲密社群的意义与经验。它的确看起来拥有大多数传统面对面社群的特质——其中不少还是负面特质。社群的衰败是有很多原因的，这并不是说，社群不再是人们生活中的一个选项了。实际上，很多人正是通过自主的选择，过上了更加孤立的城市生活。一些人可能难以理解这一点，因为他们将社群视为某种从历史中消失的理想状态。直到我为了写作博士论文，在一个印度的村庄生活了一年之后，见证了其中（尤其是对女性）的残忍、虐待和压迫，村落生活的潜在特质才开始浮出水面。在团结、友谊和共同身份感之外，社群还有它的另一面。人们拼命想要逃出这种亲密社群，是有充分的理由的。

相反，我们将"寻欢作乐"看作特立尼达社会的自我概念化产物，这同样为我们直接指明了社群的这些问题。寻欢作乐假定了这样一种情形，每个人都能持续了解彼此的事情。没有人可以在开始一段关系、被撕破了衣服，抑或是在考试中犯了错后，还不被人了

二 关于何为脸书的十五个命题

如指掌、说三道四。在伦敦，同一群人会一边谈论家庭和亲缘关系的衰败，另一边却拒绝把哪怕是一点点时间花在家庭或家庭仪式上。他们太忙了，根本没有这个时间。阿兰娜和其他一些我在特立尼达进行了访谈却没有出现在故事中的人一样，都将脸书视为一种更为"寡淡"的线下社群。他们的意思并不是说脸书不好，实际上恰恰相反。脸书创造了寻欢作乐、被指责毁掉了马文的婚姻，但同时，相比村庄中的传统争吵，以及其他类型的长期争执、世代之间的相互报复，它也的确减少了肢体冲突。

我们在这里强调社群的阴暗面，仅仅是为了平衡我们的思考，而并非否认社群的价值。我们同样看到，当用户在脸书中收到亲密好友之外的朋友发来的评论时，他们的确收获了安慰和支持。在悲伤和抑郁时，来自更广泛社群的关怀也许至关重要。脸书还直接被用来创造团结和实际的支持，举例来说，在海地大地震中，特立尼达人便是通过脸书进行回应。脸书动员普通人对海地施以援手，如果没有脸书，这一切都是不可能发生的。

总而言之，和其他形式的社群一样，脸书也带来了矛盾的后果。还有一件事证明了这一点。一位年轻人被诊断出患有癌症，但他并不打算在更大的圈子里讨论这件事。然而，仅仅是一两天的时间里，"特立尼达人不愧是特立尼达人"，这条消息通过脸书一下子就扩散开来。很快，他就收到了很多留言，例如"我们为你祈祷""珍惜你现在拥有的朋友和家人",但却没有人直接说到癌症这件事。最初,这些消息让他感觉似乎自己难逃一死,他宁可没人知道这件事。但随后,各种活动和募捐都以他的名义通过脸书被组织起来了。

3. 脸书中的规范性与网络礼仪

"文化"这个词的核心,是一种外化为规范性行为的价值观。在任何一个社会中,人们的行为都会受到评判,标准便是这一行为在多大程度上是正常的。"正常"一词带有明显的道德暗示,是一种对人们应该如何行事的评判。人们在脸书上谈起这种规范性的原则时,普遍会称之为网络礼仪(netiquette)。虽然大多数参与者使用脸书的时间都不过几年而已,甚至有些人只用了几个月,但他们仍旧已经明白,哪些使用的风格和准则是被普遍允许的,如果他们没有遵从这些准则,便会被置于道德压力和制裁之下。

脸书的结构倾向于创造规范。这一点可以从发帖、评论、关系状态、点赞等地方使用的语言中看出来。不过,除此之外,也有很多规范和风格并不是由这些机制所决定的,例如发帖的不同风格,或是对发帖频率的普遍期待。我们每次将特立尼达人对脸书的使用和其他国家的人作对比时,都将文化作为一种规范。不同的用户群体也许有不同的规范,他们对此也心知肚明。例如,一位青少年在

二 关于何为脸书的十五个命题

谈论"解除好友"的问题时说道:

> 你不能这么做,这是非常不得体的。这就相当于在说你已经不是我生活中的一部分了。这太极端了。解除这一关系也许还会影响到我所有朋友的生活,并不仅仅是我们三个在争吵的人。这将会影响到每一个人。

不过,在另一种情境下,"解除好友"也没什么大不了的[1]。对于不当行为,该有直接的制裁方法。例如,我听到一些故事,说父母介入到孩子的生活中,防止他们对脸书的错误使用:

> 大约一年前,当我去家长会时,一位女士走过来告诉我说,我儿子在他儿子的脸书上写了一些很糟糕的评论,她问我是否知情。我说我不知道。接着她说:"好吧,你应该和他聊聊这事儿。"我就和我儿子聊了,他承认他的确说了那些话,因为他很讨厌这个人。我说:"你必须明白这种脸书上的事情会给你带来什么。"之后,我就再没有听到过这样的抱怨。

---

[1] 在格尔森(2010)的书中,大部分内容都在讨论因为网络礼仪的标准缺失,因为人们错误地以为其他人也秉持着与他们一样的网络礼仪,误解和疑惑才会出现。这在男女朋友分手这一话题上尤其明显,人们会因为选择哪种媒介说分手产生很多歧义。

不过，这种明确的干预并不普遍，相比之下，一种自愿达成的网络礼仪逐渐兴起，这种网络礼仪要求人们按照一些逐渐显现的语言风格行事，并对人们在脸书上的行为起到了更重要的约束作用。

脸书的使用经常会反映出一些已有的规范控制模式。韩国的Cyworld也许是最早建立起来的大规模社交网站。韩国经常被认为是世界上最为因循守旧的社会。Cyworld建立不久，就有报告称，社交网站加剧了韩国人的社会从众性。举例来说，一个人让自己的小狗在街道上排便，被路人用手机拍了下来，贴到了网站上。很快就有人认出这个人，几乎整个国家的网民突然间都联合起来谴责这个人，认为这是一种反社会行为[1]。不过，在特立尼达，脸书却赋予人们更多权利去做自己想做的事情。脸书凭借一己之力，到底是加剧了这种从众压力，还是降低了这种从众压力，还需要更多时间进行观察。我们很可能会同时看到并存的两种情况。

4. 脸书与政治

在柯克帕特里克（Kirkpatrick）的作品《Facebook效应》（*The Facebook Effect*）中，开篇就讲了一个脸书行动主义的故事。2008年1月，在哥伦比亚成立了一个反对哥伦比亚革命武装力量

---

[1] 与Miran Shin的私人谈话。

二 关于何为脸书的十五个命题

(Revolutionary Armed Forces of Colombia，简称 FARC）的组织。更具体地讲，这一组织反对 FARC 绑架无辜市民以勒索赎金的行为。它在脸书上建立了一个主页，仅仅一个多月的时间，就组织起1000万人走上街头，抗议 FARC 的暴行。相似地，伊朗人通过脸书和推特组织起来的反政府游行也被很多人津津乐道。我在教书时也会和学生们谈起，在台风灾情到来时，菲律宾人是如何使用脸书进行回应的。我在进行这项研究时，海地发生了特大地震，很明显，脸书成为一个真正重要的媒介，激发起特立尼达人对这一悲剧的回应，其中很多人都对此感同身受。

以上这些都是真实且积极的。有些人认为，在脸书上，我们终于获得了美丽的新公共领域。这是一种可靠的大众政治，也是政治理应具有的样貌。对于这种观点，我们需要保持足够的谨慎。每当一种新媒体兴起时，总会出现一模一样的观点。举例来说，菲律宾的 EDSA 革命之所以能把总统赶下了台，就被归功于移动电话的出现，因为人们是通过发短信来协调政治抗争的。不过，更加清醒的分析却表明，移动电话的影响被夸大了[1]。今天的人们已经不再认为，移动电话在政治方面具有特别的革命性，部分原因在于这种热

---

[1] Pertierra et al. (2002), *Txt-ing Selves: Cellphones and Philippine Modernity*. Manila: De La Salle University Press.

情已经被转移到了社交网站上。这种自发政治行为最令人深刻的案例，莫过于东欧剧变中推翻政府的革命。要知道，这一革命和新科技并没有多大关系。

具体到脸书这一社交媒体，很多人都对它在辅助行动主义时表现出的持续潜能颇为期待。在之前的故事中，我们讲述了特立尼达人在面对建设铝冶炼厂的提议时，是如何组织抗议运动的。其中，类似的期待也出现了好几次。的确，脸书一方面被用于向国际世界宣传这一行动，另一方面也被用于在地方层面协调行动者。克拉马斯博士的故事同样表明，他致力于人权事务的一生，被脸书拯救了。脸书让他能和从前一样，有效协调自己的事业。不过，我们仍旧需要保持谨慎。在我们的研究项目中，大多数接受访谈的特立尼达人对政治行动都根本没有兴趣，也没有证据表明，在他们的脸书生活中，政治占有一席之地。实际上，很多人都明确表示，他们不想用脸书进行任何形式的政治讨论，只想在上面维系人际关系。因此，政治行动者使用脸书，并不一定意味着脸书让更多人变成了政治行动者。有多少对于互联网的赞美，就有多少对互联网的诋毁——很多人认为，互联网让我们变得更肤浅而不是更深刻，更被动而不是更主动。

与政治讨论有关的另一个问题是，人们假定脸书上的行动主义本质上是良性的。最近（2010 年 7 月），报纸上充满了英国首相大卫·卡梅隆（Darid Cameron）和脸书之间的冲突[1]。原因是一位叫作拉乌尔·莫特（Raowl Moat）的人在枪击了他的前女友、现任女友和一位警察之后，在警察面前自杀身亡。政治家们非常愤怒，因为这样一位冷酷的杀人犯竟然拥有一个脸书主页，名叫"传奇人物拉乌尔·莫特安息"。这一主页很快就吸引了38000名粉丝。毫不意外，上面都是些政府阴谋论的陈词滥调，认为政治家们在利用这件事来激发各种形式的疏离和敌对。在这一事件中，脸书拒绝关闭这一主页。自发的大规模公众行动也不一定都是重要的。一个典型的例子是戴安娜王妃之死引发了非同寻常的反响，不过，人们期待的长期持续的纪念活动却没有发生，对此事的反应也并非特别剧烈，不过是一种对事件本身的精神宣泄而已。因此，有证据证明，脸书不过是又一个辅助政治行动的媒介，而不是一个带来政治革命性转型的工具。马里兰（Maryland）的政治候选人们开始将社交网站纳入他们需要管理的媒体列表之中，这也意味着，社交网站已经成为生活中的平常之物[2]。

与这种直接使用社交网站参与政治和行动主义的观点不同，

---

[1] 如果想了解这一事件的不同观点，可以对比阅读 *Daily Mirror*, 18 July 2010, 'Sick Moat a Legend? No, but PC He Shot Is' 以及 *The Guardian*, 15 July 2010, 'Raoul Moat Page Reaction Shows PM Doesn't Get Social Media'。

[2] *Baltimore Sun*, 20 June 2010.

facebook
脸书故事

有人认为，更为广义的互联网代表了一种革命性的政治经济新形式。这种观点在社会学家卡斯特的三卷本作品中得到了最为有力的表达[1]。不管是卡斯特的书，还是其他冠名为"行动者网络"（actor network）的作品，都倾向于人们正陷入对网络的盲目迷恋之中。它们想象了这样一个现代（或者用更老套的说法来讲：后现代）社会：一方面，个体间的关系更加直接；另一方面，又出现了一个全球性的网络。本书的发现完全无法证实这样一种论点。既没有证据表明出现了一种全球性网络，也没有证据表明出现了孤立的个人主义。全书所聚焦的社会关系，并没有被简化为这两种极端情况。在特立尼达，因为脸书的出现，人们的个人主义倾向明显减弱了。

很多有关脸书的作品都多多少少误解或误用了"作为全球性的脸书"这样一种观点。是的，脸书如今遍及各个角落，从这个意义上讲，它的确是全球性的。不过，同样的逻辑，我们也可以说电话和威士忌是全球性的。这并不一定意味着，脸书会变成某种类似于全球意识或全球大脑般的集合体。当一位用户进入脸书，他可能会和几百位朋友产生潜在的交流——实际上通常只有

---

[1] Castells, M. (2000), *The Information Age: Economy, Society and Culture*, updated edn, Blackwell, 3 vols. 更加简要的论述可以参见 Castells, M. (2000), 'Materials for an Exploratory Theory of the Network Society', *British Journal of Sociology* 51(1): 5–24。

二　关于何为脸书的十五个命题

15位，而显然没有在和世界交流。脸书虽然可以帮助观念和时尚病毒般迅速扩散，但在脸书上，有关名人和政治丑闻的新闻也会被扩散得一样广。特立尼达的脸书不是伦敦的脸书。简而言之，脸书很重要，但它并非超然之物。脸书主要影响的仍旧是亲密的社会关系。

基于以上这些原因，我在这里更多强调的，事实上是脸书保守的一面，而非它作为新事物给人们所带来的兴奋感。思考脸书是如何扭转了个人主义的趋势，以及复兴了亲密的社会关系，显然是更加有趣和特别的。虽然脸书是一种传播的新形式，不过，它所传播的内容，诸如流言、约会和玩笑话，似乎仍旧回归了既有的传播形式，也难以被"网络"一词所总结。巴里·威尔曼（Barry Wellman）和同事们做了一系列颇有价值的研究[1]，发现即便在脸书上，人们也倾向于使用互联网来巩固更为广泛的社会关系（例如面对面相识的关系），而不是取代它们。

---

[1] Kennedy, L., Smith, A., Wells, A., and Wellman, B. (2008), *Networked Families*. Pew Internet and American Life Project; Wang, H. and Wellman, B. (2010), 'Social Connectivity in America: Changes in Adult Friendship Network Size from 2002 to 2007', *American Behavioral Scientist* 53(8): 1148–69.

facebook
脸书故事

脸书进一步的后果

1. 脸书改变了我们与时间的关系

一些人认为，脸书只是巩固了互联网先前将时间无情压缩并固定在现实的趋势。由此，很多人认为，脸书代表了一种新形式的肤浅或"浅薄"[1]。不过，本书却发现了其中更加复杂的图景。脸书的首要影响是重建了人们与往日关系的联结，例如往昔校友或移居他国的亲戚。这种过去的复兴，让人们不再只聚焦于那些可以产生即时接触的人。如果说脸书因此延长了一个人既往生命的时间纵深，那么，认为脸书仅仅指向此时此刻的观点便站不住脚了。也许这种与"此刻"的连接，和脸书最初诞生在学生群体中不无关系。当更广泛的人群（例如克拉马斯博士）开始使用它时，情况就发生了变化。

在妮可的故事中，最令人惊讶的发现之一，便是脸书在很短的时间内，就已经沉淀了深厚的历史。这段历史对很多脸书用户而言意义重大。它关系到脸书的发展历程，从一小群精英高校到所有的大学，再扩展到青少年群体，最后又向上延伸到老年人群

---

[1] Carr, N. (2010), *The Shallows: What the Internet Is Doing to Our Brains*. New York: Norton.

二 关于何为脸书的十五个命题

体。这些转折,加之脸书公司对网站设置的反复修改,都让妮可这位"见证历史的女人"珍视自己作为先驱者的角色,怀念脸书刚兴起时的"旧岁月"。相似地,脸书早期多被用于传达好消息和重要的事,如今却越来越成为人们面对死亡、失落与记忆的网站。随着脸书不断发展自身的历史,似乎它同时也开始更多地关注过往。

脸书切实解决了信息传输延迟所带来的低效。它传递了很多人"此刻"的状态,有时候一天还会发送好几条。我们不再需要依靠他人作为中介来获取这些信息。从前,对于那些并非每天都能遇到的人,我们绝不可能了解这么多有关他们的日常琐碎信息。从这个角度讲,脸书的确让我们的"此刻"更加丰富,也让我们能更好地与其他人的生活同步。只有无可救药的保守主义者才会认为,相较于社会信息的即时更新,过往传播中的延迟、低效才是更加自然和健康的。对于更加正式的新闻,这一点同样适用。如果人们愿意收看新闻媒体,也许会更好,不过对于那些不看新闻媒体的人,像海地地震这样的关键事件,则可以通过线上评论的方式快速出现在他们面前。对于那些不那么重要的新闻,情况也是类似的。正是特立尼达人在脸书上讨论坎耶·韦斯特和泰勒·斯威夫特之间的风波,让我第一次意识到这一点。

另一个对脸书看似更为合理的指责,是认为人们花费太多时

facebook
脸书故事

间在脸书上,因此,脸书便成了"时间盗贼"。我用这四个字作为其中一个故事的标题,其实是在暗示说,大多数人在脸书上花费的时间,都被认为无聊到不可思议。不过,我还是想说,这种指责来得太过随意。如果我们真正考察了这些时间是如何花费的,很可能还是会保持勉强的乐观。至少在特立尼达,脸书似乎主要用于替代其他形式的娱乐,诸如看电视和打游戏。虽然看电视在很多国家中具有交际性(英美可能稍弱),游戏也越来越趋向于多玩家共同协作,但相比之下,脸书本质上的社交性仍旧略胜一筹。

随着脸书时间被认定为一种叙事时间(narrative time),还产生了一种更为深刻的后果。在三卷本的著作《时间与叙事》中,哲学家保罗·利科(Paul Ricoeur)深入挖掘了叙事在我们的人性以及经历分享(尤其是苦难)中所扮演的核心角色[1]。虽然利科关注的是亚里士多德和圣奥古斯丁的著作,但也许最好的事例是肥皂剧在全球范围的吸引力。肥皂剧之所以流行,是因为人物出现在了实时叙事(real-time narrative)之中。《老大哥》这样的节目打破了肥皂剧和小说之间的联系,代之以真实生活的叙事。至少在一定程度上,《老大哥》似乎为脸书铺好了路。利科认为,当我们与他人在既定的叙事风格中相遇时,关系才能达到最佳状态。脸书的出现确认了

---

[1] Ricoeur, P. (1984–8), *Time and Narrative*, 3 vols. Chicago: University of Chicago Press.

这一点。沿着这一轨道,脸书可以说到达了顶峰,因为在这里,我们可以看到真真切切的人,断断续续地实时更新自己的状态。

当我们把文化相对主义的人类学视角置于时间体验之中,会出现同样复杂的局面。对于一位人类学家来讲,人们对时间的体验因地而异,甚至因时代而异。在一年中,特立尼达人的时间体验也不是平均分布的。它会在狂欢节时达到顶峰,又会在四旬斋中减慢速度。人们会根据这一节奏来调整自己。在狂欢节中,普通女性会变身"辣妹",成为整条街道的焦点。一场接一场的活动让人们得以逃离世俗时间,以一种平日里绝不可能的方式做事情。这种很拉伯雷式(Rabelaisian)的反转也许正在遭受来自脸书的威胁。如今,特立尼达人担心自己会被认出来、拍进照片,再公之于众。他们不敢再参与到这种背叛日常角色和世俗时间的解放之中。狂欢节是献给此刻的节日,在其他时候,这些行为会带来绵延不断的麻烦,但在狂欢节中,这一切都不是问题。因此,我们再一次证明了,脸书似乎让我们对"此刻"的倚重更加困难,而不是更加容易。

2. 脸书改变了我们与空间的关系

一直有种推测说,脸书导致了时间的消逝,但相比起来,距离的消逝似乎更加明显。不过,我们在假定自己已经充分理解这一点前,还要停下来再想想,因为这意味着距离已经不再重要。毕竟,

facebook
脸书故事

脸书最初巩固了传统上以家庭为基础的乡土观念。很多人都在抱怨说，如今的年轻人上网时，一连几个小时，就像黏在自己卧室里的电脑上一般。霍斯特（Horst）注意到，他们甚至会为自己的线上站点建造一种审美趣味。举例来讲，MySpace便生产了一种与卧室本身相洽的美感。用户还有可能通过使用脸书，把房屋延伸成一种社交性站点（site of sociality）[1]。这就是阿佳妮所做的事儿。她把自己的房间装扮成法国沙龙一般，在她居住的小镇上，这成了艺术和创造性活动的中心。和许多新技术一样，脸书最初的影响往往是强化了保守主义，而非建立某种激进的断裂，因为我们通常喜欢使用新技术来完成之前无法完成的任务。所以，如果距离的消逝在最初便发生了，它很可能是一种对抗家庭成员离散而居的尝试，旨在让他们能像曾经一样紧密，而不是完全改变他们的关系。当兄弟姐妹中有人移居他国，脸书让他们可以与家庭成员间保持频繁而热烈的交流。其他新形式的传播（例如电子邮件）有助于维系兄弟姐妹间一对一的关系，相比之下，脸书则带来更多的家庭感，让彼此之间可以进行绵延不断的交流。

在跨国传播的效率中也可以窥见距离的消逝。在脸书上，一个

---

[1] Horst, H. (2009), 'Aesthetics of the Self: Digital Mediations', in D. Miller (ed.), *Anthropology and the Individual*. Oxford: Berg.

人的线下位置并不重要；不管对方住在你的临街，还是相邻的大洲，都可以和你产生同样亲密的人际互动。最明显的一个案例就是克拉马斯博士。他因为身体疾病被困在家中，却可以通过脸书和世界各地的朋友维持联系。另一个更微妙的例子是，当你去看脸书的豆夹馍主页时，会发现散居世界各地的特立尼达人竟然在此相聚。在这个故事中最大程度地实现了离散的在场（diaspora presence），这很可能是因为豆夹馍主页中的内容对特立尼达人来讲是最本土、最具象的。当人们居住在遥远的多伦多或迈阿密时，若是能参与一场关于特立尼达哪个街角的豆夹馍最好吃的热烈讨论，一定会十分受触动。当距离本身相对较近时，距离的消逝也同样存在。在妮可的故事中，作为一名年轻妈妈，她被迫在家照顾孩子。不过，她能够清楚地知道她不在时，朋友们都在忙什么。也许朋友们只和她隔着几条街的距离，但在珍妮看来，她无法出门，即便是这点距离也难以克服，就像是隔着万水千山一般。

3. 脸书改变了工作与休闲的关系

脸书并不仅仅重构了时间和空间。新媒体最为戏剧性的后果之一，便是弥合了工作与休闲之间曾被认为根深蒂固的隔阂。几十年来，商业机构一直维持工作和个人生活之间的界限，几乎就如同说，如果允许工人们拥有工作之外的生活，他们的工作就会完蛋。

直到最近,这一切才有了变化。如今,它就像是柏林墙一般——一旦倒掉,就没人认为还能恢复。对大多数人来讲,在工作场所处理私人事务几乎是不可避免的事情。从内部推倒这面墙的这个"特洛伊木马"便是个人电脑。电脑对所有类型的工作来讲,几乎都是至关重要的,不过,这种科技同时也让人们很难完全聚焦在手头的工作上。

我观察到的很大一部分脸书使用都发生在工作中。这一比例在我的田野访谈中甚至还要更高。本书开篇讲述的马文的故事,以及他婚姻的破碎,都是在工作日发生的。很多特立尼达的研究参与者都表示,他们工作的大部分时间里,都会同时挂在脸书上。这件事很难避免,其中一个原因是工作中进行交流的两个人,既是同事关系,同时也建立了社会关系。在学术界,很难区分同事之间或学生之间的交流究竟是关于工作的,还是关于他们的私人友谊。实际上,人们在进行工作沟通时,也期待双方的交流是更加私人化和友善的。因此,企业想方设法地测量社交网络的崛起牺牲了多少工作中的生产效率[1]。脸书不仅入侵到工作中,它简直占领了工作的每一个环节。

脸书绝不仅是这一趋势的唯一代表。在它背后,还有许多以

---

[1] *The Economist*, 28 January 2010.

人际交流为目的的新型传播技术。斯特凡诺·布罗德本特（Stefana Broadbent）对这些新技术对于工作的影响进行了细致的研究[1]。这些发展也许的确是以牺牲狭义的工作效率为代价的。不过，对于那些一方面担心自己的孩子，另一方面又要处理家庭事务的家长们来说，这却被视为一种显著进步的、具有解放意义的福利。它让工作更加惬意。对很多人来讲，尤其是那些从事管理和其他专业工作的人员，互联网和电子邮件让他们在休闲时间也能继续工作，这在很大程度上弥补了这一趋势对企业带来的损失，甚至还会让企业得利更多。在本应留给休闲的时间里，电子邮件的新消息提醒不断召唤人们回到工作中，这肯定会在整体上增加他们的工作时间。不过，我们在特立尼达收集到的证据却表明，在管理人员和专业阶级之外，情况可能正好相反。办公室人员和修理工更可能把私人生活带到工作中，而不是把工作带入他们的私人生活里。另一些人还提到，脸书让他们把工作中的同事变成了朋友。举例来说，在以前，人们一旦离职，就往往会和同事们失去联系。但脸书让他们可以和这些前同事们保持联系。事实上，有时候在工作环境之外，他们反倒能对彼此了解更多，也更能发展出持续的朋友关系。

---

[1] Broadbent, S. and Bauwens, V. (2008), 'Understanding Convergence', *Interactions* 15: 23–7.

4. 为何脸书不只是公司

有些人认为脸书不适合作为人类学研究的对象。这些人在描述脸书时，最常用的一个词是"公司"。称脸书为公司，意味着商业目的是它存在和维系的源动力，也就是说，除了权力和商业的利益之外，它再无法提供更多价值。因此，研究者只需要关注一件事，那就是脸书公司如何将自己的结构施加给用户。"公司"一词的正确性似乎无可置疑。脸书是一家公司；对于它的创始人、投资者，以及扎克伯格之外的其他利益相关者而言，最主要的目的都是盈利。虽然伴随这一目标，出现了大规模的狂欢[1]。脸书员工被要求源源不断地创造收入。不过，脸书是一家公司，也并不一定意味着，任何人所做的任何事，本质上都必须是"资本主义的""新自由主义的"，或者"公司的"。

本书中的十二个故事同样否认了这一点。脸书对于人们生活的影响无比真实，因为脸书是由众多用户共同书写的。没人可以成为自己生活的唯一作者。我们都在历史上被创造着。本书最后一篇文章将会提到戛哇岛（Gawa）。戛哇岛是西南太平洋上的一个小岛，不难猜到，它就是那种人类学家很喜欢去研究的地方。戛哇岛可以从文化层面进行描绘，不过，这里所说的"文化"，并不是由如今

---

[1] Mezrich, B. (2010), *The Accidental Billionaires*. London: Arrow Books.

的实践者们设计的,而是继承了祖先的一些文化期待。一个戛哇岛人并不一定会表达他的目的、意愿或行为。实际上,戛哇岛人遵从于一系列的制约、规则、控制和命令,这些都不是他们自己制造的,也远不止发生在脸书之上。戛哇岛的文化并不源自一家公司,而是来自历史。每个人都出生在一系列预先存在的规则之中。正如另一位人类学家布尔迪厄所讲[1],如何实践这些规则,每个人都有自己的战术。不过,戛哇岛人主要还是按照被教育的方式来行事。在人类学中,这些小村庄被视为真实的象征,是深深根植于人们内心的社会。在政治经济学中,它们却通常是残忍的社会运动的结果,例如贵族阶层对土地所有权的吞并。部落的崛起通常伴随着征服、战争,抑或是今天所讲的排外狂热(xenophobic cults)。因此,如果我们认为社交世界的非商业产物更高一等,那不过是因为我们对于历史的无知。

把研究设定在特立尼达的其中一个原因,是希望展示脸书是如何在创造全球同质化的同时,也创造了新的地方异质化。在这一点上,许多现代现象都和脸书相仿。只有我们考察了特立尼达的 Fasbook 之后,才可以回过头冷静地思考脸书。当然,我们根本

---

[1] Bourdieu, P. (1977), *Outline of a Theory of Practice*. Cambridge: Cambridge University Press.

facebook
脸书故事

没理由去假定脸书公司意识到了 Fasbook 的存在。认为脸书代表了新自由主义的观点尤其具有误导性。我在这方面与格尔森存在分歧[1]。"新自由主义"一词的暗示是，在资本需要的命令之下，脸书在源源不断地生产个人主义。个体实际上成了微观的、商业化的实体。相反，脸书作为一种社交网络，在某些时候，恰恰对那种个人主义发起了最强烈的挑战。在前文中，我们谈到几十年以来企业是如何阻止工人使用诸如脸书一类的工具的，这是为了防止他们在工作时间接触到更为广阔的社交世界。虽然其他互联网技术通过将工作延伸到休闲时间中来平衡这种趋势，不过，脸书似乎并不是这样。尤其是对于那些低薪劳工来说，脸书看起来代表了一种全世界的工人联合起来对抗资本主义所取得的全面胜利。

本书中所讲的都是个体故事，不过，它们却也体现出更大范围的社会效果。这些故事都证明了，脸书在实际使用中是一种增强社会交往的工具。大多数脸书用户，包括我自己在内，都讨厌脸书建立者和控制者任何主动的干涉行为。一旦隐私设置和状态更新的运作方式发生变化，我们就会表示愤怒。不过，这部分是因为用户对于自己感觉"拥有"的东西，通常都会令人惊讶地持有

---

[1] Gershon, I. (forthcoming), 'Un-Friend My Heart: Facebook, Promiscuity and Heartbreak in a Neoliberal Age', *Anthropology Quarterly*.

二 关于何为脸书的十五个命题

保守的态度。

在这一方面，我们的态度并不是全然错误的。《经济学人》(*The Economist*)杂志进行过一次社交网络调查（2010年1月28日），发现脸书的某些技术创新（例如在后台工作的MultiFeed）取得了成功，另一些技术创新（例如让脸书更加商业化的Beacon）则因为迅速遭到用户的抵抗，而不得不被放弃。苹果手机通过批准第三方创造的"应用程序"来增强使用中的创新，并因此为人津津乐道。实际上，脸书也在做同样的事情。《开心农场》《黑帮战争》等特立尼达人热衷的游戏便是一个叫作Zynga的独立公司开发的。因此，脸书这样的公司逐渐懂得，它们只有通过协助而非阻拦，才能取得更大的成功。如果脸书想通过可能遭受用户厌恶的转型来获得更大利润，或者出现了另一家社交网络，能够提供更好的功能、被认为"更酷"，那么，脸书成长的速度有多快，它的消亡速度就会有多快。

一项既有研究证明，我们需要意识到地方异质化的重要作用[1]，无论是在商业的影响下，还是在资本主义本身的范畴内。目前，脸书已经成为各种商业活动的重要载体。一些用户表示，他们热衷于在一些脸书上开的服装店中购物，这要比切换到另一个网站

---

[1] Miller, D. (1997), *Capitalism: An Ethnographic Approach*. Oxford: Berg.

facebook
脸书故事

方便得多，更不要说忍受交通堵塞跑到实体店购物了。在本书的故事中，最好的一个案例就是伯顿的侄子，他使用脸书来经营自己的音乐生意，这种潮流最先是在 MySpace 兴起的，现在来到了脸书上。不过，在特立尼达，将上网体验融合到一个网站的渴望，让脸书成为进行所有类型经济活动的场所。本书开篇讲述了马文的故事，他就尝试将可可种植园的生意搬到脸书上来。

当我们分析个体在脸书上进行自我推广的方式时，新自由主义这一概念很容易让我们陷入过分简化的窠臼。有人可能会说，脸书上的自我呈现行为是为了建立个人品牌——这是一种仿照品牌营销的技术和原理来进行自我推销的形式。不过，这一过程还有另一个截然不同的案例值得我们思考。在比恩（Bean）的一篇论文中，他分析了圣雄甘地（Mahatma Gandhi）的名望是如何通过衣着来建立的[1]。比恩追溯了甘地如何首先通过现代律师的西装和领带的专业化穿着，来引起他人的注意。之后，他又尝试了各种各样的衣着来表达自己，其中包括之后成为印度国大党标志的尼赫鲁服[2]。最终，他穿上了经典的苦行者服装，这也成为他最广为人知的视觉造

---

[1] Bean, S. (1989), 'Gandhi and Khadi: The Fabric of Indian Independence', in A. Weiner and S. Schneier (eds), *Cloth and Human Experience*. Washington: Smithsonian Press.

[2] 此处指的是贾瓦哈拉尔·尼赫鲁（Jawaharlal Nehru），印度开国总理。他的穿衣风格成为印度民族独立运动时期的精神象征，被印度人广泛模仿。——译者注

型。我们在讨论品牌的历史时，很少会提到甘地的一生，不过这却是一个经典的案例。毫无疑问，脸书是一个源源不断进行自我推销和个人形象修饰的网站。不过，个人之所以这样做，是因为焦虑自己在社交场合的样貌，而并不仅仅是个人主义使然。同样，自《汉谟拉比法典》以来，这一直都是人类最为关切的事情。正如本书中不同故事所揭示的那样，人们使用的与性和幽默相关的习语，都来自特立尼达文化，而不是被商业所影响。脸书的确是一家公司，也出于商业利益被建立起来，但仅凭这些事实，我们不能轻易就全盘否认脸书作为公司的社会后果。

5. 复媒体中的脸书

"复媒体"（polymedia）是我和米尔卡·马蒂安诺共同创造的一个词，目的是为了描述一种近几年来世界上许多人才开始体验的人类传播的剧烈转型。这一术语的灵感来自我们对于在英菲律宾妈妈的研究，她们对自己留守菲律宾的孩子方方面面的抚育，几乎都要依靠媒体来完成。最近几十年中，传播媒体的限制和成本都是影响人们交流的极为重要的因素。不过，在近些年，人们却拥有了相对廉价，也更为多元的媒体形式。其中包括短信、电子邮件、即时通讯工具、网络摄像头、语音电话、Skype、博客以及社交媒体。在那本书中，我们更关心的问题是，从妈妈和孩子的视角来看，媒体对抚育产生了哪些影响。在本书中，关键点则在于，在脸书出现的同时，Skype和网络摄像头也都已经有所发展，另外还包括黑莓和苹果等智能手机的问世。

复媒体背景强调了以往对于脸书的人类学考察中很少提及的一个观点——如果写一本关于脸书的作品，重点必须放在人们的生活，而不是放在技术或界面上。因此，本书的故事内容包含宗教与性、友谊与背叛、生意与休闲，也包含人们在脸书上标记了多少照片、发帖的频率到底有多高。只有采取这样一种整体性的取向，我们才能意识到，一个人也许会通过在脸书上公开自己，从而在其他地方隐藏自己；抑或是比起线下社群来讲，脸书是一种更好的平衡。如今，对更狭义的传播媒体而言，这些观点同样适用。这样说的意思是，脸书的意义和重要性，是通过人们选择它而非其他替代媒介的对比来凸显的，不应将其作为一个独立实体进行考察。

在复媒体的环境下，人们更偏爱某种科技，原因在于它更适合表达情感或隐藏情感、表现一个人的外貌或凸显一个人的声音、进行争论或避免争论，最重要的是，它是更适合两人之间的交流还是成为更广泛的公共领域。在我们的故事中，有很多例子都表明，人们会在使用脸书之前，仔细思考脸书与其他传播媒体相比，究竟有哪些本质上的优势。当这个问题与维莎拉心中关于真相的定义息息相关时，她也非常仔细地讨论过这一问题（详见故

二　关于何为脸书的十五个命题

事四）。

我们之所以创造"复媒体"一词，是因为另一些现存的术语要么不够准确，要么具有误导性。"多媒体"(multi-media)指的是人们同时使用不同媒体，而不是交替性地使用他们。还有人使用"多平台"(multi-platform)或"多渠道"(multi-channel)的说法，但这些词也产生了以下的疑问：脸书本身究竟是哪种类型的实体？不仅用户，脸书公司也会有这种担心。在柯克帕特里克的书中[1]，马克·扎克伯格努力将脸书和谷歌区分开。扎克伯格曾说，谷歌更加以计算机为主导，脸书潜在层面更像是一种传播实体，它可以穿过其他平台，甚至成为网络社交的背景墙。因此，"多平台""多渠道"这些说法就很可能让人产生困惑了。格尔森在书中强调过这样一个观点[2]：用户非常注意别人是如何选择媒体并对自己的选择负责任的，因为它不仅源于价格和可用性的限制，而更多体现了一种个体意愿。我们在菲律宾的研究完全支持格尔森的结论。"复媒体"最主要的影响就是它将媒体传播更广泛地嵌入社交生活之中。如今，人们一旦选择使用某一种媒介，而不是另一种媒介，就要对自己的选择负责。

---

[1] Kirkpatrick (2010), pp. 324–7.

[2] Gershon (2010).

6. 作为互联网的脸书

最后一个主题中的大部分观点都来自其他研究或文献。其中，我们可以通过特立尼达人自身明确表达的一种视角，来延伸我们的观点。与英国人相比，特立尼达人的脸书最明显的差别，便是他们非常明确地表达了这样一种希望：脸书实际上应该取代互联网。他们认为，之前的互联网中，不同应用程序造成了难以处理的混乱。人们为了处理一系列任务，被迫要把这些程序开开关关、来回切换。特立尼达人希望脸书可以把这些活动都整合进一个网站之中。他们想要一个即时通讯工具来和别人私聊。他们想要一个像是电子邮件的工具来传递私人信息。他们希望在网上冲浪时，既能获取信息，也能购买衣服。脸书应该成为一个进行娱乐和游戏的地方，同时也应该成为人们社交生活的中心地带。他们想要更好地整合网络摄像头和组织管理工具。用特立尼达人的原话来讲，脸书应该成为一个"一站式服务点"。

这也延伸了我们之前关于公司的那个观点。一次又一次，当诸如微软、苹果和谷歌这些公司最初以劣势者的角色出现，挑战既有的强势力量时，总会受到用户的欢迎。这些公司的产品让用户可以更有效率、更时尚地做事情，还让用户在交流中不必担心格式不兼容的问题。不过，一旦这些公司变得强大起来，占据了统治性地位甚至是霸权地位时，人们对它们的喜爱，就会变成厌恶甚至是记恨,这时,不论比尔·盖茨在慈善方面花多少钱都无济于事。2010年的一篇文章认为,脸书遭人讨厌的时候已经到了[1]。不过,当我们观察脸书在特立尼达的情况便会发现,很明显,对于统治力和集中化程度的渴望,一半来自脸书公司,另一半则来自用户。特立尼达人本身就希望脸书能取代互联网上的所有其他应用程序。他们认为这对于提高互联网使用的效率和便利性,是不言而喻的驱动力。出于同样的原因,那些买得起黑莓手机的特立尼达人,都会利用它在手机和社交网络之间建立无缝互动。一次又一次,特立尼达人把通讯和其他活动拉回到脸书上。阿兰娜班上的老师想使用一个群组博客来进行协同工作,不过她的学生们却坚持通过脸书来做这件事。这样一来,他们就可以把家庭作业融入到午夜时分到凌晨三点的社交和八卦之中。这并不意味着人们喜爱作为公司的脸书,甚至对它产生了兴趣。如果其他人能提供这种无缝连接的网络,人们也会迅速转移到那里。

与这种对于整合的欲望相匹配的,是与日俱增的将脸书区分为各种风格和群组的观念。读者在阅读"时间盗贼"一章时,也许会觉得有些困难,因为其中包含了很多只有青少年才会共享和理解的

---

[1] Bosker, B. (2010) 'Facebook's User Satisfaction Bombs: Site Rates Slightly above IRS', *Huffington Post*, 20 July.

facebook
脸书故事

语言，其他人恐怕对此提不起什么兴趣。但是，互联网的整合绝不意味着用户的整合。博依德（Boyd）注意到，脸书倾向于将青少年的特征浓缩为美国当代文化中一个独立的文化领域[1]。本书仅仅讲述了特立尼达岛内的十二个故事，即便如此，令人惊讶的是，它们仍旧体现了世界的多元性。每个人都拥有自己的脸书，每个人的脸书又都带来不同的后果。

此时，一个更困难的问题出现了。脸书的使用（以及更为广泛的互联网的使用）是否改变、整合了某些特定的文化表达形式？作为最后一个示例，读者将会看到，脸书有可能打破了人际交流中视觉线索和语言线索的平衡。当然，在特立尼达，相比文本，人们本来就更关注照片。不过这种现象是很难解释的。它有可能仅仅反映了先前媒体的一种缺陷，而不是因为脸书技术推动它朝视觉的方向前行。换句话讲，如果有选择的话，特立尼达人总是会把视觉排在文字之前。在即时通讯工具和电子邮件占据统治地位的时代，这是很难完成的事情。科技本身成了阻碍。不过如今，脸书让人们在不在场的情况下传递视觉形象，这与网络摄像头的出现为语音 Skype 增添了视觉色彩异曲同工。这就是为什么，我们很难承认说，其中

---

[1] Boyd, D. (2010) 'Friendship', in M. Ito et al., *Hanging Out, Messing Around, and Geeking Out*. Cambridge, MA: MIT Press.

二 关于何为脸书的十五个命题

任何一个媒体会更加自然，抑或是更接近于某种恰当的传播模式。我们所能做的一切，就是关注这些转瞬即逝的转型，并试图思考其中产生的任何一种重要的影响。

这些问题也贯穿于脸书自身的未来，或者说，它们也许能够预言某个将会最终取代脸书的新工具。例如，在一些以预测流行趋势而闻名的场合中（例如堪萨斯州奥斯丁的"西南偏南"[SXSW]电影节），Foursquare似乎特别受到青睐。它为社交网络增添了发送实时地理位置的功能。这一进展似乎带来了公共暴露和安全方面的难题，因为它可以让潜在的盗贼知道你不在家。它同时也暗示着，未来的整合与融合更倾向于发生在智能手机上，而不是在计算机上。这一切究竟如何发展，时间会给出答案。人们对互联网的担忧总是在不断变化。起初，人们害怕互联网过分鼓励匿名；如今，人们却担心自己无法在脸书上保持匿名。鉴于此，我们必须对"技术必然会朝着一个方向不断发展"的观点保持警惕。可以肯定的是，技术的新发展不但迅速，而且难以预测。不过，脸书的关键性后果，亦即本书的主题——社交关系的扩展和转型，很可能会继续保持下去。试图理解它对50亿用户产生哪些影响的工作，也才刚刚开始。

三　脸书之名

　　我在另一本书中[1]，将人类学的终极理想描述为极端主义。首先，我们需要极端地投入到研究之中，例如花上至少一年的时间来观察一个族群，才能信誓旦旦地说对它有发言权。其次，人类学只花时间研究一个特定族群，却想将之推广到整个人类，这种狭隘主义和勃勃雄心之间的平衡，也可谓极端。最后，人类学致力于搭建实证基础和抽象理论之间桥梁的不懈努力中，极端主义也可见端倪。如今，抽象理论和实证研究之间的鸿沟越发增大，因此，保持这种努力至关重要。这本书便是对这种方法的一种尝试，它开始于特立尼达人生活的微小细节，结束于对脸书理论的归

---

[1] Miller, D. (2010), *Stuff*. Cambridge: Polity, pp. 6–10.

三 脸书之名

纳与总结[1]。

  人类学的大树枝繁叶茂，但它植根于对小规模社会的比较民族志研究中。人类学家需要与被研究者身处一地，花上很长的一段时间，学习他们的语言，感受当地的事务，培养自身的共情能力，以及理解他们的风俗习惯。对于学习人类学的英国学生来说，是布罗尼斯拉夫·马林诺夫斯基开创了民族志研究的先河。他通过一个具体的例子，揭示了民族志如何将我们引向关于文化本质的关键问题之中。在著作《西太平洋的航海者》中，马林诺夫斯基向读者展示了西太平洋新几内亚东南的特罗布里恩群岛上人们的生活，他在那里居住了数年，并了解到一个将群岛各个部落联系起来的圈子——库拉圈[2]。库拉圈是一个交易圈，人们在库拉圈中流通值钱的物品，一个是沿顺时针流动的贝壳项链，一个是沿逆时针流动的贝壳臂镯，这些物品不断流动，为经手它们的人带去荣耀和名望。交易发生在相邻岛屿的部落之间，流通不停。整个库拉圈不受任何参与者的掌控，它只是所有相邻部落间物物交换的集合。它超越了这些

---

[1] 这是本书中最为人类学和理论化的一部分。我希望已经读完所有故事的读者，仍旧可以闯过这个试图建立一种脸书理论的"迷宫"。不过，我也明白，这部分内容只会对一些读者有吸引力，因此如果它不是你感兴趣的或者需要的内容，也不是非读不可。如果你读到这里已经感到有所收获，作为作者，我便已经心满意足。

[2] Malinowski, B. (1922), *Argonauts of the Western Pacific*. London: Routledge and Kegan Paul.

小的交换行为和参与者的意愿,成为一种文化。

在各种对于库拉圈的后续研究中,我最喜爱的一直是芝加哥人类学家南希·芒恩的作品《戛哇岛之名》[1]。在我看来,这本书是马林诺夫斯基项目的巅峰之作。戛哇岛和特罗布里恩群岛一样,都属于库拉圈的一部分。在南希当时的研究中,戛哇岛有532人,她不仅研究了戛哇岛和库拉圈,还借此创立了关于价值和文化的理论。社会科学家不是自然科学家,但我想提出,如果我们将《戛哇岛之名》比作数学定理,那脸书就是它的证据。

建立文化理论,我们可以从想象没有文化开始。没有文化,我们也许就会像自然节目里的动物一样,每天醒来、觅食、交配、保护自己的孩子直到它们可以自保,最后死去。对于灵长类动物而言,它们发展出了对同族的责任感,也形成了一些初步的文化和风俗。然而,这都是冰山一角。相比之下,人类社会,例如戛哇岛上的人们,创造出了丰富多彩的风俗、期望、善恶的仪式、艺术和文物还有行为规范,所有这一切营造出了一个更加绚烂的世界。这种丰富的文化依赖于人们对个人生活和他人判断的价值观。反过来,这些价值观也赋予生活以目标,令其更加丰富多彩。不仅如此,库拉圈让戛哇岛的文化世界反过来促使冒险家们去往更广阔的宇宙奋

---

[1] Munn, N. (1986), *The Fame of Gawa*. Cambridge: Cambridge University Press.

三 脸书之名

进、挑战，和其他岛屿进行交易，走出戛哇岛，实现更大的可能性和成就。

这本书名为《戛哇岛之名》，是因为它是一系列创造、维持并增强这些价值理念的提倡和劝勉。如果说没有一个更广阔的世界让我们乘风破浪并因此扬名，那么所谓"名望"就不复存在，我们的生命也缺乏了意义。文化为每个人提供了实现自我的平台。对于戛哇岛人来说，文化是一系列日益扩大的交易。如果我们只是种地、吃掉我们种的东西，那这些粮食便无法创造文化世界中的"名望"。我们也将生活在一个更小的动物世界之中。因此，戛哇岛人禁止吃自己种的庄稼，他们必须和大家族的成员交换粮食。这导致了更广泛的劳动交换，比如木雕或是其他劳动，他们通过这些建造独木舟，产生婚姻。继而，这些岛内交换扩大到库拉圈中，让戛哇岛的产品能交换到距离更远的岛屿，并为人所知。从其他岛屿交换回来的物品，又在岛内进行越来越多的交换流通，直到最终变成适合食用的食物。但食品生产消费的整个过程中，存在巨大的增值。这个过程最后便促成了"戛哇岛之名"，戛哇岛人通过广泛的互动和交换，尤其是库拉圈交易，建立起自己的"名望"。库拉圈的值钱物和经手人都成了库拉圈的"名人"。用现在的说法，文化让戛哇岛的居民"重获新生"。

从理论上讲，南希将这个活动过程称为主体间时空

(intersubjective spacetime)的扩展。所谓主体间时空，指的是人们生活并获得名望的世界范围。人们可以在更广阔的时间和空间里获得名望。积极的转变会扩大时空，同时，也有消极的转变压缩时空。《戛哇岛之名》的第一章主要聚焦于积极转变的形成：基于互惠和义务原则的复杂交换系统，以及人们对时空扩大的期待，先体现在戛哇岛的内部交换，后体现在通过库拉圈和其他岛屿的交换。最后几章更关注巫术，巫术会破坏并缩小社会关系，以及人们获得名望的范围。所以，文化自身会增长，也会压缩。

奇怪的是，当我们将视线转向伦敦等大城市的生活时，会发现现代生活几乎与这一论调全然相反。虽然外部和物质世界都有了巨大的增长，但与此同时，各家各户自给自足能力相应提高，使他们能直接从市场和国家获得资源，从而导致人们的社会世界受到压缩，社交时空似乎也正在缩小。不过，我们对特立尼达脸书的每一次讨论，都发现个人与他者之间的沟通得到了延展。开始使用脸书，就是从重拾很久未联系的亲戚和同学开始，扩大自己的圈子。即便我们没有时刻与他们联系，也能得知他们成了什么样的人、在做什么样的事。从理论上讲，脸书显然属于主体间时空扩展的积极转变。多亏了脸书，绝大多数的人得以生活在比几年前更广阔的社交世界之中。

如果将脸书视为一种社会"大爆炸"，让人们的社交世界更加

三 脸书之名

广阔,那么似乎可以类比南希关于文化的论证。为了让这一类比有效,我们必须在脸书中找到与时空的积极扩展的消极压缩对等的现象。先说扩展,在戛哇岛上,扩展指的是人们不消费自己种的庄稼,而是将之交换到不断扩大的交易网络之中。同样地,在特立尼达,人们本来只能和身边亲近的人对话,讲述自己的切身经历或是思考想法。就这一点,我有切身体验。然而现在,在脸书上,他们可以从经历中选取相同的观察,并将它们发布到脸书上,在这里,并不只是一个人可以看到,而是好几百个人。即使并非直接发送私信给每个人,他们也可以根据文字和图片帖了解到他人生活的方方面面。从时空的角度而言,脸书让信息可以超越大洲和种族的限制,以非凡的效果进行远距离传播。同样,它还具有前所未有的即时性,以及留存于网络平台的数字痕迹。因此,脸书作为一种社交媒介,显然是时空的一种积极扩展。

《戛哇岛之名》这个名字,意味着名望最终不仅会积累到个人身上,还会令整个岛名声大噪。正因为库拉圈,戛哇岛得以闻名在外。总的来说,特立尼达人也一样热衷于此,期待个人的名望和特立尼达本身获得的尊重相称。在与唐·斯莱特(Don Slater)合作的早期研究中,我们发现特立尼达人经常会建立网站,将特立尼达和多巴哥的风土人情对外传播[1]。他们往往会隐藏个人身份，以便更淋漓尽致地展现特立尼达岛。正是由于脸书，特立尼达人在国外取得的成就、获得的学位、生下的孩子，都重新内化于本土的网络之中，供人们探讨、评论。出于同样的原因，脸书也将特立尼达的事件国际化，一开始是让远在他乡的特立尼达人知晓，然后是更多其他对此感兴趣的人。正如我们在豆夹馍的页面所见，脸书能扩展时间和空间，令内部和外部的内容贡献者无缝衔接。这也是为什么我们会看到很多关于豆夹馍的帖子来源于身居国外的特立尼达人，他们非常思念豆夹馍的味道，并始终坚称自己知道在某个街角能买到特立尼达最好吃的豆夹馍。

本书中的几个故事都提到了反冶炼厂运动，将之作为一个例子。该项运动的主要发起人很清楚地意识到，仅靠当地媒体报道街头游行产生的效果非常有限。因此，他们越来越多地使用脸书来连接岛内和岛间的网络，确保这次政治抗议能得到国际媒体的报道，而不仅仅是国内媒体。他们认为，只有当他们的行为被国际认可，国内才会给予一定的重视。同样地，特立尼达人对于输出本国的文化也有特殊的共识，比如钢鼓乐队或狂欢节。

如果让南希的观点回到马林诺夫斯基的研究之中，其实他们都

---

[1] Miller, D. and Slater, D. (2000), *The Internet: An Ethnographic Approach*. Oxford: Berg.

三 脸书之名

应该感谢人类学的奠基之作——马塞尔·莫斯（Marcel Mauss）的《礼物》[1]，它提出了一种典型的社会理论。莫斯认为，我们经常将礼物视为一人向另一人自愿的馈赠，但其实，在大多数社会的实践中，礼物是以互惠原则为基础的。我送了你东西，你就欠了我人情，就有义务回报于我，这又让我欠你人情。所以，礼物很少是自愿的，它是一种由义务联结的社交关系，是建立和维持关系最普遍的一种方式。这种互惠原则对于理解特立尼达脸书和戛哇岛的文化实践都同样关键。人们评论他人的程度取决于他们被评论的程度。很多官方制作的脸书礼物，都深谙互惠原则。比如，你给一个朋友送一个卡通礼物，这个礼物的附注上写道："只有在两天之内还礼，你才能收到这个礼物哦。"互惠原则也更加明显地体现在阿尔温德玩《开心农场》的故事之中。这个游戏的基本规则就建立在邻居间互相帮助的期待之上，没有邻居，玩家就无法取得进展。正如莫斯所言，互惠也可能导致等级制度，尤其是当对方还不起礼的时候。名人收到的评论明显多于他们给别人的评论，并且还会吸引那些希望通过评论他们而成名的关注者。正如特立尼达一位有名 DJ 抱怨说，脸书好友应该心里有数，别人并不把你当真正的好友。这种互惠的缺乏其实就指向了等级关系。

---

[1] Mauss, M. (1990 [1922]), *The Gift*. London: Routledge.

因为这种互惠交换是在脸书上公开进行的，并不是私下进行的，所以有成百上千的人见证其发生。南希在哲学家让-保罗·萨特（Jean-Paul Sartre）的"见证"（witness）概念上发展了一个理论。虽然早于互联网的诞生，但她这样看待虚拟存在：

> 在戛哇岛库拉圈名声的图景中，远距离听闻消息，而非亲眼见证交易的人可以被视为虚拟的第三方……名望作为标志性和反身性的代码，本身就是影响力的虚拟形式。一个人没有名望，就没有影响力：他们的成功只能被锁定在自己的身体内，在这些成功发生的时空中，或直接的见证人之间。（Munn 1986：116-17）

因此，说脸书成为人们建构名望的虚拟组件，并不牵强。虽然大多数用户在脸书上不会收到任何回应，或只是收到很少一部分评论，但是，脸书依然有其作用，因为它提供了一群虚拟观众，往往是成千上百人，形成了"任何人"和"每个人"都能见证的场景，这一想象的群体让个人的名望有可能被传扬出去。

在《戛哇岛之名》中，南希用"性质标识"（qualisign）一词来表达一些特殊性质被指代的方式。她发现，和土地相连的重量这一性质，被转变成和流动相关的图景，如大海和库拉圈。再比如，树的静态属性被象征性地转换成由树制成的独木舟在水面上快速地移

三 脸书之名

动。同样，特立尼达人在脸书上的帖子内容并不是随机的，它们对应着一些能够表达特立尼达文化核心性质的特定风格。这些内容会慢慢形成一种套式，在一段时间后就能被人们轻易识别。比如，状态更新中使用的文本往往会围绕一些典型模式。第一种新闻发布的套式，就是通过发布消息，让没有听过的人知晓。内容可以是政治或国际新闻和评论，或者关于当地派对和宴会的消息，或仅仅是发生在学校的小事。第二种套式是关于某人生活细节的持续更新，哪怕是些微不足道的小事，就比如出去吃肯德基或洗车。虽然每个帖子基本上都是无关紧要的，但是总的来说，它们的存在就是一种实时的虚拟存在，形成了一种"环绕性亲密"（ambient intimacy）。当有人觉得孤独或者无聊的时候，他们就可以上脸书，与他人共享生活日常，这种幻想的亲密感甚至堪比长期婚姻带来的感受。第三种套式可被称为语录和沉思。像阿佳妮这样更加深思熟虑的用户，经常会发一些神秘诗的句段。而文化程度较低的维莎拉则会发"勇敢做自己，谨慎去爱……hmmm"。第四种套式是玩笑和各种形式的幽默。每种套式都有预期的发布频率，因此，一段时间后，你就会自然而然地认为这个人会几天发一次这个，那个人会几个小时发一次那个，如果他们不这么做的话，你就会觉得不安。

在这些模式中，我们可以找到内容特定的文化风格。大概对于特立尼达人最重要的就是保持两种性质的平衡："性感"和"有趣"。

一个特立尼达人不在脸书上发点看起来性感的东西，几乎是不可能的。"性感"这个词用在这里很合适，因为这些内容并不仅仅是好看，而是显然带有色欲和诱惑的目的。这一点尤其适用于个人头像。头像无处不在，只要上网，一刷帖子就能看见。在诱人这一点上，并没有年龄限制。人们对于20岁女人的期待和对60岁女人的期待并无二致。男人可能稍微比女人腼腆，不过也会有一些爱发肌肉性感照的用户。往往人们还会将性感头像和其他头像混在一起，间歇性地使用。

但是，一个看上去除了性感还是性感的人，却会成为人们嘲笑的对象。几乎所有特立尼达的网站都包含另一个和性感形象背道而驰的概念：有趣。要想看起来有趣，人们常常需要拍一些很丑的照片，不怎么打扮、不防备做作，就是在表现愚蠢：比如嘴里塞满披萨的时候被人逗笑，或是刚要摔倒时的抓拍，或是做鬼脸的照片。除了自嘲的头像，往往还有一些人为的幽默形式作为补充，比如将头像换做卡通形象、玩笑话，或是脸书上其他有趣的东西。总的来说，男性会有趣更多，性感更少。不过，大多数人会认为两者都是必不可少的。有一个30岁的男性，只有漫画版的照片，还经常将自己的脸换到别人的脸上，比如约翰·特拉沃尔塔（John Travolte）或蒙娜丽莎，或是P成入狱照，或在脸上加上一个愚蠢的小胡子。或许他很明白，自己本来就很帅，身材也好，所以除了这种中介形

三 脸书之名

式以外，无需再塑造出一个充满吸引力的形象。

这种平衡对于文字评论而言似乎更为重要。在特立尼达，如果想要得到积极的评价，一切智慧和成功的自吹自擂都必须要以幽默来中和，否则你只会被他人嘲笑。绝大多数的帖子都包含玩笑话和暗示。对于驾轻就熟的脸书使用者而言，这些都像是自动生成的一样。他们常常会迅速对其他一些人的照片或帖子进行回复。在大多数社交生活中，这些迅速的玩笑都是极为重要的。但是对于其他很多人来讲，尤其是像学生这样的年轻人，上脸书更像是购物。在脸书上，每天都有大量的笑话和梗，有关于老师的，也有关于脸书自身的。除此之外，你还可以粉大量有趣的群组和事件，就像亚伦的故事中提到的一样。然后，个体就可以从中选择一些，贴在自己的主页上。这样做往往会获得赞美，因为他们发帖是经过筛选的。人们就像是参与进"我多希望自己先贴了这条！"俱乐部，这对于文字帖的意义，就如同被他人看到性感和有趣对图片帖的意义相仿——空口说白话毫无意义，你必须让大家看见并且承认你具备这样的特质。因此，虽然特立尼达的"性质标识"和南希认为的戛哇岛的"性质标识"不太一样，但是对于两地而言相同的一点是，文化其实就是将核心品质符号化的过程。

说完了时空扩展的积极转变方式，以及特立尼达人颇为喜爱的特质后，我们再回到《戛哇岛之名》这本书，它的最后几章谈到时空的消极转变形式，并指出任何能够扩展时空的文化形式，自身内部都必定存在令其毁灭和压缩的要素。就这点而言，特立尼达的"寻欢作乐"和戛哇岛的"巫术"相对应，因为它们都源自八卦和信息互换，这也是脸书运作的一部分。也正是这一点，破坏了脸书积极扩展时空的能力。本书的第一个故事就讲述了，一个女人对丈夫的观察如何变成跟踪，跟踪如何引发嫉妒，嫉妒又如何摧毁婚姻。2010年底，脸书和寻欢作乐紧密相关的最典型的例子，就是乔桑娜的私人性爱视频在网上曝光。这一系列事件就像是精心策划一般，因为乔桑娜并不是一般人，而是岛上家喻户晓的名人。不过，就像我在乔桑娜的故事中提到的，这绝不是孤例，网上还流传着各种各样的有意或无意曝光的性爱图片和视频，它们的主人公可能是女学生，也可能就是某某的亲戚。

不过大多数情况下，寻欢作乐的结局都只是曝光一些无关紧要的事情。例如，一个摄影师拍到了什么，并发出来标记了照片，或者青少年中发生最多的，不外乎就是谁的男朋友被看到和另一个女生在一起了。这种情况往往会引发脸书上的公开骂战，导致关系破裂，人们也开始恐惧线上社区对信息的曝光所带来的后果。因此，寻欢作乐本身就是脸书消极压缩时空的直接因素，它让人们的社交世界变得狭小了。在我做田野调查期间，乔桑娜虽然有了一些好转的迹象，但还是无法投身到广阔的社交生活中去。即便在性方面，

三 脸书之名

特立尼达已经是相对宽容的社会了,但她作为一个体面、受尊重的名人,在性爱录像曝光后,形象还是轰然倒塌。对于她,或是其他由于某人的帖子而引发的寻欢作乐,直接后果最有可能就是社交世界被挤压,时空被消极地压缩。

和《戛哇岛之名》中提到的巫术一样,寻欢作乐的另一个重要作用是作为一种训导,来确保脸书被人们规范地、道德地使用。在戛哇岛,巫术会惩罚那些懒得参与复杂交换的人,他们不愿意参与独木舟的制造,也不愿意参加仪式,被称为"沙发洋芋"(couch yams),也就是超级懒惰的人。这些人往往很害怕巫术的惩罚。在特立尼达,将文化定义为狂欢本身就引发了关于脸书礼仪激烈而持续的争论:到底应该怎样界定脸书上正当和不正当的行为?其中有一些典型的问题,例如一些不成熟的青少年总是希望比隔壁班女生看起来性感,却没有认真思考这样做的后果,同样,也不乏那些因为在脸书上和父母或死党翻脸大闹而后悔万分的人。还有人将别人私下吵架的照片发到网上,有人标记了太多照片,或者还有人做出了一些不合规的举动,这些人都收到了恶评。如果人们想远离"巫术"毁灭性的惩罚的话,这种负面力量,作为脸书内生的一种能摧毁社区的狂欢,其实也是帮助他们建立脸书规范共识的重要因素。

因此,《戛哇岛之名》就不仅仅只是关于一个地方的民族志,它还是一种文化理论。文化存在于人们扩展世界、去往天南海北的期望之中，也存在于他们想要让生活更加丰富多彩的努力之中，同时还存在于同一种"扩展"机制的负面力量之中。我已经说过了，如果南希的书是一项数学定理，那么脸书就是它的证据。定理的价值显示在实际应用之中，它不仅能用于戛哇岛，也能用于完全不同的语境。她的理论不仅适用于戛哇岛的几百号人，还帮助我们理解了脸书这一广阔的网络。同样，这种理论推导的方法说明了另一个观点——她解释了为什么我们要从人类学的视角研究脸书——因为从上面看来，如果库拉圈证明了人类学家对于"文化"一词的意义，那么脸书也同样如此。

译后记
不如暂且放下理论,我们讲个故事

董晨宇

一、为何要讲故事?

质化研究者总对故事有天生的痴迷。然而,在撰写论文的时候,却又会感觉在如此短小的篇幅中,难以讲出一个让自己和读者都为之动情的故事。因此,当我将民族志方法放置于研究论文中时,时不时总会感到一种奇怪的不适感——如果故事是一处景色,民族志论文的写作者便仿佛是匆忙赶路的游客。简单白描几处片段,便等不及要开始撰写结论。在和人类学专业的朋友聊天时,我们甚至会禁不住怀疑,现代学术论文的篇幅和习惯,真的可以与民族志方法完美相容吗?

facebook
脸书故事

作为一名质化研究者,我一直想在论文写作之余,讲几个过分"冗长"的故事给读者听。故事的魅力在于,它总能时不时提供细节,打翻我们对这个世界武断的预设。就像是——在流行话语中,"女主播"总被和色情的擦边球联系在一起,观众则更多作为借钱打赏、负债累累的形象出现在新闻之中。但当我们的研究小组真正开始接触这一职业群体,开始作为运营进入这一行业,甚至开始在女主播的直播间作为管理员记录她们与观众的互动时,我们能够了解的,一端是辛苦的谋生,一端是真诚的陪伴,一端是资本的诱捕。主播与观众的关系被绑架在资本平台三角关系之中,呈现出一种更加复杂的、难以用只言片语做出定论的亲密关系。

故事还能泄露学术思考的局限。就像是——我曾和一位在 B 站上翻译左派学者电视访谈节目的年轻人聊了一下午,她毕业之后,和男友在云南过了几年闲散日子,那时候大理还没有迎来洪水般的游客,房价便宜得感人。几年之后,钱花得差不多了,他们决定回到四川,开了一个卖服装的淘宝店,没到一年时间,又狠狠赚了一笔。有钱之后,他俩关了店铺,开始在 B 站上翻译左派学者的访谈视频,这个很酷吧?更酷的是,他们的过去似乎冥冥中解释着他们的如今。他们做过很反资本的事情,也做过很资本的事情。如今,他们又选择在一个资本平台反对资本。我们聊了一个下午,这些动人的"细节",也许远比"免费劳动"(free labor)这个概念要丰满得多。他们是为 B 站

译后记 不如暂且放下理论，我们讲个故事

打工的免费劳工吗？的确可以这样描述，但你要如此给他们定位，恐怕会错过更重要的事情。

每当我在质化研究中接触到某个群体，我总会反过来，去寻找和阅读学者对于这个群体的描述和解释。有时候，我能找到令我满意的答案，更多时候，我能从缝隙中看到光。作为一名研究者，这是我需要的研究"gap"；作为一个对这个世界充满好奇的人，我尤其喜爱这些故事。这种喜爱类似于小说家曾感慨的——我去讲个故事，仿佛是去过一种我没有机会经历的人生。从这个角度来讲，丹尼尔·米勒（Daniel Miller）教授通过《脸书故事》这本书，完成了一项有趣的尝试。

二、为何要在意"地方性"？

米勒在书中问道：这世界可曾真的有脸书这个东西？他的答案是："从文化相对性的角度出发，世界上并不存在脸书。脸书仅仅是区域性和独特性使用的集合体。"换句话讲，作为一项技术创新，脸书当然来自扎克伯格的公司内部。不过，如何使用脸书，却是技术与具体社会、文化乃至历史相遇的结果。具体到特立尼达岛而言，当地人经常把逛脸书比作"撒石灰"（liming）。这本来是一种特立尼达当地的表达方式，最初是指街角的生活及结伴玩耍，后逐渐泛指呼朋引伴、随兴的聚会。后来，这个词被援引，表达了特立尼达人对脸书社交的独特理解。当然，这也代表了现实社会、文化对互联网社群的投射。按照米勒的话来讲，"互联网不过是不同特定群体用户组装出来的不同事物，并没有一群人比另一群人更加恰当或正宗"。

实际上，若是我们将脸书换成任何一种新兴媒体，例如微信、微博、王者荣耀……完全可以获得相似的启发。当流行文化话语王者荣耀毁掉了青年一代时，我们是否愿意探入青年人的生活世界，去理解游戏是如何被镶嵌进他们的日常轨迹的？进一步讲，不同的社会群体，对待游戏的方式是否也会有明显的区分？在中国留学的外国人如何打游戏？孕妇如何打游戏？男女朋友如何一起打游戏？老年人又是如何打游戏？仅以最后一个群体为例，老年人使用电子游戏，可能是出于害怕被新技术所淘汰、可能是想要与晚辈拥有更多共同语言，甚至很多老年人利用解谜类游戏进行认知训练——虽然很多游戏被开发的初衷并非如此。这样一来，世界上还有一个叫作"王者荣耀"的东西吗？对于不同的社会、文化群体，技术的意义总是流动的，它被挪用进不同的生活之中，展现出可能相差甚远的侧面。

在学者的眼中，可以称之为研究的地方性（Locality）或语境化（Contextualization）。这一取向的优势在于，它避免了一种经常出现的过度泛化。当然，作者也清楚地认识到，如果一项研究都在"追溯

译后记 不如暂且放下理论，我们讲个故事

对于脸书地方性文化的挪用"，那么，"我们就会漂浮在地方主义和乡土主义的孤立的暗礁之上，无法对脸书做出任何更加普遍的结论"。这也是民族志方法不得不面对的一种困境——在实证基础和抽象理论之间架起一道桥梁。米勒给出的解决方案之一是进行延伸的类比分析。在这本书的最后，他将脸书和一项在新几内亚附近岛屿进行的经典人类学研究加以对比，用比较的视角来平衡人类学的褊狭，进而建构一种脸书理论。其中的信念，正如米勒所言，在于"两个田野之间，存在着一个部分归纳（partial generalization）的世界"。

三、为何要在意"整体性"？

米勒曾发表过一篇名为《可口可乐：一种特立尼达的黑色甜饮料》的论文。他发现，特立尼达人经常喜欢管可口可乐叫一种"黑色甜饮料"。一旦脱离了美国所创造的象征意义，可口可乐的价值便会被地方所建构。这当然体现了所谓的地方性。除此之外，特立尼达人在建构可口可乐的时候，正是通过黑色甜饮和红色甜饮的对比来完成的。这又体现了一种奇妙的整体性。

近年来，米勒提出了一个被广泛讨论的概念：复媒体（polymedia）。它强调用户对媒介可供性的选择性利用，或者说，用户如何通过媒介的使用转换,来管理情绪和人际关系。具体到特立尼达的语境中,在脸书出现的同时,特立尼达人也拥有着Skype、网络摄像头、黑莓和苹果手机。当然,生活在中国的我们,面临的则是另一套社交媒体:微信、微博、豆瓣、知乎……为何有些人会选择在豆瓣上展示自己隐秘的一面,而不选择微信或微博?换句话讲,豆瓣的意义,或许不仅是通过豆瓣来实现的,更是通过微信和微博来彰显的。正如米勒所言:"脸书的意义和重要性,是通过人们选择它而非其他替代媒介的对比来凸显的,不应将其作为一个独立实体进行考察。"

对于研究者而言,复媒体的意义是什么呢?近年来,已经有不少研究者认为,社交媒体研究太过关注用户在某一特定社交平台中的使用行为,其中又以Facebook为主。这样一来,"社交媒体研究"就被简化为"Facebook研究"。不过,据美国PEW研究中心的调查显示,56%的美国人都会使用超过一种社交媒体。如果我们将视野仅仅面向青年群体,这一比例无疑会更高。因此,这些聚焦单一平台的研究视角往往被批评过于片面,缺少人类学意义的整体性。

复媒体的视角在近年来被迅速推进,在我个人看来,其中尤以爱德森·小托莱多(Edson Tandoc Jr.)提出的"平台摇摆"(Platform swinging)最为令人瞩目,这一概念意指用户"不断在多个社交平台进行轮转的使用行为"。其意义在于提醒研究者,用户的需求满足并不仅仅是传统意义上通过社交媒体的使用来完成的,更是通过不同社交媒体之间的"摇摆"来完成的。通过复媒体环境中的平台摇摆,用户将不同类型的社会关系分配到不同的社交媒体平台之中,通过"社交切断"的方式完成"社会联结"。这样一来,用户便可以在不同社交媒体平台中,面对不同的社交关系,采取极具可塑性的印象管理策略——这本质上复兴了欧文·戈夫曼(Erving Goffman)意义上的"区隔受众"概念。

四、最后的话

　　以上一些话,权当作我们在翻译这本书时的碎片式感触,希望能带给读者微小的启发。在译后记的结尾处,我想表达一些感谢。其一,这本书的坐标在特立尼达,因此,其中必然有不少极具地方特点的表达方式,对于完全不了解当地文化的我们,翻译的难度可想而知。在这个过程中,丹尼尔·米勒教授通过邮件为我们耐心解答了诸多疑惑。其二,本书的编辑延城城老师在翻译和校对的过程中为我们提出了极其专业的意见,并且一再宽容我们的拖沓。当然,这本书在出版的过程中,他面对的更多困难,可能并不是译者所能完全了解的。其三,在本书翻译之后,丹尼尔·米勒的博士生郑肯在北京和我一起探讨了对于数码人类学的理解和困惑。以上各位,鞠躬致谢。

facebook
脸书故事

  这本书是我和我的两位硕士研究生段采薏、丁依然一起翻译的。但我想自作主张，偷偷将这本译作，看作我们师生三年的纪念。在这三年中，我们一起发表了不少研究，也喝了很多咖啡和奶茶。还记得在南京大学开会时，参会者大都去看演出了，我却拉着她们两个人，坐在酒店大厅整理数据。我一直没好意思说，那次的奶茶太难喝了（应该是段采薏点的）。今年六月，她们两个人已经毕业，开始了自己新的生活，我则继续坚守在学校中教书写作。说句煽情的话：遇到你们是我的幸运，希望作为你们的导师，我也还不算差。

  最后，翻译是良心活，我们竭尽全力，希望没有浪费一本好书。其中难免有缺憾之处，文责在我，敬请各位师长不吝赐教。